Arnold Mostowicz

Der blinde Maks
oder
Passierschein durch den Styx

Herausgegeben von Andrzej Bodek

Aus dem Polnischen von
Karin Wolff und Andrzej Bodek

Schriftenreihe der Arbeitsstelle zur Vorbereitung des
Frankfurter Lern- und Dokumentationszentrums des Holocaust, Band 3.
Stadt Frankfurt am Main, Dezernat für Kultur und Freizeit

Gneisenaustraße 2, Berlin 61
Originaltitel: „Żołta gwiazda i czerwony krzyż", Warschau 1988
Umschlaggestaltung: Gudrun Fröba, Berlin
unter Verwendung eines Bildes von Lasar Segall, „Zwei Jungen mit Schippe",
ca. 1920, Pastell, 50,2 x 39,3, Privatsammlung – Sao Paulo, Brasilien
Druck und Bindung: MovimentoDruck, Berlin
ISBN 3-88747-081-8

Arnold Mostowicz

Der blinde Maks
oder
Passierschein durch den Styx

: TRANSIT

INHALT

Vorwort

von Andrzej Bodek

Meinen ersten visuellen Eindruck vom Getto Łódź, dem „exterritorialen Raum“, in dem Arnold Mostowicz über vier Jahre seines Lebens fristete, hatte ich, wenn auch indirekt, Walter Genewein zu verdanken, dem Leiter der Finanzabteilung der deutschen Gettoverwaltung.

Ein Täter als unfreiwilliger Chronist der permanenten Selektion zwischen Arbeit und Tod. Er selbst, nach seiner Schuld, nach seinem Anteil am Holocaust befragt, würde jegliche Verantwortung von sich weisen. „Ich war nur ein Buchhalter in einem Verwaltungsbetrieb.“ Man war eben bei der Arbeit ... Mit einer absoluten Gewißheit, daß das, was er da photographierte, bald nicht mehr existieren würde, spazierte Genewein durch's Getto auf der Suche nach interessanten Einstellungen, nach „Ostjuden“, wie er eine ganze Serie von Dias beschriftete. Die Kamera war ein Beutestück, er bediente sich einfach aus dem riesigen Fundus der ins Getto „eingesiedelten“ Juden.

Geneweins Farbdias, im dienstlichen Auftrag ausgeführt, bildeten den Ausgangspunkt einer Ausstellung des Jüdischen Museums Frankfurt über das Getto Łódź, an deren Realisierung ich mitgearbeitet habe. In Łódź, wo mich beim ersten Spaziergang (ich war fast zwanzig Jahre nicht in Polen gewesen) durch das ehemalige Gettogebiet antisemitische Graffities empfangen hatten, befindet sich ein ganzer Stab von Historikern, Soziologen, Archivaren, Juristen und Pädagogen, der die „Okkupationsgeschichte“ aufarbeitet.

Antoni Galinski, Direktor der Łódźer Bezirkskommission zur Untersuchung der Naziverbrechen in Polen (seit 1991 Kommission zur Untersuchung der Verbrechen am polnischen Volke) und Julian Baranowski, Historiker vom Staatsarchiv in Łódź, waren sichtlich bemüht, ihre Fassung zu behalten, als wir von den Fotos erzählten, die sie anschließend wie paralysiert betrachteten.

So ähnlich reagierte auch Arnold Mostowicz, den ich einige Tage später in Warschau besuchte. Aufgeregt, die Fotos vor sich liegend, wiederholte er immer wieder den Satz: „Das ist unglaublich, das ist wie eine Idylle!“ In der Reihe „Polnische Gegenwartsprosa“ war vor kurzem sein Buch erschienen, in dem er Bilder des eigenen Überlebens literarisch verfremdet skizziert; einige Wochen nach Erscheinen war es vergriffen.

Arnold Mostowicz war fast 75 Jahre alt, als sein Buch erschien, 44 Jahre waren seit seiner Befreiung aus den Händen der Deutschen durch die Rote Armee vergangen. So lange trug er diese Geschichte(n) mit sich herum, bevor sie veröffentlicht wurde(n).

Grund dafür war sicherlich der Wunsch nach einer Rückkehr zur Menschlichkeit, zur Normalität des Lebens, war das Bemühen, sich vom Erlebten zu entlasten, indem man es sicher verwahrte in einem Archiv, zu dem kein anderer Zugang hatte.

Andererseits war es ein erzwungenes Schweigen. Die in Polen lebenden Juden sahen sich einer offiziellen Sprachregelung ausgesetzt, in der nur pauschal von den Opfern des Faschismus die Rede war. Jüdisches Leiden und Verluste an Menschenleben und Vermögen wurden unter denen des polnischen Volkes „verbucht“ und somit verschwiegen. Wenn man in diesem Zusammenhang von den in Polen lebenden Juden spricht, so waren es die wenigen Rückkehrer, die sich durch Flucht retten konnten oder die nach der Befreiung aus den Todesfabriken im Lande Verbliebenen. Sie kamen oder blieben in der Hoffnung, Angehörige und Freunde zu finden, die Spuren des vergangenen (untergegangenen) Lebens aufzunehmen – kurz: um zu sehen, was übrig geblieben war.

Was sie fanden, ist allgemein bekannt – die Deutschen zerstörten alles Jüdische in Polen, die jüdische Bevölkerung Polens wurde nahezu vernichtet. Die Suche der Überlebenden nach den eigenen „vier Wänden“ quittierten viele Polen mit Ablehnung und einer Welle von Haß und Gewalt gegen die totgeglaubten Rückkehrer. Bereits im Jahre 1946 ergoß sich über das ganze Land eine Pogromwelle, Hunderte von Holocaust-Überlebenden samt ihrer neugeborenen Kinder fanden einen grausamen Tod. Günther Anders schreibt dazu später, nach einem Besuch Polens im Jahre 1966, in seinem Buch „Besuch im Hades“: „Die Tatsache, daß es Menschen gegeben hat, … die die jahrelangen Erniedrigungen nur deshalb überdauert haben, und die der Vergasung nur deshalb entgangen sind und die, ausgehungert und in Fetzen, nur deshalb Tage und Wochen lang durch Schnee und Ruinen gewandert sind, um schließlich im Augenblicke der seit Jahren erträumten Heimkehr umgebracht zu werden, und zwar deshalb umgebracht zu werden, weil sie die Frechheit gehabt hatten, der Vergasung zu entgehen – diese Tatsache läßt selbst das Bild von Auschwitz verblassen."

Zwei Jahre später, im März 1968, hätte Anders Augenzeuge antisemitischer Hetzkampagnen in Polen sein können, in deren Folge etwa 50.000 Juden das Land fluchtartig verließen.

Seit Anfang der achtziger Jahre ist in Polen ein wachsendes Interesse an jüdischer Geschichte und Kultur zu beobachten, ein „Tauwetter" gegenüber dem jüdischen Thema, und erst diese Veränderung machte es möglich, daß Mostowicz über seinen „Aufenthalt im Hades" schreiben und das Buch schließlich auch veröffentlichen konnte.

Sein Zeugnis ist von außerordentlich dichten Einblicken in das (Über)Leben und den Kampf um Würde und Menschlichkeit erfüllt. Daneben gewinnt man Einblicke in die Persönlichkeitsstrukturen von Direkttätern, deren alltägliches Foltern und Morden von der Tageslaune abhängig war und nicht von Befehlen. Unsichtbar bleiben, weil sie auch für Mostowicz unsichtbar waren, Abertausende von Indirekttätern, denen der Nationalsozialismus die Chance der unbestraften Partizipation vergönnt hat.

Auch der Frankfurter Kaufmann Josef N. zählte zu diesem Kreis. Seine Erfolgsstory beginnt mit der „Übernahme" von Geschäften von Juden, die das Land verlassen mußten, und setzt sich später, so N. in seiner Biographie, fort: „Ich habe Nähmaschinen ins Ghetto (Łódź, Anm. d. Hrsg.) stellen lassen und war stolz darauf und überzeugt, etwas Gutes zu tun – so naiv diese Aussage anmuten mag." Dieser Zynismus ist kaum zu überbieten angesichts der Tatsache, daß N. massenweise Anträge zur Herstellung von Textilwaren an die Gettoverwaltung erteilte. Er verdiente an Zwangsarbeit von Juden, natürlich gegen eine „Gewinnbeteiligung" für die Mörder vor Ort. Sein Slogan „N. macht's möglich" wurde zum Klassiker des Wirtschaftswunders, N. selber zum „Vorbild" für hohe Politiker, die bei verschiedenen Holocaust-Gedenkfeiern die Opfer betrauerten.

Die vom Autor getroffene Auswahl bildet nur einen Ausschnitt dessen, was in seiner Erinnerung an den Holocaust erhalten geblieben ist. Er ordnet seine Geschichte entlang eines Koordinatensystems von zeitlicher Chronologie und dem körperlichen und moralischen Vernichtungs- bzw. Zerfallsprozeß der Opfer. Mostowicz, in dritter Person auftretend, beschreibt auch sich innerhalb dieses Diagramms. Insofern könnte man von einer Holocaust-Biographie sprechen. Es gelingt ihm, zurückliegende Ereignisse, deren Faktizität außerhalb der literarischen Konstruktion liegt, in eine ästhetische Form zu bringen, die jedoch nichts am Gehalt eines Augenzeugenberichts mindert.

James E. Young stellt in seiner Studie „Beschreiben des Holocaust" die These auf, daß die extreme Realität des Holocaust nicht darstellbar sei und daß insbesondere bei Tagebüchern, Chroniken, Memoiren etc. nur für deren Autoren „die Verbindung von Worten und Ereignissen ganz buchstäblich selbstverständlich ist". Was Young als ein Dilemma der Augenzeugen-Literatur beschreibt, mag zwar formal zutreffen, es erweist sich jedoch in der Auseinandersetzung mit den Texten als sekundär. Relevant für den Leser der Augenzeugen-Literatur des Holocaust ist, daß das individuelle Schicksal, daß das Leben mit dem Tod als ständigem Begleiter, daß der Kampf ums (Über)Leben in den Schilderungen der Überlebenden ihm als Nichtaugenzeugen zugänglich wird. Es ist nicht die Aufgabe der Überlebenden, den Holocaust zu erklären, sie können nur von ihren Erlebnissen berichten.

Mostowicz's Anliegen ist es, den zahllosen Wegbegleitern und Schicksalsgenossen, von denen die meisten, auch seine Eltern und Verwandten, Opfer der Vernichtung wurden, in der Darstellung einiger weniger ein Gesicht zu geben, sie der De-Personalisierung in der Millionenmasse der Holocaust-Opfer zu entreißen.

Daß sein Buch erst jetzt auf Deutsch erscheint, hat mit der jüngsten deutschen Geschichte zu tun. Am 2. November 1989, eine Woche vor dem Fall der Mauer, unterschreibt Mostowicz einen Vertrag mit einem DDR-Verlag, der eine Übersetzung in Auftrag gibt. Danach Stille, schließlich die Nachricht, daß der Verlag an eine westdeutsche Gruppe verkauft und an eine Veröffentlichung nicht mehr zu denken sei. In dieser Zeit bemüht sich Karin Wolff, der für ihr großartiges Engagement Dank gebührt, das Buch bei anderen Verlagen zu plazieren, die sich aber ebenfalls in der Umbruch- bzw. Abbruchphase befinden …

Letztendlich hat das Buch aber auch diese Hindernisse überwunden – mit einem gezielten Sprung über die nicht mehr vorhandene Mauer.

Nichts vergessen. Mit Millionen Menschen dieses Kontinents geriet er in den Krieg. Wenn er gekonnt hätte, er hätte gern eine Filmspule in sein Gedächtnis eingebaut, um Ereignisse, Bilder, Fakten festzuhalten, die seit einigen Monaten den Alltag bestimmten. Vorläufig brachte jeder Tag neue Erfahrungen, und jede Nacht verlängerte den bitteren Geschmack der Angst ins Unendliche. Noch gestern – gestern? Nein, vor ein paar Monaten – im belagerten Warschau hatte er das Alphabet des totalen Kriegs gelernt, den die Deutschen gegen Polen führten. Das war sein Krieg, wie es der Krieg von fünfunddreißig Millionen Polen war. Er nahm an ihm auf der Straße, zu Hause, in provisorischen Lazaretten, schließlich im Spital teil. Polens Niederlage war seine Niederlage. Doch ihm fehlte die Zeit, darüber Betrachtungen anzustellen. Denn die Deutschen entfesselten einen neuen Krieg. Gegen die Juden. Und folglich erneut gegen ihn. Doppelt wurde er in den Krieg der Welt hineingezogen. Vor ein paar Monaten war er als namenloser Pole von den Bomben bedroht, unter denen Warschau starb. Heute spielt er als namenloser Jude seine Rolle in einem Stück, dessen Premiere längst stattgefunden und das die Sieger mit diesem neuen Krieg in Erinnerung bringen wollten.

Du hast Augen schau aufmerksam. Du hast Ohren – höre genau hin. Präg dir alles ein, denn es kommt vielleicht der Tag, da du selbst nicht mehr sicher bist, ob das die Wahrheit war oder vielleicht bloß ein Alptraum. Die Wahrheit? Für wen? Für irgend jemanden, der an der Ziellinie warten wird und dem du sie übergibst, einen Schatz, den du während deines ganzen Kampfes ums Überleben gehütet hast? Doch vielleicht wird das Ende durch die Leere des Todes schrecken, und der Wind wird Staub und Asche in alle Himmelsrichtungen verwehen, so wie er jetzt den Inhalt dieses Koffers davonträgt, über den man stolpert und auf dem ein Restchen weißer Leinwand wie eine Todesanzeige die mit Tinte aufgeschriebenen Buchstaben: Gold … oder vielleicht Geld … trägt.

Wiederholung der Geschichte. All das hatte sich schon viele Male zugetragen. So hatte er es in der Schule gelernt und nicht geahnt, daß er selbst eines Tages jene Schulstunden als Wirklichkeit erleben würde. Man hatte seine Vorfahren aus Israel und Judäa vertrieben, hatte sie hinausgejagt aus Spanien, Flandern, der Champagne, aus den deutschen und italienischen Städten, aus Kischinjow und Anatewka. Geändert haben sich die Jäger, nicht geändert haben sich die Gejagten. Nicht geändert haben sich Verzweiflung und Entsetzen in den Augen, die einst einen letzten Blick zurückwandten ins brennende Jerusalem, zu den Palästen von Córdoba, den schmalen Häusern von Speyer oder Worms, den Holzhütten der ukrainischen Städtchen – und heute zu den schwarzen, düsteren, räudigen Mietskasernen von Łódź, wo die Hinausgejagten die ganze Habe ihres Lebens und ein Stück ihrer Heimat zurückließen.

Er befand sich im hinteren Teil des von Gendarmen umzingelten Menschenzuges. Nah am Bürgersteig, wo das Gedränge nicht so dicht war, schritt wie schlafwandelnd ein grauhaariger, hochgewachsener Mann. Was das Merkwürdigste war, mit beiden Händen drückte er einen Blumentopf – ja, ja, einen schönen Gummibaum an die Brust. Neben ihm tippelte seine Frau und stützte ihm den Arm, als wollte sie helfen, das gute Stück heil ans Ziel zu bringen. Die Frau trug zwei Mäntel und auf dem Kopf den Hut ihres Mannes. Es war nicht schwer zu erraten, was sich vorher abgespielt hatte. Die Deutschen waren, wie üblich, brüllend in die Wohnung eingedrungen und hatten gedroht, die Leute zu erschießen, wenn sie nicht innerhalb von zehn Minuten verschwunden wären. Zehn Minuten, um des Schreckens Herr zu werden, sich zu kämmen, einen Blick auf die Wände, die Möbel, die Gardinen und das Hochzeitsfoto überm Ehebett zu werfen, auf die Töpfe – und all die Dinge, die einen Teil des Lebens bildeten, und im letzten Moment zu greifen, was einem unter die Finger kam und was man all die Jahre liebevoll gepflegt hatte. Die Wohnungstür wurde versiegelt. Schließlich würden bald Deutsche aus Estland eintreffen. Die von Juden „hinterlassene" Habe würde ihnen beweisen, wie sehr das deutsche Vaterland für sie sorgte.

Er ging langsam hinter den anderen her. In dieser Aufführung, der die Deutschen mit einer Genugtuung zuschauten, wie sie wohl ein Regisseur empfindet, der ein von ihm inszeniertes, für viele Vorstellungen geplantes Stück sieht, spielte er eine etwas privilegiertere Rolle. Er gehörte nicht zu den Umsiedlern. Er war Arzt des Rettungsdienstes. Und seine Anwesenheit sollte die ungeheure Sorge um den korrekten Ablauf des Schauspiels deutlich machen ... Er ging hinten, konnte daher nicht das Gesicht des Mannes sehen, der zwei offenbar schwere Koffer schleppte. Der Mann weinte. Oder vielleicht hatte er einen Hustenanfall? Er vergewisserte sich nach einer Weile, daß der Mann beides tat, husten und weinen. Schlimmer war, daß er immer weiter zurückblieb. Es ging über seine Kräfte, die Kolonne einzuholen. Wenn er wenigstens einen Koffer stehengelassen hätte, wäre ihm das wahrscheinlich gelungen. Jetzt trat ein grün uniformierter Deutscher auf ihn zu. Einen Moment schien, als wollte er einem allzu beladenen Menschen freundlich Hilfe leisten. Doch dann zeigte sich, daß er ihm die Koffer aus den Händen reißen wollte. Der Mann wehrte sich verzweifelt. Jetzt konnte er sein Gesicht erkennen. Ein langer grauer Bart und Pejes, die unter einer Kopfbedeckung hervorsahen, rahmten es ein. Dieser Mann hatte ganz sicher schon einmal an Vorgängen dieser Art teilgenommen. Damals hatte er es mit den Kriegsknechten Isabellas und Ferdinands zu tun, die im Namen des heiligen Kreuzes Spanien von den Juden säuberten, und jetzt rang er mit einem Gendarmen, der im Namen des Hakenkreuzes dasselbe mit der Stadt Łódź tat. Dem Deutschen gelang es schließlich, einen Koffer an sich zu reißen. Ein Fußtritt beförderte ihn an den Straßenrand. Der Mann gab sich nicht geschlagen und stürzte sich auf die armseligen Reste seiner Habe. Darauf schien der Deutsche nur gewartet zu haben. Schnell riß er die Maschinenpistole von der Schulter und feuerte eine kurze Salve ab. „Nein!!!" Der Schrei ertönte, ehe der Deutsche die Hand am Abzug hatte. Danach erst diese Salve ... Offenbar hatte jemand anderes geschrien, nicht der Mann mit den Pejes, der jetzt friedlich neben seinem Hab und Gut liegt und den korrekten Ablauf der Aussiedlung nicht mehr stört. Der Deutsche beugte sich über ihn und prüfte, ob er seine Arbeit auch solide ausgeführt hatte.

Jetzt hatte er die ihm zugedachte Rolle zu spielen. Mit einem Sanitäter lief er zu dem Liegenden, um zu kontrollieren, ob dieser auch wirklich tot sei. In dem Manne war nicht mehr Leben als in dem neben ihm liegenden Koffer. Er beauftragte daher den Sanitäter, die Personalien des Getöteten festzustellen. Die Deutschen achteten sehr darauf. Der Tote mußte Vor- und Zunamen, eine Adresse haben und in der Liste auftauchen, die der Direktor der Rettungsstelle anderntags den Behörden zustellen würde, und die Behörden würden um all diese Namen die Liste der wegen Widerstands Getöteten erweitern …

Nach kurzem Zögern schrieb er den fünften Namen in sein Notizheft. Das war erst der Anfang.

Unlängst hatte er ähnliche Schüsse aus einem anderen Anlaß gehört. Die Deutschen begingen festlich die Silvesternacht. Die Besatzungsmacht schwelgte vor Vergnügen. Alle anderen versteckten sich hinter verschlossenen Fenstern und verriegelten die Türen. Von der Straße drangen Schüsse und Gesang herauf. Kräftiger, fröhlicher Gesang. Jetzt gab es nur Schüsse, keinen Gesang.

Einen Monat vor jener Silvesternacht war er zur Arbeit in der Rettungsstelle eingeteilt worden. Genauer gesagt – zur jüdischen Rettungsstelle. Und noch genauer – zur Rettungsstelle, die dem Vorsteher des Ältestenrates der Juden unterstand. Die Ärzte der Rettungsstelle durften ausschließlich Juden Hilfe leisten – einem Arier zu Hilfe zu kommen, sollte mit Gefängnis und einer Geldstrafe geahndet werden. Auf der ersten, konstituierenden Versammlung setzte sie ein alter Arzt vom Beschluß der Deutschen in Kenntnis; seine Information über die Schaffung jüdischer Gesundheitszentren schloß er unerwartet mit einem lateinischen Zitat: „Quidquid id est timeo Danaos et dona ferentes.“ Womit er nicht nur seine Kenntnis des Vergil unter Beweis stellte, sondern auch eine ziemliche Weitsicht. Er, der alte jüdische Arzt, und Laokoon wußten, daß auf die Gunst der Götter nur die Naiven und Blinden zählen können und daß es nicht in der Macht des Menschen liegt, sich ihnen entgegenzustellen … Außer der Rettungsstelle für Juden noch ein weiteres Geschenk – ein Getto für Juden. In Bałuty.

Nun, jetzt ist nicht die Zeit, um sich an Dinge von vor Monaten oder Wochen zu erinnern. Jetzt heißt es gut die Rolle spielen, die für ihn in diesem Stück vorgesehen ist. Und aufpassen, daß sich die Herren Deutschen nicht unzufrieden zeigen.

Unsere Kolonne nimmt jetzt Format an, dachte er, als er sah, wie Gendarmen aus den Haustoren immer neue Gruppen von Menschen mit dem gelben Flicken herausführten. Die ganze Aktion resultierte übrigens daher, daß die Deutschen nervös waren, und zwar zu Recht. Sie hatten die Errichtung des Gettos bekanntgegeben, hatten seine Grenzen bekanntgemacht, doch nur wenige Juden, welche glaubten, daß das keine Drohung ist oder ein Jux, verständigten sich mit in Bałuty lebenden Polen und kauften ihnen für einen gepfefferten Preis die besseren Wohnungen ab. Die Auswahl war nicht groß. Von den besseren Wohnungen, solchen mit sanitären Einrichtungen, kamen drei- bis vierhundert auf vierzigtausend. Die übrigen Juden von Łódź warteten die ersten paar Wochen. Worauf? Vielleicht darauf, daß sich die Gerüchte, von denen niemand wußte, wer sie sich ausdachte und von wem sie in Umlauf gesetzt wurden, bewahrheiten würden: daß der Krieg bald aus ist, Hitler tot, daß die französische Offensive, die russischen Panzer, daß Rumänien, daß … Je höher die liebe Sonne … Wer hatte vordem im Jüdischen Viertel von Sikorski gehört? Höchstens vereinzelte permanente Zeitungsleser. Jetzt wußte von ihm jedes jüdische Kind.

Welche Straße ist das? Im Dunkeln gleichen sie sich besonders in Łódź. Es ist wohl die Zachodnia, die Weststraße. Im Westen soll es jeden Tag losgehen …

Achtung. Von der anderen Straßenseite rief ihn der Sanitäter, der noch zusätzlich irgendwelche Gesten machte, die vom Dunkel fast verschluckt wurden. Er lief in die angegebene Richtung. Er hörte noch rufen: „Rettungsdienst! Einer liegt im Tor." Und im Tor erwies sich, daß noch einer auf dem Hof lag. Mit den Ellenbogen einen Weg bahnend drängte er sich durch die Menge, die nunmehr schon die ganze Straßenbreite einnahm. Im Tor eine Frau. Eine gewöhnliche Ohnmacht. Er wies den Sanitäter an, die notwendige Injektion zu machen. Auf dem Hofpflaster lag ein alter Mann. Ein Jackett über den Pyjama geworfen. Eine freundliche Hand hatte ihm ein Kissen unter den Kopf geschoben. Doch der Kopf brauchte das Kissen nicht mehr. Er war zur Hälfte zermalmt, weil irgendein SS-Mann an ihm seinen Gewehrkolben ausprobiert hatte.

Nicht vergessen! Nicht vergessen! wiederholte er sich alle Augenblicke. In einem Parterrefenster steht eine Frau und weint. Sie rührt man nicht an – sie ist Polin. Doch schon allein das Aus-dem-Fenster-Sehen ist ein Akt des Mutes. Aus dem Hinterhaus kommt eine andere Frau, ebenfalls eine Polin, sie kniet neben dem Sterbenden nieder und betet. Der Hof versinkt im Dunkel.

Er schickte den Sanitäter nach der Trage. Kurz darauf trugen sie zu zweit den Sterbenden hinaus und zur Rettungsdroschke. Geübt brachten sie die Trage mit dem Verwundeten der Länge nach in der Droschke unter, befestigten sie, damit sie nicht herunterrutschte. Er befahl dem Kutscher, ins Spital zu fahren. Ob er sich beeilen muß? Nein, muß er nicht. Er griff nach dem Notizheft und schrieb noch einen Namen hinein, den der Sanitäter festgestellt hatte. Zwar lebte der Mann noch … Morgen wird er sich vergewissern, wenn er das Spital anläutet. Morgen? Wird es überhaupt ein Morgen geben? Eine Weile ausruhen, wenigstens bis die Droschke zurück ist.

Als er beim Rettungsdienst zu arbeiten begann, erhielt er eine von den deutschen Behörden ausgestellte Bescheinigung, die ihm ein Überschreiten der Polizeistunden erlaubte. Das war unerhört bequem. Doch er mißbrauchte dieses Recht nicht. Ziemlich schnell hatte er sich davon überzeugt, daß das zu riskanten Situationen führen konnte. Einmal kehrte er spät abends nach Hause zurück, und wie gewöhnlich gafften ihn die Passanten an wie einen Affen, der spazierengeht. Nur, daß sie diesmal beschlossen, mehr Entschiedenheit zu zeigen. Schließlich durfte eine gelbe Armbinde nicht straflos arische Passanten provozieren. Damals gab es noch die Armbinden. Die gelben Sterne wurden später eingeführt … Später? Sieh an!

(… Du da, in der letzten Bank! Ja, dich meine ich. Hör mal einen Moment auf, mit deinem Nachbarn Schiffeversenken zu spielen, und sag mir, was du über das Laterankonzil weißt. – Das Laterankonzil … Das Laterankonzil … Das Konzil faßte den Beschluß, daß alle Juden einen speziellen Flicken auf der Kleidung tragen müssen, damit man sie von den Christen unterscheiden konnte … Das Jahr? – Des Konzils? – Ja, in welchem Jahr fand dieses Konzil statt? – 1215, Herr Professor … In der Tat, 1215.)

Jetzt haben wir das Jahr 1940. Vor genau siebenhundertfünfundzwanzig Jahren. Die Deutschen wissen, wie man so einen Jahrestag begeht …

Damals, unweit des Zielony Rynek, hörte er das ach so vertraute: „Wo willst du denn hin, Itzik?“ Dasselbe hatten ihn Mitte September auf dem Krankenhaushof in Warschau zwei Studenten gefragt (oder vielleicht waren es zwei junge Ärzte?). Er arbeitete in diesem Krankenhaus nach seiner Flucht aus Łódź. Zu der Zeit gab es noch keine gelben Armbinden, doch seine Gesichtszüge waren genauso untrüglich wie die Armbinde mit dem Kennzeichen schändlicher Abstammung. Auf der Straße in Łódź war die Frage zwar in reinem Polnisch gestellt worden, aber sie kam, wie sich zeigte, aus dem Mund eines frischgebackenen Volksdeutschen. Auf jeden Fall faßten ihn zwei Herren energisch unter den

Arm und brachten ihn aufs nächste Kommissariat. Dort prüfte irgendein Unteroffizier seine Bescheinigung und ließ ihn mit Bedauern frei, wobei er hinzufügte: „Hast du aber Schwein, Jude." Diesmal war es also mit einer Respektierung des amtlichen Dokuments gutgegangen, aber das mußte nicht immer so sein ... Der Zwischenfall damals im Krankenhaus endete auch mit einem Happy end. Zwei Ärzte, mit denen er arbeitete, erklärten den beiden Studenten irgendetwas, und derjenige, der ihn angepöbelt hatte, kam mit ausgestreckter Hand auf ihn zu: „Verzeihung, Kollege, wir haben nicht gewußt, daß ..."

„Die Droschke ist zurück, Herr Doktor", riß ihn der Sanitäter aus seinen Erinnerungen. Er hatte nicht einmal bemerkt, daß er auf einem Ziegelhaufen saß. „Irgendwas muß passiert sein, weil alles ins Stocken gekommen ist."

Tatsächlich schien die Kolonne wie im Straßenpflaster festgewachsen. Sie schoben sich durch die schweigende, dichtgedrängte Menschenmenge. Selbst die Kinder weinten nicht. Einige hatten sich auf die Koffer gesetzt und ruhten aus. Andere hatten Angst, den Deutschen gegenüber einen solchen Grad an Insubordination an den Tag zu legen. Schlaffe Gesichter, eingesunkene Augen, gekrümmte Rücken – ewige Wanderer warteten auf das Zeichen, weiterzuziehen. Es stellte sich heraus, daß die Aussiedlung der Juden aus den nächsten Häusern in der Zachodnia-, Wółczańska-, Zawadzka-, Cegielna-, vor allem aber in der Piotrkowska-Straße, die, zur Adolf-Hitler-Straße geworden, schnellstmöglich judenfrei zu sein hatte, nicht so reibungslos vonstatten ging, wie es die Deutschen geplant hatten.

Mit dem Sanitäter stieß er bis zur Spitze der Kolonne vor. Dort stand ein Kraftprotz mit gelbem Stern, aber auch mit einer Armbinde, die ihm offenbar das besondere, von den Deutschen übertragene Recht verlieh, der zusammengetriebenen Menge den Weg zu weisen. Er genoß seine neue Macht, wie ein Wachhund einen Markknochen. Von Zeit zu Zeit wandte er sich entweder an die Reihen der Kolonne oder auch, mit der gebührenden Hochachtung, an die neben ihm stehende Gruppe von Offizieren und Unteroffizieren der SS. Mit hocherhobener Hand gab er laut und mit hochrotem Gesicht seine Anweisungen, wie ein Prophet den Wanderern das Göttliche Wort mitteilt. Er sah nicht aus wie einer, der sich bewußt war, ein Schauspieler, Akteur wie alle anderen in einem Stück zu sein, das im Laufe der Jahrhunderte viele

Inszenierungen erlebt hatte. Obgleich, wer weiß, vielleicht sah er in diesen uniformierten SS-Männern die Söldner, die einst die aus Jerusalem verbannten Juden auf dem Weg nach Babylon begleiteten?

Nichts vergessen? Wie auch!

Die Kolonne bewegte sich langsam durch die Schluchten der grauen Mietskasernen der Zachodnia-Straße. Er ging langsamer als die anderen, um die sich dahinschleppende Menschenschar vorbeizulassen. Er hatte die Anweisung erhalten, am Schluß der Kolonne zu bleiben. Hin und wieder drangen deutsche Befehle an sein Ohr und ständig das Knirschen des immer tiefer zwischen das Katzenkopfpflaster gestampften Schnees.

Endlich befanden er und der Sanitäter sich wieder am Ende der Kolonne und hatten den Anblick der in nächtliches Dunkel gehüllten leeren Straße vor sich, die den von dannen Ziehenden Lebewohl zu sagen schien. Nein, es war ihm nur so vorgekommen, daß die Straße leer sei. Aus den Toren der kaum noch erkennbaren Häuser glitten ab und an dunkle Gestalten und luden rasch in Säcke, Körbe und Koffer, was die Juden nicht ins Getto hatten mitnehmen können. Hyänen, die das Aas gewittert hatten. Davon gab es immer mehr, denn einige von den Deutschen machten sich einen Spaß daraus, den Plündernden mit einem gekonnten Fußtritt den Koffer aus der Hand zu stoßen. Die Glücklichen, die hinter ihnen liefen, brachten eine reiche Ernte ein. Es zeigte sich, daß die Okkupation gar nicht so schrecklich ist. Sie läßt die Leute leben!

Der Sanitäter deutete mit dem Finger auf sie und murmelte etwas vor sich hin. Er wollte ihm antworten, daß sich, wenn die Situation umgekehrt wäre und die heute Erniedrigten sich an der Stelle der Zurückbleibenden befänden, so manch einer von ihnen sich ähnlich verhielte. Er kam jedoch nicht dazu, da er an einer Hauswand eine ältere Frau im gelben Flanellschlafrock liegen sah. Die Alte war tot. Sie luden sie auf die Trage. Auf den fragenden Blick des Sanitäters hin knurrte er: „Sie sehen doch, sie ist eines natürlichen Todes gestorben ...“

Wieder die Trage auf die Droschke. Ehe sie sie festgemacht hatten und ehe er dem Kutscher die entsprechende Anweisung gegeben hatte, war die Kolonne erneut weit entfernt von ihnen. Man mußte sich jetzt beeilen, um sie einzuholen. Immer mehr Nachrichten über Tote auf Höfen, in Wohnungen, auf Treppen, in

Querstraßen der Zachodnia sickerten durch. Der Sanitäter und er flitzten jetzt umher, als wenn man sie mit siedendem Wasser übergossen hätte. Es ging natürlich nicht mehr darum, zu helfen. Das war ohnehin überflüssig. Es ging darum, alles genau aufzuschreiben, und daß die Angaben im Bericht mit der Anzahl der Leichen übereinstimmt, falls es am nächsten Tag jemand in den Sinn kommen sollte, sie nachzuzählen.

Die Spur des Marsches durch Schnee und Matsch markieren auf einmal Bücher. Dicke, dünne, große, kleine. Es werden immer mehr, und immer tiefer sind sie von Frauen- und Männerschuhen in den weichen Grund der Fahrbahn hineingetreten. Verwundert hob der Sanitäter eins der Bücher auf – die hebräischen Buchstaben und die besondere Anordnung deuteten darauf hin, daß es sich um einen Kommentar zum Talmud oder zur Heiligen Schrift handeln mußte. Gleich darauf hörten beide auf sich zu wundern. Ein paar Männer zogen ein Wägelchen mit Büchern, vermutlich das ganze Vermögen einer Synagoge oder vielleicht eines Cheder ... Das erregte den Mißmut zweier in grünen Uniformen, die systematisch die Bücher in den Schnee schmissen, bis sie schließlich den ganzen Wagen umstürzten ... Der Anblick der zerstreuten Wagenladung amüsierte die Deutschen köstlich, und der Sanitäter schwang sich zu dem düsteren Scherz auf: „Um was wollen wir wetten, Herr Doktor, daß diese Bücher für die ‚Nachlese‘ bestimmt nicht so begehrt sind?“

Plötzlich versiegte der Zustrom von Ausgesiedelten aus den Seitenstraßen. Die Aktion war gestoppt worden. Die Deutschen wollten offenbar schlafengehen. Ihr Ziel hatten sie übrigens auch so erreicht ... Morgen würde sich die Nachricht von der Aussiedlung wie ein Lauffeuer verbreiten, und die Juden würden anfangen, von selber nach Bałuty umzuziehen. Zwar würden sie mehr mitnehmen und die Beute würde für diejenigen, die ihre Wohnungen erhielten, geringer sein, doch aufgeschoben war ja nicht aufgehoben.

„Herr Doktor! Hierher! Sie ist ohnmächtig geworden!“, schrie jemand aus der Menge. Er rannte mit dem Sanitäter los. O Wunder, die Deutschen lassen widerspruchslos zu, daß sie eine blasse junge Frau aus der Menge ziehen. Sie hat Atemnot. Asthma? Asthma. Er blickte fragend zum Gendarmen. „Sie müßte ins Spital ...“ Ein Abwinken mit der Hand sollte bedeuten: Mach mit ihr, was du willst. Ein guter Mensch. Der Sanitäter führte die

Frau zur Droschke. Der Erstickungsanfall war vorüber. Das glückliche Ende der Attacke. „Ich bin schwanger." Die Frau brachte diese Nachricht hervor, ehe sich die Droschke in Bewegung setzte. Ihre Schwäche, die von der asthmatischen Erkrankung herrührte, wollte sie offenbar mit dieser stolzen Kunde überdecken. Es wird eins der ersten Gettokinder sein, dachte er.

Und abermals die Spitze der Kolonne, die bereits am Markt von Bałuty angekommen ist. Der Kraftprotz mit dem roten Gesicht hält beide Hände emporgestreckt. „Schneller, Kinderlech! Schneller!" Auf jiddisch? Auf deutsch? Wie tief bist du gesunken, Jeremias!

Wieviel Stunden sind seit Beginn der Aktion vergangen? Drei? Vier? Von der Zachodnia bis zum Markt von Bałuty sind es nicht mehr als drei Kilometer. Er sah seine Liste durch, wollte sich schon ans Zusammenzählen machen. Er hielt inne. Der Kraftprotz trat an einen Offizier heran. Voller Stolz, zwei Finger an der dunkelblauen Mütze mit Ohrenklappen, meldet er etwas. Der Deutsche scheint äußerst befriedigt. Er bietet dem Kraftprotz sogar eine Zigarette an. Irgendetwas sagt er und verschwindet in einem Gebäude.

Die Kolonne wartet. Der Sanitäter geht mit Arznei in der Menge umher und bewirtet alle damit wie mit einem guten Tropfen zum Laubhüttenfest.

Das Warten zog sich hin. „Was werden sie mit uns machen? Ob sich gleich hier für uns Wohnungen finden? Vielleicht lassen sie uns auch wieder nach Hause?" Die letzte Frage zeugte davon, daß die Juden rasch die Psyche der Henker ergründet hatten, die sogar zu gigantischen Operationen fähig waren nur um der Folterqualen willen, die sie damit auslösten. Doch der optimistische Sinn der Frage entsprach nicht ihrer Scharfsinnigkeit. Von einer Rückkehr in die verschlossenen und versiegelten Wohnungen konnte keine Rede sein.

Allmählich geriet die Disziplin in der Menge aus den Fugen. Am schlimmsten war, daß die Gendarmen ungeduldig zu werden begannen, die nach erfüllter Pflicht von einem warmen Bett träumten. Und wer vermag vorauszusehen, wozu ein ungeduldiger Gendarm imstande ist? Trotzdem verliert die Kolonne auf ihrer ganzen Länge an Geschlossenheit, fällt auseinander. An den Wänden der umliegenden Häuser erledigen die Männer ihre Notdurft. Die Frauen übrigens ebenfalls. Die Gespräche werden immer lauter, sogar die Kinder begreifen, daß jetzt die Zeit zum Weinen ist.

Er war dermaßen erschöpft, daß ihn dieses Schauspiel, diese Bildfolge aus einem Film über das Mittelalter auf einmal nicht mehr berührte. Ihm war kalt, ihn schauderte. „Herr Doktor!" Das war der Sanitäter. „Was ist los?" „Die Ablösung ist da."

Jetzt erst fiel ihm ein, daß sie um vier abgelöst werden sollten. Tatsächlich. Ein ausgeruhtes Gespann: Arzt - Sanitäter, übernahm Droschke und Arzneikasten. Er schaffte es noch, dem Arzt die Liste der Toten zu übergeben. „Vielleicht kommt ja nichts mehr dazu", sagte er mit einem flüchtigen Lächeln. Doch der andere blickte nicht zu ihm, nur irgendwo zur Seite, auf etwas hinter seinem Kopf. Er drehte sich um und konnte gerade noch sehen, wie der Offizier, der vor einer Weile dem Kraftmenschen eine Zigarette angeboten hatte, diesem jetzt einen Kinnhaken verpaßte und den zu Boden Gestürzten trat. Auf ihn machte das keinerlei Eindruck mehr. Er nickte dem Kollegen ein Lebewohl zu und bedankte sich beim Sanitäter …

Durch die leeren Straßen von Bałuty ging er wie in Trance nach Hause. Zu seiner neuen Wohnung über der einstigen Apotheke. In einem Zimmer sechs Betten, Kanapees, Sofas an den Wänden entlang aufgestellt. Das Kanapee unterm Fenster war in diesem Augenblick der einzige Platz auf Erden, von dem er sagen konnte, daß er sein eigen war … Er machte kein Licht, um niemanden zu wecken, doch ohne Geräusche ging es nicht ab. An einem Bett wurde ein Lämpchen angeknipst. Augenpaare starrten ihn an. „Na, und wozu haben sie dich gerufen? Was ist es gewesen?" Das ist Bronek. „Umsiedlung. Mehr als Zehntausend. Verdammt. Wer weiß, vielleicht auch viel mehr. Aus der Innenstadt nach Bałuty …" Schweigen. „Na, und?" – „Dreiundzwanzig Getötete." – „Unmöglich!" Das ist Marysia, Broneks Frau. Sie liegen nebeneinander. „Die Deutschen sind, wie sie sind, aber …" – „Das sind doch Mörder. Und Sadisten", das ist Heniek, ein junger Ingenieur, bis zu den Ohren zugedeckt mit einer dünnen Decke.

Er legte sich hin, um seine Müdigkeit auf dem Kanapee abzuladen. Er war schon am Einschlafen, als plötzlich noch eine Frage an sein Ohr drang. „Kinder haben sie auch getötet?" Die Frage stellte der gräßliche Zwerg, der zusammen mit seiner jungen Frau in einem breiten Bett neben seinem Kanapee lag. Die Frau war eines der schönsten Mädchen von Łódź. Von allen umworben, hatte sie diesen stinkreichen Zwerg geheiratet. Es war ihr noch nicht gelungen, aus ihrem Einsatz Kapital zu schlagen, als der Krieg ausbrach. Im schwachen Licht des Lämpchens sah er ihr über den Brüsten aufgehendes Nachthemd. „Kein einziges totes Kind", beruhigte er sie. „Na, siehst du", sagte der Zwerg. „Na, siehst du doch", sagte Marysia. Er schlummerte ein. Nach einer Weile hörte er aus dem Bett neben sich vielversprechende Geräusche. Der Zwerg, solange es noch ging, vergaß seine ehelichen Rechte nicht ... Wenn die Deutschen nicht ein einziges Kind umgebracht hatten ... Wirklich, warum hatten sie das nicht getan? In Kischinjow haben die Kosaken die Kinder umgebracht. In Spanien haben die Dominikaner sie zwangsgetauft. Und hier?

Alles hat seine Zeit – wie der Prediger sagt.

In Sachen Zigeuner

Sehr geehrter Herr! Sie bitten mich in Ihrem Brief, Ihnen detailliert von den Geschehnissen zu berichten, die ich während unseres Gesprächs flüchtig erwähnt hatte. Darüberhinaus ersuchen sie mich, ausführlicher über mich selbst zu schreiben. Die Bitte ist verständlich. Sie hegen die Hoffnung, die von mir übermittelten Informationen nutzen zu können. Informationen, die sich nicht verifizieren lassen. Sie wollen daher über den Verfasser des Berichts etwas mehr wissen. Die meine Person betreffenden Details können einen wichtigen Bezugspunkt für die anderen Informationen darstellen.

Es ist wahr, daß unser Gespräch zu wenig Gelegenheit bot, von mir zu sprechen. Ich habe gleich bemerkt, daß Sie in erster Linie an Dingen interessiert sind, die seit langem den Gegenstand Ihrer Nachforschungen bilden. Jetzt will ich versuchen, ausführlicher über mich selbst zu schreiben. Ich denke, Sie werden mir verzeihen, wenn meine Anmerkungen eher den Charakter eines Berichts oder Rapports haben werden als den eines Briefes. Es erleichtert meine Aufgabe, wenn ich mich beim Schreiben nicht ständig an eine konkrete Person, d.h. an Sie, wenden muß. Die unpersönliche Form erlaubt eher, die Zurückhaltung aufzugeben, die ich mir gegenüber einem mir bekannten Empfänger auferlegen würde. Doch kommen wir zur Sache.

Wenn ich versuche, die Erinnerungen aus dem Getto zu ordnen, suche ich immer irgendeinen Punkt in der Zeit, der es mir erlaubt, eine gewisse Einteilung vorzunehmen, die richtige Reihenfolge der Ereignisse festzulegen. Es fällt mir leichter zu sagen, daß sich zum Beispiel etwas kurz vor der Auflösung des Gettos zugetragen hat oder nach der großen Sperre, als konkret Jahr oder Monat zu bestimmen, in dem das jeweilige Ereignis stattgefunden hat. Die Gettojahre gingen dahin; ein Jahr war wie das andere. Dem scheidenden sagte man nicht Lebwohl, vom neuen erwartete man für gewöhnlich mehr, als es bringen konnte. Aber jene Septembersperre zum Beispiel, während der die Mütter den Deutschen ihre Kinder zur Verschickung, das heißt in den Tod, abliefern mußten, als die Kranken aus dem Spital zusammengetrieben wurden wie herrenlose Hunde, als die Söhne besorgt ihre gebrechlichen Mütter auf die Fuhrwerke setzten, die sie geradewegs zu den Lastautos brachten, welche als Gaskammern dienten – diese Sperre teilte die Gettozeit in zwei Tempi einer düsteren Sonate, vom Satan komponiert. Die Ereignisse, von denen gleich die Rede sein wird, geschahen also vor der Sperre und nach der Umsiedlung der deutschen, österreichischen und tschechischen Juden ins Getto, was übrigens nur ein kurzes Intermezzo in ihrem Golgata war.

Ich arbeitete damals im Spital für Infektionskrankheiten. Das Spital befand sich im Getto. In der Drewnowska-Straße. Das ist mit Sicherheit für jene Ereignisse nicht von Bedeutung, aber ich möchte erklären (da ich nun einmal beschlossen habe, auch über mich zu schreiben), wie ich ausgerechnet in dieses Spital gekommen bin. Gleich nach Schließung des Gettos – das ist ein sehr wichtiger zeitlicher Hinweis! – hatte ich bereits ein kurzes Praktikum in der Rettungsstelle hinter mir und meldete mich zur Arbeit im Spital auf der Inneren Abteilung. Ich muß wohl nicht betonen, daß mein praktisches Wissen nicht sehr fundiert war. Mein Studium hatte ich kurz vor Ausbruch des Krieges beendet, in meinen Zukunftserwartungen sah ich mich eher am Laboratoriumstisch als am Bett eines Kranken. Wenn ich jedoch, trotz gewisser Widerstände oder vielleicht sogar Abneigung, eine ärztliche Tätigkeit aufnahm, so deswegen, weil nur jenes Studium eine gewisse Grundlage für meine nächste Zukunft bildete. Unmittelbar nach der Einrichtung einer Gesundheitsabteilung durch den Ältesten der Juden meldete ich mich zur Arbeit in der Rettungsstelle.

Die Rettungsstelle! Wenn ich heute über die Vermessenheit nachdenke, die mich ganz ohne Erfahrung eine solche Arbeit aufnehmen ließ, kann ich dies nur mit jugendlicher Keckheit erklären. Und mit den Zeiten, die den Hintergrund für diese Entscheidung bildeten. Die Welt ging in Brüche. Immer mehr Anzeichen deuteten darauf hin, daß eine lange schwere Nacht heraufzog und es bis zur Morgendämmerung noch weit war. Es muß auch gesagt werden, daß es zur Rettungsstelle kaum jemanden drängte. Es war eine Arbeit für junge Leute, und ich war jung und glaubte an mich. Ich rechnete auch mit der Unterstützung der älteren Ärzte; wie ich mich bald überzeugte, war diese Hoffnung völlig irreal. Hier ist nicht der Ort, um sich darüber weiter auszulassen. Auf jeden Fall war es für viele ältere und erfahrene Ärzte schwer, sich mit Beginn der Besatzungszeit von den in normalen

Zeiten ausgebildeten Traditionen freizumachen. Viele von ihnen hatten nicht begriffen, daß man, bevor man das Gettotor durchschritt, wenigstens von solchen Traditionen Abschied nehmen mußte …

Schon während meines ersten nächtlichen Rettungseinsatzes stellte sich heraus, wie dringend ich Hilfe brauchte. Ohne solche Hilfe hätte bereits dieser erste selbständige Schritt mit einer Katastrophe geendet. Zum Glück kam diese Hilfe, und zwar in Gestalt eines altgedienten Pflegers. Es war eine frostige Dezembernacht, noch vor Einrichtung des Gettos. Der Bereitschaftsdienst war zu einem Fall von „Bewußtseinsverlust" gerufen worden, wie das die Person notierte, die den Anruf entgegengenommen hatte. Ich stand vor dem Kranken im vorgerückten Alter, er war bewußtlos. Ich machte mir keine Gedanken darüber, obwohl das nicht ganz ohne Bedeutung war, mit wem ich es zu tun hatte. Eher versuchte ich zu ergründen, was ihm fehlte, denn ein solcher Bewußtseinsverlust konnte an die fünfzig Ursachen haben. Als ich nach den ersten Versuchen, eine Diagnose zu stellen, ratlos auf den Bewußtlosen blickte, trat der alte Pfleger, der mich begleitete, dicht neben mich und flüsterte leise, so, daß es niemand hörte: „Er raucht Pfeife, Herr Doktor …"

Die Lippen des Kranken formten sich beim Atmen tatsächlich zum Mund eines Pfeiferauchers, der den Rauch ausbläst. Selbst ein junger Arzt, sofern er sich ein wenig auf die Pathologie besann, hätte wissen müssen, daß das „Pfeiferauchen" ein typisches Symptom für Gehirnblutung war.

Feldscher Gutenberg – so war, glaube ich, der Name des Pflegers – muß in der Schule ein Experte im Vorsagen gewesen sein. Niemand hatte seinen Hinweis gehört. Fünfundvierzig Jahre hat Gutenberg im Rettungsdienst durchgehalten, und wohl drei Arztgenerationen haben an seiner Seite die ersten Schritte in dieser Arbeit unternommen. Er ist später im Getto verhungert …

Alles übrige ging schon flotter. Der Aderlaß, die entsprechende Injektion – ich fühlte mich ganz sicher. Das Alter des Patienten dämpfte übrigens allzu große Hoffnungen.

Durch eine seltsame Fügung war mein erster Kranker ein Mann, den ich zwar zum erstenmal im Leben sah, über den ich aber wahrscheinlich alles wußte. Er hieß Zachariasz Warszawski, war vor Jahren Inhaber eines Großhandelsgeschäfts mit Manufaktur gewesen, und bei ihm hatte zu Beginn des Jahrhunderts mein Vater als Laufbursche angefangen. Mein Vater, ein Mann mit der Verve eines Feuilletonisten (er schrieb übrigens ständig für die in Jiddisch erscheinende Presse) und nicht geringen schauspielerischen Fähigkeiten (er war Schauspieler im Warschauer Getto), konnte stundenlang von Zachariasz Warszawski erzählen, von seiner Art zu reden, seiner Art zu leben, von seinen Gewohnheiten und Lebensregeln, von seinem Verhältnis zu Angestellten oder Kunden. Und der Zufall wollte es, daß, als ich gleichzeitig mit dem Ende der alten Welt meine selbständige ärztliche Tätigkeit in Łódź begann, der erste, dem ich den Totenschein ausstellte (am Tag nach meiner nächtlichen Visite), der Mann war, bei dem vierzig Jahre früher, nach seiner Ankunft aus dem fernen Krośniewice, mein Vater sein selbständiges Leben begonnen hatte …

Aber ich sehe, ich habe den Faden meines eigentlichen Berichts verloren. Es war ja noch zu erklären, woher diese Spezialisierung auf Infektionskrankheiten kam. Also, wie ich schon erwähnt habe, war ich anfänglich Praktikant auf der Inneren. Notabene war dies eine ungewöhnliche Innere Abteilung. Den männlichen Teil der Abteilung nahmen ausnahmslos Alte ein, die man dem Spital untergeschoben hatte, weil man sie zu Hause los sein wollte. Auf der Frauenstation hingegen lagen ausschließlich junge, hübsche Frauen. War das erste Faktum unter Gettobedingungen nur allzu verständlich, handelte es sich bei dem zweiten um das Resultat der erotischen Eskapaden des Oberarztes der Abteilung. Doktor M. war eigentlich ein reizender und gebildeter Mensch. Seine Schwäche waren die Frauen; auf seiner Abteilung duldete er keine Patientin über dreißig. Seine Visiten erregten großes Aufsehen. Die Schwestern aus dem ganzen Krankenhaus fanden sich dazu ein. Die Untersuchung praktizierte er, wenn man so sagen darf, mit ein paar Handgriffen, die er abhängig von den Umständen oder den äußeren Vorzügen der Kranken ausführte. Den Bauch einer Patientin zum Beispiel untersuchte er ausschließlich unter der Bettdecke, so als wollte er sie nicht vor anderen entblößen und damit ihr Schamgefühl verletzen. Er legte Patientinnen auch gern auf den Bauch und erkundete dann etwas unterhalb der Taille. Das Abhorchen oder Abklopfen des Rückens pflegte stets so stattzufinden, daß eine Hand Doktor M.'s dabei auf der Brust der Patientin ruhte. Die Schwestern bogen sich beim Beobachten dieser Manöver vor Lachen, die Ärzte, die dem Oberarzt assistierten, sahen seinen Tricks neidisch oder augenzwinkernd zu. Und die Patientinnen? Die protestierten im allgemeinen nicht, höchstens deuteten gerötete Wangen auf Gefühle hin.

Nun, jener Doktor M., der mich mochte und mir oft sein Wohlwollen gezeigt hatte, bot mir eine Stelle als Assistent – eine bezahlte! – im Spital für Infektionskrankheiten an. (M., der später noch einmal eine große Rolle in meinem Leben spielen sollte, kam unter merkwürdigen Umständen zu Tode. Nach der Liquidierung des Gettos ließen ihn die Deutschen mit einer Gruppe von achthundert Juden zum „Aufräumen“ der verlassenen Wohnungen und Werkstätten zurück. Eines Tages fuhr er mit ein paar Dutzend Arbeitern vor die Stadt und kehrte nicht mehr zurück. Die ganze Gruppe wurde in Chełmno ermordet.) Jedenfalls hatte ich genug von den ohne ärztliche Behandlung sterbenden Greisen und den betatschten statt behandelten Frauen. Ich war einverstanden, in die „Infektion“ zu gehen, obwohl das riskant war und ich obendrein alles erst lernen mußte.

Zum Glück fand ich in der Krankenhausbibliothek das für diesen Fachbereich der Medizin grundlegende Lehrbuch von Karwacki. Ich büffelte intensiv, Praxis hatte ich in den Krankenhaussälen im Überfluß, und allmählich begann ich so etwas wie psychische Erholung zu spüren. Diese rührte daher, daß ich wesentlich häufiger als auf der Inneren Kranke zu Gesicht bekam, die wieder gesund wurden. Das hing selbstverständlich mit den anormalen Lebensbedingungen im Getto zusammen, aber nichtsdestotrotz bereicherte es die ärztliche Tätigkeit um ein Fünkchen Optimismus. Das typische Fieberdiagramm eines an Bauchtyphus Erkrankten erfüllte einen mit dem Glauben an die unerschütterliche Ordnung der Welt. Es gab im Spital für Infektionskrankheiten eigentlich keine hoffnungslose Fälle. Pardon, außer denen mit tuberkulöser Meningitis. Schwindsucht war in einem anderen Spital lokalisiert – zu uns kamen nur Fälle von Hirnhautentzündungen, deren Charakter erst diagnostiziert werden mußte. Alles hing davon ab, welches Aussehen die Hirn-Rückenmark-Flüssigkeit hatte, die man nach einer Lumbalpunktion erhielt: trübe oder klar. Zeigte sich die Flüssigkeit klar, war das Urteil unabwendbar. Die Diagnose lautete tuberkulöse Meningitis, bei der es damals (übrigens nicht nur im Getto) keine Hilfe gab. Diese Fälle kamen im übrigen sehr häufig vor, aber die Kranken selber waren sich zum Glück des Umstands nicht bewußt, daß das Urteil vom Aussehen jenes ersten Tropfens abhing, der ins Reagenzglas fiel.

Dies sind natürlich alles Einzelheiten, die für den Hauptinhalt des Berichts nicht weiter von Belang sind. Wenn auch hier der Umstand nicht ohne Bedeutung ist, daß ich so etwas wie ein Spezialist (vielleicht eine Übertreibung) war, was im Endeffekt zur Folge hatte, daß ich gleichsam zum Kronzeugen oder, präziser, zum einzig lebenden Zeugen in der Angelegenheit wurde, über die ich im weiteren Verlauf zu berichten habe.

Nur noch ein paar Worte zu meinen Vorgesetzten, denn auch das ist in diesem Fall ziemlich wesentlich. Chefarzt des Spitals war Dr. Sz., ein richtiger Schlappschwanz. Der Oberarzt, dem ich unmittelbar unterstand, war Dr. W., ein nicht mehr junger Arzt und guter Spezialist, der, vielleicht nicht zu Unrecht, die Ansicht hegte, daß eigentlich er das Spital leiten sollte.

Der Herbst dieses Jahres war heiter, rauh und kühl. Der Himmel war fast ständig wolkenlos, als versuche er, durch sein makelloses Blau der düsteren Gettowirklichkeit ein bißchen Hoffnung oder gar Freude zu gönnen. Es gab jedoch keine Jahreszeit und kein Wetter, die Bitternis, Sorgen, Unglück oder Not hätten verscheuchen können, die jedem im Getto aus deutscher Gnade zufielen. Sogar die wenigen Bäume im Getto paßten sich den Bedingungen an: sie wurden erst gegen Ende des Frühlings grün und verloren die Blätter bereits im August.

Ende November versank das Feld hinter dem Spital im Morast. Selbst die wagemutigsten Versuche, die schmierigen Schlammpfützen zu umgehen, nützten nichts, man mußte später lange den Dreck von Schuhen und Hosen kratzen. Eben war ich im Ärztezimmer mit dieser Beschäftigung befaßt und bereitete mich auf die Visite vor, als ohne Anklopfen eine von den Schwestern ins Zimmer stürzte. Man sagt das so dahin: „eine von den Schwestern“. Sie war die hübscheste Schwester des Spitals, die trotz der ungewissen Zeiten nicht darauf bedacht war, verlorene Möglichkeiten nachzuholen. Sie geizte eher mit ihren Reizen. Ganz außer Atem sagte sie, ich hätte mich unverzüglich, auf allerschnellstem Wege bei den Chefs zu melden. Sie war sichtlich verstört.

Im Getto gab es zu jeder Tages- und Nachtzeit genügend Anlässe zur Panik. Im Spital für Infektionskrankheiten noch mehr. Ich mühte mich nicht weiter, Schuhwerk und Hosen in einen passablen Zustand zu bringen, warf mir unterwegs nur einen weißen Kittel über und stürmte hinauf in den zweiten Stock, wo sich das Zimmer des Krankenhausdirektors befand. Die Tür stand offen, ich trat daher ohne Anklopfen ein und blieb wie angewurzelt stehen. Auf dem kleinen Sofa rechts lag Dr. Sz., der Direktor, und auf dem anderen links mein Oberarzt. Neben jedem stand eine besorgte Krankenschwester, und dem Krankenhausdirektor machte der Bereitschaftsarzt gerade eine Injektion. Überdies stank es im Zimmer fürchterlich. Als mein Kollege mit der Injektion fertig war, bemerkte mich Dr. Sz., stützte sich leicht auf den Ellenbogen, schaute mich kläglich an und sagte, jedes Wort akzentuierend: „Ihr meldet Euch unverzüglich bei der Kripo, Kollege …“

Ich reagierte wie betäubt. Alle übrigen Akteure dieser Szene schwiegen ebenso.

Sz. winkte mich heran und ergänzte: „Man wartet dort auf Euch.“

„Was heißt, man wartet auf mich? Warum auf mich? Was können sie von mir wollen?“

„Das heißt, nicht auf Euch konkret …“

„Und auf wen dann?“

„Sie haben angeläutet und verlangt, daß sofort ein Arzt aus dem Infektionskrankenhaus zu ihnen kommt.“

„Und warum soll ich hinfahren?“

„Weil ich, wie Ihr seht, unpäßlich bin. Das Herz … In meinem Alter …“, er zeigte auf das andere Sofa – „Ihr riecht das sicher? Hat sich vollgeschissen …“

Jetzt noch einige Worte zur Kripo, denn man muß schließlich erklären, warum die Aufforderung, sich dort zu melden, eine solche Panik auslöste. Die Kripo, also die Kriminalpolizei, residierte auf dem Kirchplatz, im dortigen Pfarrhaus. Wie der Name schon sagt, gehörte es zu den Pflichten der Kripo, sich mit gewöhnlichen Verbrechen zu befassen, nur, daß diese Institution im Getto mit einer besonderen Pflicht beladen war. Die normalen Straftaten überließ man der Kompetenz der jüdischen Polizei, die regelmäßig Rapporte zum Kirchplatz schickte. Hingegen war es die wichtigste und grundsätzliche Domäne der Kripo im Getto, den beständig und systematisch stattfindenden Raub von Hab und Gut der jüdischen Bevölkerung konsequent zu Ende zu führen. Es ging darum, aus jedem Juden, ehe ihn die Gaskammer schluckte, ehe er vielleicht vorher verhungerte, alles herauszupressen, was für das Große Reich irgendeinen Wert haben könnte und was er, unter Mißachtung von Verboten oder Verordnungen, irgendwo zu verstecken gewagt hatte. Das konnte ebensogut ein Brillantring wie ein Posten Garn sein, ein Pelzkragen oder deutsches Geld. Die Pflicht der Kripo war es, alles zu konfiszieren. Vorher mußte man in Erfahrung bringen, ob irgendetwas versteckt ist. Es gab hier nur eine Methode, die ihre Wirkung nie verfehlte. Wer verdächtig war, wurde verhaftet und so lange geprügelt und gefoltert, bis er gestand, das heißt sagte, was er wo verborgen hatte, wenn er tatsächlich etwas versteckt hatte. Wenn er bereits nichts mehr besaß, wenn er also nichts versteckt hatte, keinem einen goldenen Trauring, einen Pelz oder sonst was zur Aufbewahrung überlassen hatte, gab es keine Mittel und Wege, der Kripo lebend zu entkommen.

Wenn es um solche Schätze ging, wurden die Deutschen unterstützt von Denunzianten diesseits und jenseits des Drahtverhaus. Wer eine Vorladung zum Kirchplatz erhielt, mußte sich also auf schlimmste Torturen gefaßt machen. Auch wenn auf dem Getto insgesamt das ganze Grauen der Hitlermacht lastete, so stach die Kripo innerhalb dieser Macht als sichtbarstes und fühlbarstes Instrument noch hervor.

Ich hatte also keinen Grund, mich über die Reaktion beider Ärzte auf die telefonische Vorladung vom Kirchplatz zu wundern, wenn mich auch die Selbstverständlichkeit in Erstaunen versetzte, mit der man mich dorthin schickte. Schließlich wußte man ja nicht, worum es ging. Geschickt wurde ich wahrscheinlich in der Hoffnung, daß, falls es zu irgendwelchen Verhören kam, mein jugendliches Alter das Überstehen der bekannten Methoden garantierte (bis zu einem gewissen Grad). Deshalb widerte es mich an, wie mich Dr. Sz. zu überzeugen versuchte, die „Wahl“ meiner Person zum Vertreter des Infektionskrankenhauses auf dem Kirchplatz sei ein Beweis unerhörten Vertrauens. Jedenfalls zählte meine Stimme nicht mehr. Ich hatte mich der Entscheidung zu beugen – und ich beugte mich.

Von der Drewnowska-Straße ist der Weg zum Kirchplatz nicht weit. Über das im Dreck versinkende Feld gelangte man zur Lutomierska-Straße. Von dort mußte man die Holzbrücke über der Zgierska-Straße überqueren. Das war eine ziemliche Strapaze, für die einen in körperlicher Hinsicht, für andere in seelischer. Älteren, kranken, geschwächten Menschen bereitete, vornehmlich im Winter, die steile Treppe der Brücke große Schwierigkeit. Wenn man aber auf der Brücke stand und in die südliche Richtung blickte, boten sich dem Auge Teile der Zgierska-, Nowomiejska- und Piotrkowska-Straße dar, die in gerader Linie die Stadt durchschnitten. In dieser Perspektive bemühten sich die einen, Elemente großstädtischen Lebens wiederzufinden, wie Spuren von Leben im All, und andere entdeckten mit Heimweh in den sich von fern abzeichnenden Konturen der Innenstadt die längst vergangene Normalität, eine Normalität oft grau, leer und nichtig, in der sie vormals selten glücklich waren, nicht ahnend, welch unterschiedliche Gesichter das Glück haben kann ... Dann stieg man hinunter, und ließ auf der rechten Seite die Kirche der Heiligen Jungfrau Maria hinter sich.

Fünfzehn Minuten waren vergangen, seit man mich ins Direktorenzimmer gerufen hatte, bis jetzt, wo ich mich vor der Kripo befand. Heute weiß ich nicht mehr zu sagen, was mich damals mehr umtrieb: Angst oder Neugier. Jedenfalls wurde ich schon erwartet. Vor dem einstigen Pfarrhaus stand die den Gettobewohnern wohlbekannte zweispännige Kutsche, und darin saßen zwei der prachtvollsten Exemplare aus der Gattung der Säugetiere. Das eine war ein herrlicher sibirischer Wolfshund mit flauschig weichem Fell und Augen in der Farbe dunkelbraunen Bernsteins; die hechelnde Zunge drückte Lebensfreude aus. Das zweite war ein Oberscharführer der SS; Jansen hieß er, wie ich später erfuhr. Eugen Jansen war der stattlichste Mann, den ich je gesehen habe. Der Oberscharführer war in jeder Hinsicht die Vollkommenheit in Person. Vollkommen trug er die Militärmütze, vollkommen kniff er die Augen zusammen, vollkommen blankgewienert hatte er die Stiefel, vollkommen saß an ihm die SS-Uniform, und vollkommen waren seine arischen Gesichtszüge.

Manieren hatte er übrigens auch vollkommene. Anfangs wenigstens. Mit einer gut einstudierten Geste winkte er mich in die Kutsche, hieß mich neben sich Platz nehmen, und dem Wolfshund, der bisher diesen Ehrenplatz besetzt hatte, wies er das herausgeschobene Bänkchen gegenüber an. Die Pferde schienen auf mich gewartet zu haben. In schnellem Tempo bewegte sich das Gefährt durch die Gettostraßen und bog schließlich in die Brzezińska-Straße ein. Diese Straße verdankte ihren Namen der Funktion als Verbindungsstraße zwischen Łódź und Brzeziny – einem Städtchen mit der wohl ärmsten jüdischen Bevölkerung Polens.

Für armselige Groschen, im Stücklohn, befaßten sich hier ganze Familien mit dem Nähen von Konfektionskleidung, an der die Großhändler von Łódź Hunderttausende verdienten. Die Brzezińka-Straße sauste unter den Kutschenrädern weg, und Jansen informierte mich, daß wir zum Zigeunerlager fuhren.

Und noch eine unentbehrliche Erklärung: Zwei, drei Monate zuvor hatten die Deutschen die Juden aus einem guten Dutzend dreistöckiger Mietshäuser ausgesiedelt, die sich dicht an der Gettogrenze, Brzezińska-, Ecke Głowacka-Straße befanden. Das Gelände jener Mietshäuser sowie den kleinen Platz dazwischen hatte man mit Stacheldraht umgeben, der es auf der einen Seite von der Stadt abtrennte und auf der anderen vom Getto, das an dieser Grenze mit Doppelreihen Stacheldraht gesichert war. Wenige Tage nach Beendigung dieser Maßnahmen trafen Lastwagen auf dem Gelände ein, von denen man einige Tausend Zigeuner heruntertrieb. Auf diese Weise entstand neben dem großen, jüdischen Getto das kleine, daran angrenzende Zigeunerlager. Anfänglich war es für das jüdische Getto eine Sensation, doch bald ließ das Interesse nach.

Die Oberaufsicht über das Zigeunerlager hatte die Kripo. Von Zeit zu Zeit sickerten grauenvolle Nachrichten durch.

Dorthin also fuhren wir, Oberscharführer Jansen und ich. Die Anwesenheit eines Arztes, der sich mit Infektionskrankheiten auskannte, war deshalb notwendig, weil sich unter den Zigeunern irgendeine Krankheit auszubreiten begann. Der Oberscharführer erwartete von mir, daß ich ihm erklärte, welche Krankheit das war und wie man ihrer Herr werden könnte.

Wie ich schon sagte, hatten die Deutschen zwischen dem Getto und dem Zigeunerlager einen doppelten Stacheldrahtzaun installiert (was befürchteten sie?). Der Draht zwischen Lager und Stadt wurde von einer deutschen Wache beaufsichtigt, ähnlich wie der Draht zwischen Lager und Getto. Hier wurde zusätzlich das Tor, das beide Lager verband, von Seiten des Gettos durch jüdische Polizei bewacht. Durch dieses Tor wurden der Oberscharführer und ich ehrerbietig hindurchgelassen, und so befand ich mich nun auf dem Gelände des Zigeunerlagers.

Der Wagen der Kripo hielt auf dem kleinen Platz zwischen den Mietshäusern, die das Lager bildeten. Auch hier hatten die Deutschen eine Art Ordnungsdienst eingerichtet. Seine stämmigen Mitglieder hatte man mit dicken Holzknüppeln ausgerüstet, was bewies, daß das Dritte Reich unsere jüdische Polizei höher einschätzte, der man echte Gummiknüppel zur Verfügung gestellt hatte. Ein Teil der Zigeuner vom Ordnungsdienst baute sich vor Jansen in Habachtstellung auf, und der andere ging daran, die auf den Platz drängende Menge auseinanderzutreiben. Während der Oberscharführer, gestikulierend wie in einem italienischen Film, dem Chef jenes Ordnungsdienstes irgendwelche Anweisungen gab, schlich ich mich an der nächsten Häuserwand entlang und warf einen Blick ins Innere – in den Flur und über den Flur hinweg in zwei Zimmer, deren Türen offenstanden. Selbst für mich, der ich an die katastrophal überfüllten Wohnungen des Gettos und der Lager für die Ankömmlinge aus Deutschland oder Österreich gewöhnt war, war das Bild, das die beiden Räume boten, erschreckend. Noch heute, da ich diesen Bericht schreibe, will mir ein passender Vergleich nicht einfallen. Damals mußte ich an eine Filmreportage über ein Spital in Indien denken, die ich vor dem Krieg gesehen hatte. Es gab dort, wie in den Zimmern, in die ich einen flüchtigen Blick geworfen hatte, keine Pritschen und schon gar keine Betten. Stroh auf dem Fußboden, mit Lumpen bedeckt, diente als Lagerstätte für – wieviel? Dreißig? Vierzig? Hundert Bewohner dieses Ameisenhaufens? Es war erschütternd …

Ich muß abermals für einen Moment unterbrechen, um einer allgemeineren Betrachtung willen. Es bedarf keiner besonders ausgeklügelten Psychologie, um zu erraten, daß die Unterbringung der Zigeuner in einigen aus dem Getto ausgesonderten Mietshäusern das Selbstgefühl der jüdischen Bevölkerung auf eigenartige Weise erhöhte. Und das in doppelter Hinsicht. Erstens schien dieses Faktum darauf hinzudeuten, daß die Deutschen, vorläufig wenigstens, nicht vorhatten, das Getto zu liquidieren. Und zweitens: die ins Getto dringenden Nachrichten über die Lebensbedingungen der Zigeuner (Nachrichten, die übrigens die entsetzliche Wahrheit nicht annähernd wiedergaben) verbesserten die Stimmungslage im Getto. Nicht sie waren es also, die sich auf der untersten Stufe befanden, der untersten Stufe von Erniedrigung, Elend, Hunger. Es gab im Getto kein Mitgefühl für die Zigeuner, genausowenig wie es vermutlich Mitgefühl für die Juden bei den Zigeunern gab. Die Henker erlaubten den Opfern, sich gegenseitig zu besichtigen, aber man darf nicht vergessen, daß es zwischen Juden und Zigeunern niemals Sympathie oder das Gefühl eines gemeinsamen Schicksals gegeben hat. Beide Gruppen wurden von der sie umgebenden christlich-katholischen Gesellschaft zumindest als fremd, wenn nicht gar feindlich angesehen. Und die Erfahrung lehrt, daß in solchen Fällen Solidarität nicht entstehen kann. Es entwickelt sich eher so etwas wie ein Wettbewerb – um eine Geste des Wohlwollens, um das Almosen eines freundlichen Wortes.

Die Bedingungen, unter denen die Juden lebten, waren schrecklich genug. Aber was sollte man erst vom Zigeunerlager sagen. In diesen drei oder vier Mietskasernen mochte es hundertzwanzig, hundertfünfzig kleine Räume geben, auf keinen Fall mehr. Und darin mußten einige tausend Leute Platz finden. Platz finden? Immerhin lebten, aßen, erkrankten diese Menschen hier … Die Mehrzahl der Zigeuner rührte sich wahrscheinlich nicht von ihrer Lagerstatt. Ich bemerkte, daß die auf dem ausgebreiteten Bettzeug Liegenden überhaupt nicht auf das Ereignis reagierten, das das Eintreffen Jansens darstellte. Etwas Unruhe oder Furcht löste höchstens der Wolfshund aus. Zum Glück stürzte sich dieser nicht auf Menschen, wie das andere Vertreter seiner Rasse, von Hitlerleuten ausgebildet, zu tun pflegten. Ganz im Gegenteil, er wedelte mit dem Schwanz, wälzte sich in den Lumpen auf dem Boden: man konnte sehen, wie er sich wohlfühlte.

Alles hat sich meinem Gedächtnis deutlich eingeprägt, obwohl die Beobachtungen höchstens wenige Minuten gedauert haben können. Schnell rief mich nämlich Jansen zur Ordnung, gab mir zu verstehen, daß ich mich keinen Schritt von ihm entfernen dürfe. So nervös hatte ihn offenbar meine Unbotmäßigkeit gemacht, daß er im Nu die guten Manieren abwarf und dem Chef des Lagerordnungsdienstes, mit dem er bislang ruhig gesprochen hatte, einen Hieb mit der Reitpeitsche gab. Vielleicht wollte er einen Wink geben, daß er mit mir nicht gnädiger umgehen würde …

Wir betraten ein einstöckiges Häuschen rechts vom Haupttor. In zwei Stuben war hier das Spital untergebracht. An der Schwelle der einen Stube blieb Jansen stehen und ließ mich eintreten. In beiden kleinen Räumen standen an den Längsseiten acht doppelstöckige Pritschen, alle belegt. Auf einigen lagen zwei Kranke. Interessant ist, daß ich mich nicht erinnere, ob sich unter den Kranken Frauen befunden haben. Im Nachhinein stelle ich mir die Frage, ob es in dem Lager überhaupt Frauen gegeben hat. Ich besinne mich genau an viele damals beobachtete Einzelheiten, aber an dieses für den vorliegenden Bericht doch wichtige Detail kann ich mich nicht erinnern. Mit Hilfe der Analogie darf ich aber annehmen, daß es in diesem Lager ganze Familien gegeben haben muß. Obgleich ich mich auch nicht erinnere, irgendwelche Kinder bemerkt zu haben. Der Analogieschluß bezieht sich auf Teile des Zigeunerlagers in Birkenau, wo sich bis zur Liquidierung des Gettos in Łódź ganze Zigeunerfamilien aufhielten, die man von einem Tag auf den anderen ins Gas schickte. Es mußte Platz geschaffen werden für die Juden aus Łódź. Ja, dort mischten die Deutschen abermals die Schicksale der einen und der anderen wie Kartenspieler …

Ich trat zu einem Kranken auf einer unteren Pritsche links von der Tür. Er war bewußtlos und hatte hohes Fieber. Es genügte, sein Hemd zu lüften, um eine Diagnose zu stellen. Kein Zweifel, es war Flecktyphus. Eigentlich war es nicht mehr nötig, die übrigen Kranken zu untersuchen, aber zum einen wollte ich ein reines Gewissen haben und zum anderen wollte ich prüfen, wie intensiv hier die Verlausung war. Ich hätte das in den Wohnräumen machen sollen, doch was ich bei den Kranken zu sehen bekam, bedurfte keiner zusätzlichen Bestätigung. Die Sache war so klar wie die Sonne oder besser, bedrohlich wie der erste Vorbote einer Urgewalt, die Menschenkräfte zu bändigen nicht imstande sind.

Alles zusammen dauerte nicht länger als zwanzig Minuten. Der Dialog mit Jansen war kurz. „Nun, und was ist es?“

„Flecktyphus.“

„Ist das lebensgefährlich?“

„Äußerst.“

„Ist das heilbar?“

Die Frage verschlug mir für einen Moment die Sprache. Die Antwort war nicht einfach: heilbar unter diesen Bedingungen? Ich erwiderte dennoch: „Aber ja. Nötig sind medizinische Maßnahmen, Medikamente.“

„Ist es sehr ansteckend?“

Ich vermutete, daß er alles zu dem Thema wußte. Vor Flecktyphus hatten die Deutschen panische Angst. Es gab keinen Grund, die Wahrheit zu verschleiern. „Ja, es ist sehr ansteckend. Die Krankheit wird durch Läuse übertragen.“

„Das weiß ich.“

Wenn er das weiß, weiß er auch, daß die alte epidemiologische Maxime lautet: kein Stacheldraht hält eine Laus auf. Und hinter dem Draht war vor allem das Getto mit seiner Übervölkerung und den katastrophalen sanitären Bedingungen (nur ein Prozent der Wohnungen besaß die sogenannten sanitären Einrichtungen), ja, aber da war außerdem die Stadt, die arische Stadt ... Das erwähnte ich nicht. Mir blieb aber nicht verborgen, daß in dem Oberscharführer irgendetwas vorging. Er lächelte vor sich hin.

Wir gingen zurück zu dem kleinen Platz.

„Ich werde Ihnen zeigen, daß man das sofort heilen kann“, sagte er plötzlich.

Er rief den Chef des Ordnungsdienstes und gab ihm einen Befehl. Nach einer Weile schleppten einige seiner Untergebenen zwei Kranke herbei und legten sie auf die Erde. Jansen trat zu den Liegenden, betrachtete sie einen Moment, zog schnell die Pistole aus dem Halfter und schoß beiden in den Hinterkopf. Nur einer der Erschossenen zuckte noch einen Augenblick. Das alles vor den Augen der dichtgedrängten Zigeuner, vom Ordnungsdienst mit Gewalt zurückgehalten. Eine Weile lag Stille über dem Platz. Sie dauerte unnatürlich lange, als wollte sich jeder Anwesende genau davon überzeugen, daß er nicht träumte. Auf einmal wurde die Stille von einem gewaltigen Schrei zerrissen. Ein Schrei aus Hunderten von Kehlen, voller Wut, vielleicht auch Verzweiflung oder Schmerz. Die Menge bewegte sich vorwärts. Das sah so bedrohlich aus, daß auch Jansen erschrak. Ohne die Pistole wegzustecken, sprang er in die Kutsche, zog den Wolfshund nach und befahl mir, schnell einzusteigen. Der Kutscher hieb auf die Pferde ein, im Galopp passierte er das Tor, und wir befanden uns wieder auf Gettostraßen.

Der ganze Spuk hatte nicht länger als drei, vier Minuten gedauert. Die Erde hörte nicht auf, sich um die Sonne zu drehen, die Frauen gebaren weiterhin Kinder, der Himmel blieb stumm, und kein Heiliger half den Seelen der Ermordeten, den Weg zur ewigen Seligkeit zu finden. Als die Kutsche in die Brzezińska-Straße einbog, lag zu meiner Rechten der kleine Platz zwischen den Häusern des Zigeunerlagers. Ich sah braune, finstere Gesichter immer kleiner werden, Arme, die sich emporreckten, und an mein Ohr drang der schwache Widerhall eines Schreis. Was war eigentlich geschehen? Nichts war geschehen. Zwei Flecktyphuskranken hatte man die Chance genommen, den Kampf ums Leben zu gewinnen.

Jansen schwieg während der ganzen Rückfahrt. Nach seiner kalten Darbietung hatte er jetzt die Miene eines Knaben, der mutwillig ein Glas Marmelade zerschlagen hatte. Einmal hob er den Kopf, als ob er etwas sagen wollte – zu sich selbst? Zum Hund? Aber er sagte nichts. Der Wolfshund ließ nicht die Augen von seinem Herrn. Ich achtete darauf, daß ich mit dem flauschigen Fell des Hundes nicht in Berührung kam. Bevor ich Ecke Łagiewnicka-Straße aus der Kutsche stieg, wandte ich mich mit einem Hinweis an Jansen, über dessen Formulierung in deutscher Sprache ich den ganzen Weg nachgedacht hatte: „Ihren Hund, Herr Oberscharführer, sollte man überhaupt nicht auf das Lagergelände lassen. Er kann leicht Läuse in seinem Fell übertragen."

Jansen blickte mich an, als sähe er mich in seinem Leben zum erstenmal. Dann winkte er nur ab und sagte kurz: „Quatsch!"

Als ich mich wieder auf der Straße befand, atmete ich tief durch. Die räudigen, brüchigen Häuser des Gettos kamen mir vor wie eine erfrischende Dekoration, etwas Vertrautes, Anheimelndes, im Vergleich zu dem, was sich vor einigen Minuten zugetragen hatte. Um mich herum lebte, fror, hungerte das Getto, ohne Ahnung von der Gefahr, die seit einer Viertelstunde über ihm lag. Ich ging direkt zur Gesundheitsabteilung. Ihr Leiter war zu der Zeit jener Dr. M., der mich ins Spital für Infektionskrankheiten delegiert hatte. Er wußte bereits von meiner Visite bei den Zigeunern. Er kannte nur nicht ihren Grund. Ich berichtete ihm daher alles, bis ins kleinste Detail. Er begriff sofort, was eine Flecktyphusepidemie im Zigeunerlager für das Getto bedeutete …

Was weiter geschah, ist allgemein bekannt. Ich möchte nur in Erinnerung rufen, daß die deutschen Behörden die Anweisung erteilten, die Gesundheitsfürsorge für das Zigeunerlager hätten jüdische Ärzte zu übernehmen. Das vergrößerte natürlich die Gefahr, daß die Epidemie auf das Gettogelände überspringen würde. Die Gesundheitsabteilung stand vor dem Dilemma, wen man auf diesen gefährlichen Posten beordern sollte. Man konnte nicht damit rechnen, daß sich Ärzte freiwillig zu dieser Arbeit melden würden. Nach langen Beratungen wurde das Problem relativ demokratisch gelöst. Die Ärzte kamen überein, daß das Los entscheiden müßte. Die Arbeit auf dem Gelände des Zigeunerlagers sollte jeweils zehn Tage dauern. Es würden immer zwei Ärzte gleichzeitig dort tätig sein. Nach zehn Tagen abgelöst von den nächsten zwei. Am Losentscheid sollten aber nur Ärzte ohne Familie teilnehmen. Da ich seit einem Jahr verheiratet war, drohte mir die Abordnung ins Zigeunerlager nicht.

Und es begann. Alle zehn Tage wechselten sich zwei Ärzte ab, deren Hauptaufgabe darin bestand, die Kranken von den Gesunden zu separieren. (Von einer gründlichen Entlausung konnte unter den gegebenen Umständen keine Rede sein.) Und alle fünfzehn Tage erkrankte ein neues Ärztepaar am Flecktyphus. Keinerlei Vorsichtsmaßnahmen halfen. Von einem der Ärzte, Dr. A., erzählte man, daß er, um sich vor Kontakt mit den Läusen zu schützen, die Kranken untersuchte, indem er das Stethoskop mit Hilfe eines Stöckchens hielt, und zwar auf dem Tisch stehend. Aber auch er erkrankte.

Das dauerte etwa zwei Monate. Vielleicht etwas länger. Ich vermag nicht genau zu sagen, wieviele von dem mehr als einem Dutzend Ärzten überlebten. Wenn mich meine Erinnerung nicht trügt – fünf. Zum Glück wuchs im Getto selbst die Zahl der an Flecktyphus Erkrankten nur unbedeutend. Unter den Zigeunern dagegen konnte der Krankheitserreger nach Belieben wüten. Selten hat es irgendwann, irgendwo günstigere Voraussetzungen für die Verbreitung einer Flecktyphusepidemie gegeben. Anfangs wurde im Lager noch eine Art Statistik geführt. Später gab man auch das auf. Nicht einmal Totenscheine wurden ausgestellt. Die Toten begrub man namenlos auf dem jüdischen Friedhof, zu dem es vom Lager aus ja nur zwei Schritte waren. Mutter Erde machte keinen Unterschied zwischen den nach jüdischem religiösen Ritual Begrabenen und den ohne Tränen und Gebete beigesetzten Zigeunern.

Das Ganze dauerte, wie ich schon sagte, an die zwei Monate. Bis eines Nachts Lastautos vor dem Zigeunerlager vorfuhren, auf die man alle Kranken und Gesunden lud und abtransportierte. Die Deutschen machten nicht einmal ein Geheimnis aus dem Schicksal dieser Menschen. Vor wem hätten sie auch ein Geheimnis daraus machen sollen? Vor anderen Untermenschen, die ein ähnliches Schicksal erwartete? Alle Zigeuner wurden ermordet. Ein Teil wurde erschossen und ein Teil in Autos vergast, durch Auspuffabgase, die man durch Rohre ins Wageninnere leitete. Diese Methode hatte man bereits an den aus den Gettos ausgesiedelten Juden erprobt.

Die Mietskasernen, die das Lager gebildet hatten, kehrten ins Getto, das heißt hinter die einfachen Stacheldrahtreihen, zurück. Sie wurden gründlich desinfiziert, und ein paar Dutzend jüdische Familien nahmen, bevor man auch sie in Chełmno oder

Auschwitz vergaste, in den nunmehr freigewordenen Wohnungen Quartier. Wie man später in der Gesundheitsabteilung erfuhr, soll die erhöhte Anzahl von Flecktyphusfällen in Łódź selber (dem arischen, versteht sich) den Ausschlag für die Ausrottung des Zigeunerlagers gegeben haben. Was daran wahr ist, läßt sich schwer sagen.

Das ist alles, was ich von dieser Geschichte weiß. Ich vermute, daß ich der einzige bin, der die Gelegenheit hatte, so dicht mit ihr in Berührung zu kommen, und das nur dank des schwachen Herzens von Dr. Sz. und des schwachen Schließmuskels von Dr. W..

Diese Geschichte hat immerhin ihr Happy end, falls man ein solches Wort im Zusammenhang mit den hier geschilderten Begebenheiten überhaupt gebrauchen darf. Genau fünfzehn Tage nach seinem Aufenthalt im Zigeunerlager (das heißt nach jener Visitation, an der ich teilgenommen hatte), erkrankte Oberscharführer Jansen selber an Flecktyphus. Wie die heimtückische Laus an seinen Körper herangekommen ist, weiß man nicht. Vielleicht aus dem Fell des schönen Wolfshundes, vielleicht auf einem anderen Weg. Jedenfalls wurde der Hund auf der Stelle erschossen, was nichts an der Tatsache änderte, daß der Zustand des Kranken nach zehn Tagen so war, daß den Mächtigen nichts anderes übrigblieb, als an die kompetentesten Größen dieser und jener Welt zu appellieren. Die deutschen Ärzte hatten nicht helfen können, man rief jüdische zur Hilfe, aus dem Getto – unter anderem meine beiden Chefs. Darüberhinaus rief der Chef der Kripo die Rabbiner zu sich (es waren vier, glaube ich) und empfahl ihnen, von nun an intensiv zum Gott der Juden um die Genesung des Oberscharführers zu beten, denn wenn er sterben sollte, könnte dem Getto schreckliches Unheil drohen.

Die Rabbiner hatten also die Wahl – entweder in Sorge um das Getto zu beten, daß Eugen Jansen so schnell als möglich wieder gesund würde, oder, in dem Wunsch, die Zahl der Feinde Israels auf der Welt zu verringern oder das Defizit in der Bilanz des Unrechts zu reduzieren, dafür zu beten, daß er rasch seinen Geist aufgäbe.

Niemand weiß, welche Entscheidung die Rabbiner getroffen haben, worum sie letztendlich beteten. Niemand weiß, ob Jahwe ihren Gebeten überhaupt Aufmerksamkeit geschenkt hat. Tatsache ist, daß Jansen zwei Tage später starb und das Getto ihn um zwei Jahre und sechs Monate überlebte.

Die Rettungsdroschke rollte langsam und schläfrig, mit ihren verbrauchten Federn ächzend, über das Kopfsteinpflaster des Gettos in Łódź. Noch immer leistete sie unschätzbare Dienste, brachte den Kranken wenn nicht Hilfe, so doch Hoffnung, was auch seine Bedeutung hatte: denn destilliertes Wasser in Ampullen wirkte bisweilen genauso gut wie Morphium oder Papaverin. Der wirkliche Gewinner war das Pferd, das ohne die Droschke längst schon in irgendwelchen Mägen gelandet wäre.

Der Sanitäter ließ sich auf dem Vorderbänkchen nieder, das übrigens unbequem, nach einer alten Tradition aber ausschließlich ihm vorbehalten war. Auf den Knien hielt er das sagenhafte Apothekenkästchen krampfhaft mit beiden Händen, damit es ihm bei einem größeren Schlagloch im Pflaster nicht wegrutschte.

Über dem Getto lag eine kalte, düstere Novembernacht. Für die dort Eingesperrten war sie genau so düster und unfreundlich wie ein Novembertag, und der Novembertag wie der Tag eines jeden anderen Monats. Jedesmal wenn ihn in einer solchen Nacht, wo die eisige Kälte durch Mark und Bein drang, der Dienst an diese klapprige Rettungsdroschke fesselte, mußte er an die Theateranekdote denken, die sein Vater zu erzählen pflegte: Zwei jüdische Schauspieler treiben sich in einem Kutschwagen auf den leeren Straßen eines Schtetls irgendwo in Galizien oder Kongreßpolen umher. Es ist Nacht, kalt, es nieselt; die Schauspieler schmiegen sich aneinander, um sich zu wärmen. Da sagt einer von beiden, mit weitausholender Geste auf die an ihnen vorübergleitenden Häuser zeigend: Sieh mal, wie gut wir es haben. Die alle ringsum, eingesperrt in ihren Wohnungen, müssen um diese Stunde im Bett liegen und schlafen, und wir können einfach fahren und fahren …

Die Pferdehufe, die aufs Pflaster schlagen, machten das typische Geräusch, das sich im schweren Dunkel wie in Watte verliert. Einer seiner Schulkameraden hatte ihm einst beigebracht, dieses Geräusch nachzuahmen. Als er versucht hatte, sich damit zu Hause hervorzutun, war er von der Mutter, die der Meinung war, daß ein wohlerzogener Knabe Mund und Zunge nicht zu solcherart Zeitvertreib mißbrauchen dürfte, streng ermahnt worden.

Das war ihm geblieben. Alle hielten ihn für wohlerzogen. Im Getto war eine solche Eigenschaft genauso viel wert wie ein alter, löchriger Topf.

„Herr Doktor!“, riß ihn die scharfe Stimme des Sanitäters aus seinem Nickerchen, „Hier ist es!“

Er streckte sich und machte die Augen auf. In der Dunkelheit nahm er kaum die Umrisse des einstöckigen Häuschens wahr, das einsam unweit der Gettogrenze Wache hielt. Vor dem Haus huschten irgendwelche Gestalten umher. Eine von ihnen strebte auf die Droschke zu.

„Hier ist es“, wiederholte sie wie ein Echo die Worte des Sanitäters.

Vorsichtig stieg er aus; das Trittbrett war schief und glatt. Er wollte möglichst schnell hineingehen, um sich aufzuwärmen.

„Ist einer von der Familie da?“ Der Sanitäter hatte die Aufgabe, die ersten Fragen zu stellen, die es ermöglichten, das Terrain zu sondieren.

Niemand antwortete. Offenbar gab es keine Familie. Der Mann, der als erster zur Droschke gekommen war, schritt jetzt neben ihm her. Zusammen betraten sie einen halbdunklen Hausflur, wo noch zwei Personen standen. Vom Flur aus gingen rechts und links Türen ab sowie eine Treppe zum ersten Stock.

„Wo ist es?“, fragte er.

„Hier“, sagte der Mann in seiner Begleitung und zeigte auf die rechte Tür.

Er klopfte.

„Da gibt's nichts zu klopfen“, sagte finster der Mann. „Es macht ohnehin keiner auf.“

Er drückte gegen die Tür. Sie war unverschlossen. Schnell trat er in den Raum ein, ebenso schnell zog er sich wieder zurück. Während der Zeit, die er jetzt beim Rettungsdienst im Getto arbeitete, hatte er sich an die schlimmsten Gerüche gewöhnt, doch dieser dicke, mit allen möglichen ekelhaften Gerüchen gesättigte Gestank, der im Zimmer herrschte, warf ihn buchstäblich um. Es war ein Gemisch aus Moder, verwesenden Leichen, Schmutz und Exkrementen.

Der Sanitäter folgte ins Zimmer, doch auch er konnte es in diesem Gestank nicht länger aushalten.

Im Hausflur fragte er noch einmal: „Ist hier einer von der Familie?“

„Die ganze Familie ist da drin“, kam aus der Dunkelheit jemandes sachliche Antwort.

„Schaffen Sie es, ins Zimmer zu gehen und das Fenster aufzumachen?“, wandte er sich an den Sanitäter. „Es gibt keinen anderen Ausweg.“

Der bereitete sich auf dieses Unternehmen vor, indem er den Medikamentenkasten abstellte und sich vor Mund und Nase einen Wollschal band. Der Sanitäter kehrte in das Zimmer zurück und knipste die Taschenlampe an.

„Machen Sie aus, verdammt nochmal!“, schrie er. „Von hier aus sind nur zwei Schritte bis zum Draht. Wollen Sie, daß die ein Scheibenschießen auf uns veranstalten?“

Der Sanitäter knipste schnell die Taschenlampe aus, holte tief Luft und rannte durchs Zimmer, das jetzt im Dunkeln lag. Nach einer Weile konnte man hören, wie er sich am Fenster zu schaffen machte.

„Herr Doktor ...“, das war dieser Mann.

„Was ist?“

„Wo Sie schon einmal hier sind ... das heißt ... vielleicht ... da oben, meine Frau ...“

„Was fehlt ihr?“

„Sie hatte eine Geburt ... Jetzt ist sie zu Hause, und irgendwas ist nicht in Ordnung ...“

„Rufen Sie einen Arzt vom Ambulatorium.“

„Aber wenn Sie doch schon mal hier sind ...“

„Ja, und?“, schrie er aufgebracht. „Ich bin vom Rettungsdienst, verstehen Sie? Vom Rettungsdienst. Wir kommen nur zu dringenden Fällen, Und Ihre Frau ist kein dringender Fall.“

„Na ja, aber ... Das ist nur ein Stockwerk höher“, sagte der Mann, als bäte er um ein Almosen. „Ich zahle ... mit Brot ...“

Er winkte ab. Er war an solche Vorschläge gewöhnt. Manche Ärzte lehnten nicht ab, wie man hörte ...

Der Sanitäter ging aus dem Zimmer. Er atmete hastig, bekam nur schwer Luft.

„Vielleicht versuchen Sie's jetzt, Herr Doktor. Doch da gibt's für uns ohnehin nichts zu tun. Vielleicht hat hier einer eine Kerze? Ohne Kerze werden Sie nichts erkennen.“

Man brachte einen angezündeten Kerzenstummel. Mit einer Hand hielt der Sanitäter die Kerze, mit der anderen schirmte er sie gegen das Fenster ab. Sie gingen beide ins Zimmer. Der Gestank war nicht weniger geworden, nur vielleicht nicht mehr ganz so stickig durch die Luft, die durchs offene Fenster hereinströmte. Gleich würde er sich erbrechen müssen … Doch er überwand sich. Was hätten denn die Leute im Hausflur und der Sanitäter von ihm denken sollen?

Er blickte sich um. Das gesamte Mobiliar des Zimmers bestand aus zwei Pritschen, einem Tisch und einem kleinen Schemel. Es gab keinen Ofen, keinen Herd. Auch keinen Ausguß. Neben der einen Pritsche stand ein rostiges Eimerchen mit gefrorenem Urin. Auf dem Tisch lagen schmutzige Teller und zwei Töpfe. Die Wände wie auch der Fußboden waren mit einer dicken Schmutzschicht bedeckt. Vorsichtig auftretend, um nicht auszurutschen, ging er zu der Pritsche, die dichter beim Fenster stand. Das war nicht einmal ein Elendslager, sondern was er da sah, bestand eher aus Überresten von Bettzeug, vermengt mit irgendwelchen Lumpen, die wahrscheinlich einst Mäntel gewesen waren. Im trüben Kerzenlicht waren auf der Pritsche und daneben Reste von getrocknetem Kot zu sehen. Quer über der Pritsche lag der Körper eines kleinen, vielleicht achtjährigen Jungen. Er beugte sich über ihn. Im letzten Augenblick packte ihn der Sanitäter am Arm.

„Was machen Sie! Sehen Sie nicht, was hier los ist?!“

Jetzt erst gewahrte er, daß sowohl das Gesicht des Kindes, sein Körper wie überhaupt alles auf dieser Schlafstatt mit einer dicken Schicht von Läusen bedeckt war. Das Kind war selbstverständlich tot, doch die Schicht umherkrabbelnder Läuse erweckte den Anschein, als lebe das Gesicht des Jungen.

Dieser Anblick erweckte in ihm das Gefühl von einer Art höheren Pflicht. Er streifte den Ärmel von Mantel und Jackett hoch und berührte die Wange des Kindes.

„Er ist bereits seit Stunden tot. Verdammt, sie haben uns erst gerufen, als nichts mehr zu machen war.“

Er trat zur Pritsche auf der linken Seite. Sie sah genauso aus wie die andere. Nur daß hier zwei Körper lagen. Genauso schmutzig, genauso ausgemergelt und abgezehrt. Genauso mit Läusen überzogen. Eine Frau und ein Kind – wohl ein Mädchen. Die Frau hielt das Kind umarmt, schützend, wie vor einer Gefahr. Er beugte sich zu ihr herab. Ein flüchtiger Blick genügte, um den Tod festzustellen. Das Kind hingegen gab Lebenszeichen von sich. Es lag in den letzten Zügen. Mit einem Stückchen Gaze stäubte er die Schicht Läuse vom Gesicht des kleinen Mädchens.

„Sie muß sofort ins Krankenhaus“, sagte er mit einer Stimme, die ihm selber fremd war.

Der Sanitäter starrte ihn mißtrauisch an. „Womit, Herr Doktor? Wie? Wie kriegen Sie sie hier raus? Uns verlaust doch alles … Vielleicht morgen. Der Sanitätswagen …“

Der Sanitäter hatte natürlich recht. Doch das Kind bis zum Morgen hierzulassen war gleichbedeutend mit dem Todesurteil. Möglicherweise war es auch so zum Tode verurteilt. Er blickte auf die Pritsche, weil ihm war, als habe das Kind gestöhnt.

„Gehen Sie raus in den Flur und fragen Sie, wer mich zu seiner Frau gebeten hat. Sagen Sie ihm bitte, daß ich sie untersuchen werde, wenn er mir ein Bettuch leiht. Es kann ein gebrauchtes sein.“ Er dachte, daß das immer noch weniger kostete als ein Stück Brot.

Der Sanitäter war nicht so leicht zu überzeugen. „Wie ziehen wir das Kind von der Pritsche? Und außerdem, wer weiß, ob das nicht Flecktyphus ist?“

„Das stellen sie im Krankenhaus fest. Ich glaube nicht, daß es ausgerechnet Typhus ist … Gehen Sie schon und reden Sie mit dem von oben.“

Der Sanitäter zuckte die Achseln und ging hinaus. Allein im Zimmer, ging er noch einmal zu der Pritsche mit dem Leichnam der Frau. Mit der Kerze beleuchtete er die Tote und betrachtete sie aufmerksam. Ihr Gesicht kam ihm bekannt vor, obwohl alle abgezehrten, ausgemergelten und von Schmutz und Hunger schwarz gewordenen Gesichter einander ähnlich waren. Doch dieses Gesicht hatte er mit Sicherheit schon irgendwo gesehen. Bevor er die Kraft aufbrachte, sich die Umstände ins Gedächtnis zu rufen, war der Sanitäter schon wieder zurück.

„Er hat gesagt, daß er gleich das Laken bringt. Nur, wie stellen wir das an?“, beunruhigte er sich erneut. „Oh, schon haben sie Sie befallen!“ Er fegte ihm eine braune Laus vom Ärmel.

„Wir werden's versuchen. Zuerst muß die Pritsche in die Mitte des Zimmers gerückt werden.“

Mit Mühe gelang es ihnen, die Pritsche so weit von der Wand abzurücken, daß man von beiden Seiten an sie herankam. Inzwischen hatte der Mann von oben das Laken gebracht. Ihm und dem Sanitäter befahl er, es neben der Pritsche ausgespannt zu halten, und er selber hob mit Hilfe des Schemels den Körper des Kindes an und schob ihn an den Pritschenrand und danach aufs

Laken. Das ging ziemlich glatt, obwohl einmal das Mädchen fast auf den Boden gefallen wäre. Jetzt schlugen sie schnell und sorgfältig das Laken übereinander und legten das Kind auf die Trage. Die Trage befestigten sie an der Längsseite der Droschke.

„Sie fahren mit dem Kind ins Krankenhaus; ich werde oben warten."

Bevor die Droschke losfuhr, fiel ihm noch etwas ein.

„Ich habe Ihnen keine Einweisung für das Kind gegeben. Doch Sie werden sich ohnehin mit dem diensthabenden Arzt auseinandersetzen müssen. Sagen Sie, daß ich morgen das entsprechende Papier ausstellen werde und überhaupt, schieben Sie alles auf mich …"

Der Sanitäter hieß Lehrer. Er wußte, daß man auf ihn zählen konnte. Der Mann war witzig, pfiffig, doch war es bei ihm nicht die typische Pfiffigkeit, die sich in diesem jüdischen Stadtteil hinter Draht bei vielen ausbildete. Seine Pfiffigkeit beruhte auf Erfahrungen, die er im Kontakt mit Institutionen gemacht hatte, die sich hinter Barrikaden aus Papier – Bescheinigungen oder Dokumenten – verschanzten. Die Pflegerschule, die er absolviert hatte, hatte ihm eingeimpft, daß sich alles dem Kranken unterzuordnen habe. Unter Gettobedingungen, da sämtliche bösen Dämonen, die in der menschlichen Seele verborgen sind, nunmehr freigelassen, die menschlichen Handlungen bestimmten, war dieser Sanitäter von unschätzbarem Wert.

Er kehrte in den Flur zurück und untersuchte bei Kerzenlicht gründlich die Ärmel seines Mantels, des Jacketts und des Oberhemdes. Er fand noch zwei Läuse. Im übrigen war er überzeugt, daß es kein Flecktyphus war. In dieser Wohnung war mit dem Tod lange und hartnäckig gekämpft worden – das fiel sofort auf. Im Falle von Flecktyphus dagegen wird ein Mensch sehr schnell von der Krankheit niedergestreckt.

„Und jetzt führen Sie mich bitte nach oben", sagte er zu dem Mann, der ihn schweigend betrachtete. „Nur sehen Sie auch gut nach, ob Sie kein Ungeziefer eingefangen haben."

„Ich hab schon nachgesehen, so gut es ging. Mich haben sie wohl nicht angefallen. Aber bei mir oben ist es heller, da sehen wir noch einmal nach."

Über eine Wendeltreppe stiegen sie in den ersten Stock hinauf. Das Zimmer, in dem sie jetzt standen, hatte eine gute Verdunkelung, weshalb sie gefahrlos zwei Petroleumlampen anzünden konnten. Ihr Schein blendete ihn im ersten Augenblick. Noch einmal prüften sie den Zustand ihrer Ärmel und Kragen. Sie fanden nichts. Er besah sich jetzt mit größerer Sympathie den Mann, mit dem ihn unerwartet der Transport eines sterbenden Kindes ins Krankenhaus zusammengeführt hatte. Es war ein kleiner, adrett gekleideter Mann, nicht älter als Mitte vierzig, obschon die Lebensbedingungen im Getto den Gesichtern schnell die Spuren des Alters eingruben.

Der Raum war unwahrscheinlich dicht besetzt. Drei Betten oder Kanapees. Auf allen strahlte die Bettwäsche geradezu vor Frische. Aus zwei Betten starrten ihn, unter der Bettdecke hervorlugend, vier oder fünf angstgeweitete schwarze Augenpaare an. Das Zimmer war mit fließendem Wasser ausgestattet, was einen unerhörten Luxus darstellte. Dicht bei der Tür stand ein Tisch und neben dem Tisch ein drittes Bett, in dem eine Frau in mittleren Jahren lag, nicht hübsch, nicht häßlich, sichtlich entkräftet, die ihn entsetzt anstarrte.

„Sind Sie die Kranke?“, fragte er und öffnete dabei mechanisch die Tasche mit dem Stethoskop.

Sie schwieg. Er wiederholte die Frage.

„Sie hatten eine Geburt?“

„Ja, sie, sie“, beeilte sich der Mann zu erklären. „Seit sie aus dem Krankenhaus zurück ist, ist sie so komisch ...“

Er war mit seiner Erklärung noch nicht zu Ende, als plötzlich die Frau mit einem heftigen Ruck die Decke zurückwarf, sich umdrehte, das Hemd hochzog und, mit beiden Händen ihre dürren Hinterbacken auseinanderzerrend, gellend auf jiddisch schrie: „Siehst du jetzt? Ich scheiße Kinder! Immerzu scheiße ich Kinder!“

Das war so unerwartet, daß er längere Zeit auf das Gesäß, den After, die rostrot behaarte Scham starrte und tatsächlich schon den Hinterkopf eines zur Welt kommenden Kindes erwartete ...

Der Mann eilte rasch zu der Kranken und versuchte sie dazu zu bringen, ihr Hemd wieder herunterzulassen. Er sprach dabei so liebevoll auf die Frau ein, daß sie sich tatsächlich beruhigte.

„Sehen Sie“, sagte er, „so ist sie, seit sie aus dem Krankenhaus zurück ist.“

„Wo ist der Säugling?“, fragte er.

„Das Kind kam tot zur Welt.“

„Wieviele Kinder haben Sie?“

Der Mann lächelte. In diesem Lächeln mischte sich Trauer mit Stolz. „Vier, Herr Doktor."

„Ihre Frau, Herr …", er schaute den Mann fragend an.

„Goldsztajn."

„Ihre Frau, Herr Goldsztajn, leidet unter einer Psychose. Eine Folge der unglücklichen Niederkunft. Die Prognose ist hier im allgemeinen günstig." (Zum Teufel, dachte er, ich gebrauche so eine Terminologie? Ich spiele mich auf.)

„Das heißt, das geht wieder weg?"

„Das sollte es. Ich gebe Ihnen eine Überweisung zum Neurologen, bestimmt kommt er schon morgen."

„Und jetzt? Vielleicht eine Spritze?"

Nun ja, das war zu erwarten. Alle, die den Arzt vom Bereitschaftsdienst riefen, hatten diesen Glauben an die Wunderkraft einer Injektion. Selbst die Frömmsten hatten ein bedeutend geringeres Zutrauen in die Hilfe des Himmels als in den Inhalt einer kleinen Glasampulle. Zum Glück sah es diesmal nicht schlecht aus. In der Notapotheke gab es noch ein paar Ampullen Skopolamin. Aus früheren Beständen.

„Sie bekommt eine Spritze." Der Sanitäter hatte ihm den Medikamentenkasten zurückgelassen. Er holte also eine Spritze hervor, füllte sie und spritzte der Kranken die entsprechende Dosis.

Er sah sich erneut im Zimmer um. Auf der Seite, neben dem Eisenofen, stand ein Stuhl. Schwer ließ er sich darauffallen und schloß die Augen. Einen Moment lang glaubte er einzuschlummern, denn im Zimmer herrschte eine solche Stille, als hätten alle in diesem Raum beschlossen, auf seine Erschöpfung Rücksicht zu nehmen. Aber von Schlafen konnte keine Rede sein. Immerzu kreisten seine Gedanken um das Bild vom Parterre, um jene Frau, mit der er ganz gewiß irgendwann einmal in Berührung gekommen war.

Auf einmal waren sie wieder da, die Umstände jener Begebenheit. Die Details mußte er mühsam aus seinem Gedächtnis heraufholen wie aus einem tiefen Brunnen …

Im frühen Frühjahr dieses Jahres verbreitete sich plötzlich die Nachricht im Getto, daß die deutschen Behörden beabsichtigten, Zehntausende deutscher Juden hierher überzusiedeln. Wie alle Gerüchte, die für das Getto Negatives beinhalteten, bewahrheitete sich auch dieses. Bis zur Unerträglichkeit überfüllt, sollte es nun auch noch diese große Zahl von Neuankömmlingen aufnehmen.

Bald darauf trafen die ersten Transporte ein. Aus Berlin, Frankfurt am Main, Hamburg, Köln, München und auch aus Wien und Prag. Die Neuen brachte man in den verschiedensten Räumlichkeiten unter: in Schulen, Werkstätten, in Baracken, die man in Durchgangslager verwandelt hatte, von wo aus sie später in irgendwelchen auf wunderbare Weise beschafften Wohnungen untergebracht werden sollten.

Er leitete in dieser Zeit in großes ärztliches Ambulatorium. Eines Tages erhielt er von der Gesundheitsabteilung den Auftrag, sich umgehend zu einem dieser Lager zu begeben, das sich im Umkreis seines Ambulatoriums befand. Er sollte dort eine Sanitätsstelle einrichten und den Übersiedlern ständige ärztliche Hilfe garantieren. Das Lager war in einem großen, fünfstöckigen, düsteren Gebäude eingerichtet worden, das bis zum Kriegsausbruch Sitz der Mariavitensekte gewesen war. Er ging nicht ohne eine gewisse Neugier dorthin. Die deutschen Juden stellten in Europa ein absolutes Unikum dar. Sowohl im Hinblick auf die Rolle, die sie bis zur Machtergreifung Hitlers im kulturellen und wirtschaftlichen Leben Deutschlands spielten, als auch hinsichtlich ihrer spezifischen Mentalität, die sich im Lauf der letzten hundert Jahre herausgebildet hatte. Vieles trug zu dieser Mentalität bei, vor allem jedoch prägte sie die Überzeugung von der eigenen Besonderheit. Ein wenig hatte ihm sein Vater darüber erzählt, der, wie die Mehrzahl der polnischen Juden, die deutschen Juden nicht mochte. Bedeutend besser lernte er deren Eigenschaften während seiner Studienzeit in Frankreich kennen.

Das war gerade die Zeit, als Hitler an die Macht kam. Viele Juden hatten auf französischem Boden Zuflucht gesucht, eine Zuflucht, die sie für vorläufig hielten, da das ganze Hitlerabenteuer ja rasch vorübergehen müsse. Eine gewisse Zeit war er mit einem Mädchen liiert, dessen Vater zu den typischen Vertretern dieser spezifischen Gemeinschaft gehörte. Er hatte ein hohes Amt in der deutschen Sozialdemokratie, war sogar Eigentümer einer Zeitung, der Ursprung und Name sich von einer seinerzeit von Marx gegründeten Zeitschrift herleitete. Aufgrund eigener Beobachtungen also, aufgrund der manchmal geradezu verblüffenden Erzählungen des Mädchens, hatte er sich von den deutschen Juden eine, wie er meinte, einigermaßen objektive Meinung gebildet. Damals, vor noch gar nicht so langer Zeit, war er mit ihnen in einer Situation in Kontakt gekommen, die der Hitlerschock heraufbeschworen hatte, aber trotz allem in einer Zivilisation, mit der sie sich identifizierten – der westlichen. Jetzt hatte das Schicksal bestimmt, daß sich die Reste dieser Gemeinschaft hinter dem Stacheldraht des Gettos von Łódź wiederfanden. Angesicht zu Angesicht mit denen, von denen sie sich stets distanziert hatten, mit denen sie nie etwas zu tun haben wollten. Angesicht zu Angesicht mit der düsteren, hoffnungslosen Realität des Gettos. Hier sollten sie leben und, wie man ihnen versichert hatte, arbeiten.

Das ehemalige Mariavitengebäude war mit Umsiedlern vollgestopft. Sowohl in den großen Sälen wie auch in den kleineren Räumen hatte man Hunderte von zweistöckigen Pritschen aus ungehobelten Brettern aufgestellt. Die Pritschen standen so eng beieinander, daß man zwischen ihnen nur seitwärts hindurchgehen konnte. Alle Winkel, der Platz unter den Pritschen, zwischen den Pritschen und auf den Pritschen waren mit Koffern, Taschen, Paketen, Bündeln und Bettzeug, zum Trocknen aufgehängter Wäsche, Töpfen, Konservendosen, Tellern, Garderobe belegt. Man konnte sich bloß wundern, wie hier noch Menschen Platz fanden. Weil sie ja schließlich Platz finden mußten, lagen sie am liebsten auf den Pritschen und hüteten die Überbleibsel ihre Habe, die sie hatten mitnehmen dürfen.

Sofort fiel ihm auf, daß diese Menschen sich nicht ganz im klaren darüber waren, wo sie sich befanden und unter welchen Bedingungen sie würden leben müssen. Eine Stimmung herrschte hier fast wie bei einem Picknick, einer Landpartie, einem Ausflug ins Grüne.

Vorläufig ließ man die eingesessene Bevölkerung hier noch nicht herein, und die Umsiedler hatten es mit Außenkontakten nicht eilig. Und dennoch blühte die Geselligkeit. Man besuchte sich in den verschiedenen Räumen, schloß Bekanntschaften, scherzte – ja, man veranstaltete sogar Empfänge für Gäste von einem anderen Stockwerk oder aus einem anderen Saal. Die Koffer dienten als Tische, die Pritschen als Stühle. Noch wußten die Umsiedler nicht, was Hunger war. Ein wenig beklagten sie sich über die sanitären Einrichtungen, doch vorerst überwog die Neugier Angst und Grauen.

Bei dieser ersten Überprüfung des Lagers in der Franciskańska-Straße beschränkte er sich auf eine oberflächliche Überprüfung der sanitären Einrichtungen und versuchte sich über eventuelle Fälle von Infektionskrankheiten zu informieren. Er richtete auch ein Arztzimmer ein, was umso leichter ging, als sich unter den Umsiedlern eine stattliche Anzahl von Ärzten befand. Durch ein Wunder gelang es ihm, ein Zimmerchen aufzutreiben, das die Umsiedler selber für diesen Zweck einrichten wollten. Dort sollte ständig ein Arzt Dienst tun, und dorthin schickte er auch nach ein paar Tagen eine Handapotheke.

Nach einer Woche kehrte er in die Franciszkańska-Straße zurück. Offiziell, um nachzuschauen, wie die Ärztestelle funktionierte, inoffiziell, um zu sehen, was sich hier verändert hatte. Er wurde dabei von einer ungewöhnlichen Neugier angezogen, derer er sich schämte, ihr aber nicht widerstehen konnte.

Ähnliches hatte er erlebt, als er klein war. Man hatte zu Hause eine Maus in der Falle gefangen und beschlossen, sie in einem Eimer mit Wasser zu ertränken. Er mußte damals unbedingt zusehen. Und jetzt mußte er ebenfalls sehen, wie das ausschaute. Was? Das konnte er sich nicht ganz klarmachen. Man meldete unter den Neuankömmlingen einige Fälle von Vergiftungen und sogar einen Fall von fortgeschrittener Blinddarmentzündung, doch das alles waren, man kann beinahe sagen, luxuriöse Erkrankungen, Krankheiten normaler Zeiten.

Scheinbar hatte sich hier nichts verändert. Die Überbelegung war dieselbe geblieben, die Pritschen waren noch immer mit allerlei Plunder vollbeladen, doch es war eingetreten, was schließlich eintreten mußte.

Was unter normalen Voraussetzungen möglicherweise eine historische Dimension gehabt und seinen Niederschlag in Chroniken und Überlieferungen gefunden hätte, wovon man sich über Jahre in tragischem oder anekdotischem Ton erzählt hätte, nahm jedoch unter den Bedingungen im hungernden Getto eine groteske Form an; etwas, das unter anderen Umständen der Feder eines Shakespeares würdig gewesen wäre, rief jetzt nach dem Zeichenstift eines Daumier.

Das Umsiedlerlager hatte sich in einen Jahrmarkt, eine Messe verwandelt, wo jede Pritsche ein Marktstand war. Als die ohnehin bescheidenen eigenen Lebensmittelvorräte zu schrumpfen begannen, und als sie merkten, daß die Lebensmittelrationen des Gettos nicht ausreichten, um sich am Leben zu erhalten, zumal der Übergang von einer einigermaßen normalen Ernährung zum Hungern sehr plötzlich erfolgt war, brach die Zeit des Handelns und Tauschens an. Die Ankömmlinge kauften jede Menge Brot,

Kartoffeln oder Rüben, die illegal immer zu haben waren, zu stark überhöhten Preisen. Jetzt, da plötzlich die Nachfrage stieg, begannen auch die Preise für Lebensmittel in einem so heftigen Tempo zu steigen, daß die Umsiedler immer mehr von ihren Habseligkeiten verkaufen mußten, nach denen wiederum eine Nachfrage bestand, wenn auch nicht unter allen Bewohnern des Gettos, so doch mit Sicherheit unter einem großen Teil. Nur daß sich die Umsiedler in einer Zwangslage befanden, die ihre Handelsposition schwächte: sie mußten verkaufen, um kaufen zu können ... Außerdem waren die Eingesessenen reicher, reicher an Erfahrungen im Leben hinter Stacheldraht. Bei den Neuankömmlingen reichte die Phantasie nicht aus, um sich ihrer Lage voll und ganz bewußt zu werden. In der Konsequenz waren die Umsiedler der Gnade oder Ungnade jener ausgeliefert, die das außerordentliche Glück gehabt hatten, früher eingesperrt worden zu sein. Es war dies ein Handelssieg der Eingesessenen über die Neuankömmlinge. Dieser Handelssieg nahm jedoch gleichzeitig den Charakter eines Triumphes der einen Mentalität über die andere an. Es war ein spezieller Triumph und eine spezielle Rache.

Die Literatur hat gelegentlich versucht, das Thema aufzugreifen, das mit dem Aufeinandertreffen dieser zwei Welten verknüpft ist. Doch keiner der Philosophen, Politiker oder Historiker besaß ausreichend Vorstellungskraft oder Phantasie, um die Form vorauszusehen, die dieses Aufeinanderprallen annehmen würde, wenn die Gesetze vom Hitlerwahnsinn und den Lebensbedingungen im Getto diktiert sind.

Was verband denn diese zwei Welten? Formal – die Religion, doch auch sie unterschiedlich begriffen in ihrem philosophischen und rituellen Gehalt. Historisch – die gemeinsamen, weit in die Vergangenheit reichenden Wurzeln und über Jahrhunderte hinweg dasselbe Schicksal. Die Rasse? Das war schon ein pseudowissenschaftliches Argument. Was trennte sie? Zwei Jahrhunderte der Fortentwicklung Europas. Zwei Jahrhunderte der Emanzipation, die das Leben der Juden Osteuropas kaum berührt hat, und die das Leben der Juden im Westen, in erster Linie das der deutschen Juden, von Grund auf veränderte.

Das östliche Judentum, das sich in seiner orthodox-chassidischen Masse von sämtlichen Einflüssen von außen isolierte, blieb dem Mystizismus und der religiösen Philosophie des Baal-

Schem-Tow[1] treu, und ein schon weit weniger großer Teil hing den zwar zeitnahen, doch die Juden ebenfalls von der sie umgebenden Gesellschaften absondernden Ideen Medems[2] oder Borochows[3] an. Dagegen hatte sich das deutsche Judentum immer rascher, wenn auch oberflächlich, wie sich herausstellte, ins deutsche Volk integriert; unter konsequenter Weiterentwicklung der Anschauungen Moses Mendelssohns[4] hatte es sich mit Nachdruck assimiliert.

All das hatte er in der Schule gelernt, über all diese Dinge wurde zu Hause heftig diskutiert. Während seiner Studienzeit in Frankreich nahmen nach der Machtergreifung Hitlers und dem Auftauchen der ersten Emigranten im Westen Europas diese Probleme an Schärfe zu, und die Diskussionen an Verbissenheit. Er wußte, obgleich ihm weder diese Anschauungen noch die Verbissenheit, mit der sie zum Ausdruck gebracht wurden, entsprachen, daß die überwältigende Mehrheit des polnischen Judentums jede Assimilation als eine Art von Abtrünnigkeit ansah. Er hatte auch Gelegenheit sich zu überzeugen, daß die deutschen Juden nicht nur das Verharren im mystischen Chassidismus oder das Sichabsondern von der nichtjüdischen Gesellschaft als Ignoranz und Rückständigkeit ansahen, sondern daß sie geradezu einen Widerwillen gegenüber aus Osteuropa stammenden Juden an den Tag legten. Selbst in der Emigration, selbst unter den Bedingungen der Vertreibung. Schließlich war ihm nicht ein einziges Mal die Ehre zuteil geworden, zu den Eltern seines Mädchens eingeladen zu werden. Ach, mehr noch! Sogar sein Name war in ihrem Hause ein Tabu.

1. Baal-Schem-Tow: Schöpfer des Chassidismus, einer im 18. Jahrhundert entstandenen jüdischen religiös-mystischen Bewegung, die sich emanzipatorischen Tendenzen entgegenstellte.
2. Medem, Włodzimierz: einer der Gründer und Theoretiker der jüdischen sozialistischen Partei, *Bund,* die eine förderalistische Struktur der Partei und kulturell-nationale Autonomie propagierte.
3. Borochow, Dow Ber: Theoretiker und Mitbegründer der jüdischen Arbeiterpartei, *Poale Zion*, die die Sache der gesellschaftlich-sozialen Befreiung mit der Wiedererrichtung eines unabhängigen Staates in Palästina verband.
4. Moses Mendelssohn: ein im 18. Jahrhundert in Deutschland lebender jüdischer Philosoph, Gründer der jüdischen Aufklärung (Haskala), dessen Anschauungen vom Judentum die Grundlage bildeten für eine Strömung, die die Notwendigkeit der Assimilation der Juden vertrat.

Und da erfolgte nun der Zusammenstoß dieser zwei Welten. Nicht in Form einer Debatte, eines Gedankenaustauschs, sondern in Form von zähem Feilschen, von Warentausch auf den Pritschen im Umsiedlerlager im Getto von Łódź. Das Eintauschen von Sweatern gegen Rüben, Schuhwerk gegen Zwiebeln, Kochtöpfen oder Bettwäsche gegen ein Stück Brot erlaubte diesen verachteten polnischen Juden, sich zu bereichern. Für die Erniedrigung, die sie von den Deutschen erfahren hatten, rächten sie sich an den Ankömmlingen, indem sie sie, auf abstrus verschlungenen Gedankenwegen, für ihr Schicksal verantwortlich machten. Man revanchierte sich nicht nur für den Stolz jener anderen, dafür, daß sie mit ihren Zweigs, Einsteins, Reinhardts glänzten, sondern auch für die eigene elende Existenz, für das Dahinvegetieren in kleinen, am Rand der Geschichte zusammengezogenen Städtchen, für die Pogrome und Ausgrenzungen.

Die, die neu hinzugekommen waren, begriffen noch nicht ganz das volle Ausmaß ihrer Niederlage. Die sie hier aufnahmen, wollten nicht begreifen, daß die Niederlage beide Seiten traf. Die Ausbeutung der Neuen gewann eine höhere Rechtfertigung, und falls das nicht reichte, bürdete man den Ankömmlingen zusätzlich die Schuld für die verringerten Lebensmittelzuteilungen, für die noch größere Bevölkerungsdichte, für das eigene wachsende Leiden auf …

„Vielleicht trinkt der Herr Doktor ein Glas Tee?“

„Was? Vielleicht. Ja, gern.“ – Die Frage des Mannes riß ihn aus einer Art Halbschlaf. Ihm war kalt, er hatte Schüttelfrost. Das Angebot, Tee zu trinken, war zumindest übertrieben. Der Gettotee war ein Gebräu aus gebranntem Zucker und erinnerte in nichts an echten Tee. Ihm war jedoch alles gleich. Hauptsache, sich ein bißchen aufwärmen.

… Damals war Frühling und die Ankömmlinge entledigten sich sorglos ihrer warmen Kleidung, die sie an die Eingesessenen veräußerten, die bereits die Erfahrung zweier unter Gettobedingungen verbrachter Winter besaßen. Säle und Zimmer des Gebäudes in der Franciszkańska-Straße hallten von dem Lärmen eines Basars wider. Er blieb neben einer der Pritschen stehen und hörte den Schlußphasen einer Transaktion zu. Im Endergebnis ging ein schöner Pullover für eine Summe, die kaum für ein Kilo Brot reichte, in andere Hände über. Der Käufer sprach jiddisch, der Verkäufer deutsch. Ausgezeichnet verstanden sie einander und ausgezeichnet verbargen sie ihre gegenseitige Abneigung. Einen Moment lang verspürte er Lust, sich in den Handel einzumischen und den Ankömmling zu belehren, daß man im Getto ebensowenig ohne Brot wie ohne Pullover überleben konnte … Aber er tat es nicht. Er wollte so schnell wie möglich weg von diesem abscheulichen Marktplatz. Als er gerade den Saal verlassen wollte, wurde er von einem kleinen Jungen fast umgerannt. Der Junge rief lauthals: „Liese! Liese!"

„Paß doch auf, Kind", sagte er. „Das ist hier kein Spielplatz. Haben dir das deine Eltern nicht gesagt?"

„Verzeihung. Liese ist meine kleine Schwester. Mama hat gesagt, ich soll sie suchen", dabei zeigte der Junge auf eine der Pritschen in der Nähe der Tür.

Seine Augen folgten dem Zeigefinger des Kindes, und er erblickte eine Frau von dreißig, vielleicht fünfunddreißig Jahren, die auf der Pritsche hockte …

„Wie hieß eigentlich die Familie unten?" fragte er den Mann, der ihm gerade die heiße Flüssigkeit ins Glas goß.

„Reiser, Herr Doktor. Sie stammten aus Hamburg."

„Haben sie nur zu dritt gewohnt?"

„Am Anfang hat da noch einer gewohnt … Wie sie aus dem Getto alle nichtarbeitenden Juden abtransportiert haben, haben sie ihn auch mitgenommen."

Ja. Von den Umgesiedelten wurden fast alle abtransportiert. Das heißt natürlich die, die bis zu dem Zeitpunkt noch nicht verhungert waren. Die Nazis kamen zum Schluß, daß die Ankömmlinge aus Deutschland oder der Tschechei als erste ins Feuer gehen sollten …

Er ging zu der Frau auf der Pritsche, fasziniert von ihrer ungewöhnlichen Schönheit. Als er sich ihr näherte, schaute sie ihn mit einem schmerzhaft gleichgültigen Blick an. „Entschuldigen Sie, aber man kann die Kinder hier so schwer bei sich halten."

„Sie brauchen sich nicht zu entschuldigen. Kann ich Ihnen irgendwie helfen?"

„Helfen?", sie schien erstaunt. „Womit sollten Sie mir helfen können?"

Von der Pritsche über ihr, wie von einem Baldachin, beugte sich ein Mann herunter und sagte: „Den Mann dieser Frau, Herrn Doktor Reiser, hat die Gestapo verhaftet. Er ist in ein Lager geschickt worden."

„Ihr Mann war Arzt?"

Zu spät bemerkte er, daß er die Vergangenheitsform gebraucht hatte. Sie antwortete nicht. Stattdessen antwortete der von oben. Offenbar war auch er der Ansicht, daß die Vergangenheitsform hier die angemessene war: „Nein. Er war Jurist."

Längere Zeit schwiegen sie alle. Die Frau war offensichtlich nicht sehr gesprächsbereit. Er wollte sich schon verabschieden, als ihn der Mann von oben ansprach. Er war verhältnismäßig jung, mit blassem, beinah weißem Gesicht.

„Gibt es hier irgendwelche Neurologen?"

„Ja. Selbstverständlich. Weshalb fragen Sie?"

„Ich bin krank. Bestimmt haben Sie schon von Sclerosis multiplex gehört. Multiple Sklerose. Ich kann nur schwer laufen. Und noch schwerer arbeiten. Man hat mir in Hamburg gesagt, wenn ich ein entsprechendes ärztliches Attest habe, werde ich von der Arbeit befreit, kriege eine Rente und die doppelte Lebensmittelration."

„Das hat man Ihnen in Hamburg gesagt?" Er gab sich Mühe, seine Frage nicht ironisch klingen zu lassen, aber es gelang ihm nicht. „Ich schicke Ihnen einen Neurologen."

Noch einmal blickte er auf die Frau, die den Kindern etwas erklärte und ihm nicht die geringste Beachtung schenkte, dann ging er …

„Herr Goldsztajn, hatte der Mann, der da unten gewohnt hat, Schwierigkeiten mit dem Gehen? Hatte er kranke Beine?"

„Ja, ja. Er ist fast niemals rausgekommen."

… Nach zwei, drei Wochen wurden den Umsiedlern Wohnungen zugeteilt. Übrigens konnte man die Räumlichkeiten, die man ihnen zuwies, schwerlich als Wohnungen bezeichnen. Selbst wenn der von den Nazis eingesetzte Judenälteste und seine Verwaltung den besten Willen gehabt hätten – und den hatten sie in diesem Fall ganz bestimmt nicht –, wäre es ein Unding gewesen, allen, die man ins Getto umgesiedelt hatte, Quartiere oder Wohnungen zuzuteilen, die ein normales Leben ermöglichten. Schon vor dem

Eintreffen der deutschen Juden waren die Wohnverhältnisse fürchterlich. Übrigens dachten diejenigen, die diese Verwaltung repräsentierten, genauso wie die Mehrheit der Getto-Bevölkerung. Für sie waren die Umsiedler nicht nur Eindringlinge von draußen. Sie waren Juden, die bestraft worden waren für ihren Abfall vom Judentum. Alles andere war nur eine Konsequenz dieser Strafe.

Später begannen die Ankömmlinge aus dem Westen massenhaft wegzusterben: an galoppierender Schwindsucht, an Ruhr, an Typhus und am häufigsten ganz einfach an Hunger. Oder wenn die Deutschen wieder einmal die Zusammenstellung einer bestimmten Anzahl Juden zur „Aussiedlung" verlangten, griff man zunächst auf die Neuankömmlinge zurück.

Es war ein offenes Geheimnis, daß man in den meisten Fällen die Ausgesiedelten in den Tod schickte. Ein offenes Geheimnis war auch, daß die Nazis ein ähnliches Schicksal allen Juden zugedacht hatten. Man täuschte sich fortwährend mit der Hoffnung, daß sie es nicht schaffen würden. Man überzeugte sich auch gegenseitig davon, daß sich das für sie nicht lohnte bei den Profiten, die ihnen das Getto einbrachte. Darum nahm man auch mit kaum verhohlener Erleichterung zur Kenntnis, daß vorläufig bloß diese Fremden, noch dazu Nichtarbeitende, aus dem Getto entfernt würden. Das ließ die Hoffnung zu, daß das Leben des Gettos verlängert würde, wenn es darin weniger Mäuler zu stopfen gab. Eine solche, faktisch unmenschliche Kalkulation wäre begründet gewesen, wenn das Verhältnis der Deutschen zu den im Getto eingeschlossenen Juden ausschließlich auf dem Kosten-Nutzen-Prinzip beruht hätte, das heißt auf der Kalkulation, daß die Sklavenarbeit ein Maximum an Gewinn bei einem Minimum an Investitionen bringen kann. Die kurzen Erfahrungen der ersten Jahre jedoch reichten aus, um zu wissen, daß der Wahn der Rassenideologie ökonomische Überlegungen verdrängte…

Er schreckte auf. Im Zimmer war es still. Die Kranke war eingeschlafen. Auch die Kinder schliefen. Er sah auf die Uhr. Der Sanitäter war schon eine gute Stunde weg. Er griff zum Medikamentenkasten und zog das Heft mit den Besuchsterminen heraus. Noch acht Adressen. Alle mit der Randnotiz: Herzanfall. Die Leute wußten, daß sie nur auf diese Weise schnell den Arzt bekamen. In der Regel erwiesen sich diese Herzanfälle als Entkräftung infolge von Hunger und Auszehrung. Doch ein schnelles Eintreffen der Rettungsdroschke war auch so unrealistisch. Weil es keine Telefone gab, mußte jemand, der einen Arzt rufen wollte, erst einen Fußmarsch zur Rettungsstelle zurücklegen, und der Arzt konnte im besten Falle nach ein paar Stunden kommen. Als eine große Erleichterung erwies sich die zweite Droschke. Da das Getto durch Stacheldraht zweigeteilt war, die beiden Teile aber durch Brücken verbunden waren, leistete jede Droschke in einem der Teile ihren Dienst.

Endlich hörte er Schritte auf der Treppe. Die Tür ging auf, der Sanitäter trat ein, umweht von Nachtkühle.

„Erledigt, Herr Doktor. Für die beiden von unten wird man Totenscheine ausstellen müssen."

Er hatte es vergessen.

„Mach ich gleich. Haben sie das Mädchen aufgenommen?"

„Fragen Sie besser nicht. Zunächst waren sie stumm und starr, als sie das Paket sahen, und später hätten sie fast einen Wahnsinnsanfall gekriegt, als sie reinguckten."

„Hat es der diensthabende Arzt untersucht?"

„Aus der Entfernung. Sie haben das Kind in eine Kachelwanne gesetzt und mit Strömen von Wasser die Läuse heruntergewaschen. Der Arzt hat gesagt, daß es ohnehin nicht am Leben bleibt."

„Geben Sie mir die Formulare. Da unten müssen doch Dokumente oder Papiere sein."

Die Papiere fanden sich. Sie lagen in der Tischschublade. Die Frau hieß Maria Luise Reiser und war sechsunddreißig Jahre alt. Der Junge hieß Ludwig, das kleine Mädchen Elisabeth. Mechanisch schrieb er die Totenscheine aus, für das Mädchen die Einweisung ins Krankenhaus.

„Die Totenscheine müssen morgen in die Verwaltung."

„Und wer bringt sie hin, Herr Doktor?", beunruhigte sich der Mann.

„Irgendeiner muß es machen. Sonst holt keiner von hier die Leichen ab", ereiferte sich der Sanitäter.

Ihm war klar, daß der Mann mit seiner psychisch kranken Frau nicht arbeiten gehen und überhaupt sich nicht von zu Hause fortbewegen konnte.

„Gut. Bleiben Sie morgen den ganzen Tag bei Ihrer Frau. Der Rettungsdienst wird die Verwaltung benachrichtigen. Sie schicken den Leichenwagen. Ich denke, daß morgen auch der Psychiater kommt … Auf Wiedersehen, und danke für das Laken. Wir versuchen es zurückzuschicken."

Anderntags ging er nach Dienstschluß nicht wie gewöhnlich nach Hause, um sich ein bißchen auszuschlafen, sondern direkt ins Krankenhaus. Ein wenig aus Neugier, aber auch, um ein drohendes Gewitter abzuwehren. Er wußte ja, daß das, was er getan hatte, unzulässig war.

In der Aufnahme fragte er nach der kleinen Reiser, die nachts ins Krankenhaus gebracht worden war. Man konnte nichts Genaues sagen. Er begab sich in den ersten Stock, zum Stationsarzt. Kaum hatte dieser ihn erblickt, als er ihm auch schon wortlos die Abschrift des Berichtes aushändigte, den er an die Gesundheitsabteilung schicken wollte.

„Das Krankenhaus kämpft gegen Verlausung, irgendwie gelingt es uns sogar, und du schickst, als ob gar nichts wäre, ein dermaßen verlaustes Kind zu uns, daß es für drei Krankenhäuser gereicht hätte", bemerkte er.

„Hast du dir das Kind angesehen?"

„Ja, heute morgen."

„Lebt es?"

„Es lebt, und was noch merkwürdiger ist, es wird leben bleiben, es wird's wohl schaffen."

„Wenn man bis zum Morgen gewartet hätte, bis der Sanitätsdienst eingetroffen wäre, und wenn der Sanitätsdienst erst nach der Entlausung das Kind ins Krankenhaus eingeliefert hätte, wäre es dann noch am Leben, was meinst du?"

„Du weißt genau, daß das kein Argument ist. Im Getto kann man keine Philanthropie betreiben, und das noch auf Kosten eines ganzen Krankenhauses …"

„Schick den Bericht, wohin du willst. Ich weiß, daß du an meiner Stelle genauso gehandelt hättest."

Es gab zwei Stationsärzte. Der, mit dem er gesprochen hatte, war als ungewöhnlich anständiger Mensch bekannt. Ohne seine Antwort abzuwarten, ging er hinaus. Als er die Tür schloß, sah er noch, daß jener, kummervoll, den Bericht noch einmal las.

Er ging zum Krankenhaussaal. Das Kind war noch immer bewußtlos. Von dem weißen Kopfkissen hob sich das Gesichtchen durch seine graue Farbe ab. In den Mundwinkeln und um die Nasenflügel herum waren noch Schmutzstreifen sichtbar, die sich offenbar vorläufig nicht abwaschen ließen. Das Mädchen war blond wie die Mutter, was man trotz des rasierten Kopfes erkennen konnte.

In der ersten Woche besuchte er die Kleine fast täglich. Gegen Ende der zweiten Woche konnte sie schon ein bißchen umherspazieren, obwohl sie die streichholzdünnen Beinchen kaum trugen. Sie wartete jetzt auf ihn und drückte sich an ihn wie ein kleiner junger Hund. Die Krankenschwestern hatten ihr gesagt, daß ihre Mutter und ihr Brüderchen tot waren. Sie nahm diese Nachricht mit Ernst auf wie ein erwachsener Mensch. Auch sie hatte sich offenbar während der Monate im Getto an den Tod gewöhnt. Nach einem Monat Krankenhaus erinnerte sie schon beinah wieder an jenes fröhliche Mädchen aus dem Übergangslager in der Franciszkańska-Straße, das der Bruder gesucht hatte. Schwestern und Ärzte vergötterten sie. Leider konnte sie im Krankenhaus nicht länger bleiben. Man mußte sie dem Waisenhaus überstellen, wo er sie schon bedeutend seltener sah.

Ein halbes Jahr später, während der großen Septembersperre, lud man sie mit allen übrigen Kindern des Waisenhauses auf ein Fuhrwerk und vom Fuhrwerk auf ein Lastauto. Wie fast alle Kinder des Gettos, also auch die Kinder der Goldsztajns, wurde sie in diesem Auto, das die Deutschen in eine dicht abgeschlossene Kammer umgewandelt hatten, vergast.

Er fragte sich später, ob diejenigen, die dieses Auto öffneten, auf ihr wunderschönes Haar geachtet haben. Er bedauerte auch, daß er seinerzeit, während seines Bereitschaftsdienstes, die Vorschriften übertreten hatte. Wäre sie bis zum Eintreffen der Sanitäter auf ihrer Lagerstatt gestorben, hätte sie dem Tod nicht in die Augen sehen müssen. Sagt man doch, daß das Sterben durch Autoabgase mehr als eine Viertelstunde dauerte.

Das Zyklon B soll das in viel kürzerer Zeit erledigt haben …

Im Getto gehörte diese Wohnung zu den luxuriösen. Sie besaß eine eigene Toilette und sogar ein Badezimmer, nur daß letzteres nicht allen zugänglich war. Die Wohnung bestand aus vier Zimmern. Zwei von ihnen nahm die vierköpfige Familie eines Mannes ein, der im Getto so etwas wie der Finanzminister war. Vor dem Krieg ein anständiger und ganz gescheiter Bankkassierer, befand er sich plötzlich im Getto Łódź auf einem Posten, der seine Kenntnisse und Fähigkeiten überstieg, nicht jedoch seine Ambitionen. Seine Familie war privilegiert. Sie nahmen nicht nur den größeren Teil der Wohnung ein, sie besaß auch das Monopol auf das Badezimmer. Das größere von den übrigen zwei Zimmern bewohnten vier Personen. Wären sie Helden eines Romans aus dem 19. Jahrhundert gewesen, hätte jede von ihnen ein eigenes Kapitel verdient. Diese Zimmer nämlich nahmen zwei Brüder Rozenblatt, die Frau eines von ihnen sowie deren Mutter ein.

Die Brüder Rozenblatt waren in dritter Generation Nachfahren einer vollkommen polonisierten Familie von Industriebaronen in Łódź. Der jüngere der Brüder, ein Sonderling und eher lebensuntüchtig, war unter Gettobedingungen von vornherein zum Untergang verurteilt. Der ältere, scharfsinnig und intelligent, nahm beim „Vorsitzenden" eine bedeutende Stellung ein. Die beiden konnten einander nicht ausstehen, worüber man sich nicht zu wundern brauchte: der eine war das Gegenteil des anderen. Die Frau des älteren Rozenblatt lebte so, als wäre sie nur vorübergehend und aus eigenem Willen hinter Stacheldraht. Mit dem Judentum hatte sie nichts gemein, und sie fühlte sich im Getto völlig fremd.

Ihr bisheriges Leben war sonderbare Wege gegangen. Ihr gegenwärtiger Mann war der fünfte in der Reihe und wäre ohne den Krieg wahrscheinlich nicht der letzte gewesen. Ihre Mutter, die fünfundsiebzigjährige Frau Doktor A., war einst eine der schönsten Frauen von Łódź. Man wußte zu erzählen, daß ihr Leben eine Kette von Eroberungen gewesen sei. Hier im Getto verließ sie, umhegt von ihrer Tochter, fast niemals das Bett. Von morgens bis abends lernte sie Französisch, denn sie hatte die Gewißheit, daß es ihr nach Beendigung des Krieges von Nutzen sein würde.

Das vierte, ziemlich kleine Zimmer schließlich bewohnte er mit seiner Frau. Er war derjenige, der unter den Wohnungsmietern den niedrigsten Rang einnahm; da er Sanitätsarzt war, suchte ihn jedoch ständig irgendjemand mit dringenden Angelegenheiten auf.

Im zweiten Jahr des Bestehens des Gettos hatten die Funktionen eines Sanitätsarztes kaum noch eine Bedeutung, die eine ausgenommen: das Ausstellen des Totenscheins. Der Sanitätsarzt füllte ihn aus, sofern der Verstorbene nicht zuvor im Ambulatorium behandelt oder zu dem Sterbenden der Bereitschaftsdienst gekommen war. Je mehr Menschen im Getto an Hunger und Erschöpfung starben, um so häufiger waren solche „anonymen" Abgänge. Die Deutschen achteten peinlich genau darauf, daß niemand ohne Totenschein begraben wurde. Ihre Bürokratie sicherte mit Paragraphen das Durchqueren des Styx, der obligatorische Obulus war ersetzt worden durch ein graues, vom Arzt ausgefülltes Papier. Immerhin befand sich Litzmannstadt (so hatte man Łódź umgetauft) im Reichsgebiet, und im deutschen Reich mußte alles akkurat sein, selbst der jüdische Tod.

Zu Beginn seiner Tätigkeit als Sanitätsarzt hatte er es für seine Pflicht erachtet, jeden gemeldeten Sterbefall zu prüfen. Das war anfangs auch noch möglich – später dann weder möglich noch sinnvoll. Man mußte der Familie glauben, daß der jeweilige Angehörige nicht eines gewaltsamen Todes gestorben war, daß man ihn nicht lebend begraben würde ... Das Risiko zeigte sich dann, wenn der Verdacht auf eine zuvor nicht gemeldete Infektionskrankheit auftauchte. Im Fall von Flecktyphus bestand nämlich die Pflicht zur Quarantäne, verbunden mit einer Desinfektion. Letztlich waren jedoch sämtliche Fälle mit Verdacht auf eine Infektionskrankheit im Spital untergebracht worden. Gemessen an den entsetzlichen sanitären Verhältnissen im Getto waren Erkrankungen dieser Art relativ selten. Einer außerordentlich heftigen Ruhrepidemie im ersten Gettojahr – fast fünfundzwanzig Prozent der Bevölkerung fielen ihr zum Opfer – wurde man in ziemlich kurzer Zeit Herr, was eine erstaunliche Leistung war. Es grenzte an ein Wunder, daß nicht Infektionskrankheiten die Gettobevölkerung dezimierten; bis zu einem gewissen Grad war dies das Verdienst des Gettogesundheitsdienstes.

Zum dritten- oder viertenmal bohrte sich ihm das schrille Klingeln ins Hirn. Er zog die Decke über den Kopf, als helfe das, den unterbrochenen Schlaf wiederaufzunehmen. In den Knochen, vor allem aber unter den Augenlidern spürte er noch die Erschöpfung nach dem nächtlichen Bereitschaftsdienst. Seine Frau ging in den Korridor hinaus und kam gleich darauf wieder. „Für dich. Wieder die Kleine von Gutmans."

„Mit einem Totenschein?„

Seine Frau nickte.

„Bitte sie zu warten. Ich zieh mich nur an ..."

Wie die beiden anderen Sanitätsärzte stellte er den Totenschein sofort aus. Wenigstens auf diese Weise konnte man demjenigen, der die letzten Angelegenheiten eines Verstorbenen erledigte, zusätzliche Scherereien ersparen. Anfangs sagten ihm die Namen, die er in die Formulare eintrug, nichts. Typisch jüdische Familiennamen ...bergs, ...sohns, ...blatts, ...blums, die er mit niemandem, mit keiner ihm bekannten Person assoziierte. Nach einer gewissen Zeit jedoch begannen die Namen von Bekannten aufzutauchen – von Kollegen oder Freunden, von Menschen aus dem früheren normalen Leben. Durch einen merkwürdigen Zufall unterschrieb er im Laufe von wenigen Monaten die Totenscheine für drei Freunde, mit denen er in der Schule angefangen und mit denen er Abitur gemacht hatte. Er war zu der Zeit noch nicht so abgestumpft, noch nicht so vertraut mit dem Tod, um nicht einen Augenblick zumindest nachzudenken über die Gewalt, die den Menschen durch den Krieg angetan wurde. Er versuchte sich sogar einzureden, daß es letztendlich gleichgültig war, ob jemand im Alter von fünfundzwanzig Jahren, also eigentlich an der Schwelle zum Leben, dieses in den Schützengräben von Verdun beendete oder hinter dem Stacheldraht des Gettos; ob er an Wundbrand starb oder an Hunger ... Später gab er diese Art von Philosophie auf.

Zu Beginn des zweiten Gettojahres schrieb er den ersten Totenschein aus, auf dem sein Familienname stand. Das war der Anfang einer langen Serie. Eins ums andere Mal begannen ihn Verwandte heimzusuchen, Mitglieder der zahlreichen Familie seines Vaters – seltener um irgendwelcher Medikamente willen oder mit der Bitte um Einweisung ins Krankenhaus, viel häufiger mit dem Schein, den es auszufüllen und zu unterschreiben galt ...

Seine Eltern waren im dritten Monat der Okkupation nach Warschau geflohen. Er arbeitete damals schon in der Rettungsstelle und beschloß, sich nicht aus Łódź fortzurühren. Im Getto befanden sich die Brüder und Schwestern des Vaters mit ihren Familien. Sehr zahlreichen Familien.

Er hatte, ehrlich gesagt, nie eine besondere Verbundenheit mit der Familie des Vaters empfunden. Eigentlich hatte er gar keine Gelegenheit gehabt, um sich über Familienbande Gedanken zu machen. Sie gehörten zu den Dingen, die er als nicht wichtig in den Hintergrund geschoben hatte. Er ordnete die verschiedenen Dinge des Lebens schematisch in unterschiedlichen Schubfächern ein, indem er sich der Täuschung hingab, daß die richtige, die wissenschaftliche Weltanschauung automatisch die großen und die kleinen, die fernen und die nahen Dinge sortierte. Und diese großen und wichtigen Dinge stammten von den ersten Seiten der Zeitungen und nicht aus Familienchroniken. Er zweifelte nicht an der Richtigkeit seiner Denk- und Verfahrensweise, vielmehr war er überzeugt, daß, sofern er die politischen und ideologischen Probleme der modernen Welt überdachte und geistig verarbeitete, alle anderen nur etwas Zweitrangiges, weniger Wichtiges waren. Kurz gesagt, im Mechanismus, der den Lebenspuls reguliert, gab es wichtige Räder und weniger wichtige Rädchen. Die Familie gehörte zu letzteren. Es war dies eine um so bequemere Haltung, als eigentlich nur wenige Vertreter der an Tanten, Onkeln, Cousinen und Cousins reichen Schar herzlichere, oder sagen wir, wärmere Gefühle in ihm erweckten. Was soll man hier viel reden! Die Familie väterlicherseits war eine ihm völlig fremde Welt. Erst hier im Getto, da diese Menschen einer nach dem anderen fortgingen ins Nichts und er sie verabschiedete, indem er seine Unterschrift unter den Totenschein setzte, wurde ihm langsam bewußt, daß da ein Ganzes zerbröckelte, von dem auch er ein Teilchen war, daß die kleinen, von ihm als unwichtig eingeschätzten Rädchen im Mechanismus des Lebens ihren Sinn haben.

Der springende Punkt war nicht, daß er auf einmal die Existenz von Blutbanden entdeckt hatte. Es war etwas anderes. Übrigens kannte er viele von diesen Leuten nicht oder sehr wenig. Mit der Mehrheit war er an den Sonnabendnachmittagen bei der Großmutter in der Śródmiejska-Straße zusammengetroffen, oder besser, bei seines Vaters jüngster Schwester, die die Großmutter betreute. Aber auch diese Zusammenkünfte wurden eher zur Seltenheit, als er nach Frankreich zum Studieren ging und in Polen nur zwei, drei Sommermonate verbrachte. Er traf sie alle auch bei irgendwelchen besonderen Anlässen: irgendwer starb, irgendwer heiratete, irgendwer beging Barmitzwa, irgendwer kam überflüssigerweise auf die Welt.

Jener Brauch der Sabbat-Treffen gehörte zu den frühesten Familienerinnerungen. Vor ihrem Hintergrund gestikulierten einzelne Figuren, in denen er die Schwestern des Vaters, seine Brüder, Schwager oder Schwägerinnen oder auch die zahlreichen Cousinen und Cousins erkannte. An den Zusammenkünften nahm er als braver, wohlerzogener, sauber gewaschener Knabe teil, und irgendwie war er nie zu einem gleichberechtigten Teilnehmer avanciert.

Die Person der Großmutter war es, die die Familie in die Śródmiejska-Straße zog. Soweit seine Erinnerung reichte, war sie immer alt, verwittert und – abwesend. Nicht vorhanden. Obwohl sich alle ihretwegen trafen, kam sie nicht aus ihrer Küche heraus. Denn trotz all dem war das nicht ihre Welt. Die hatte sie in Krośniewice zurückgelassen. In Łódź, und sie lebte hier schon seit einem Vierteljahrhundert, hatte sie niemals den Fuß aus dem Haustor auf den schmalen Gehsteig, zum tiefen Rinnstein hin und auf das Kopfsteinpflaster der Śródmiejska-Straße gesetzt. Sie glaubte, daß ständig Gefahr auf sie lauerte, seitens der Feinde Israels. Hier in der großen Stadt konnten die Antisemiten alles – ein Droschkenpferd auf sie zu lenken, wenn sie die Straße überquerte, auch einen wildgewordenen Radler, gar nicht erst zu reden von den verfluchten Automobilen. Sie konnten auch vom Dach einen Ziegel werfen und winters den Gehsteig mit Wasser begießen, damit sie hinfiel und sich das Bein brach. In Krośniewice war sie die geachtete Inhaberin eines Gemüselädchens gewesen, in der großen Stadt war sie eine verlorene, verschreckte alte Jüdin.

Fast immer schwieg sie. Er konnte sich nicht einmal an ihre Stimme erinnern, von irgendwelchen Sätzen oder Bemerkungen ganz zu schweigen. Er selber war für sie wahrscheinlich noch ein weiteres Element der fremden Welt, in der sich ihr jüngster Sohn befand.

Merkwürdig war das Mietshaus in der Śródmiejska. Immerhin zweistöckig, setzte es sich aus primitiv ausgestatteten Ein- oder Zweizimmerwohnungen zusammen. Durch einen besonderen Zufall wurde das ganze Haus von seiner Familie beherrscht.

Im Parterre rechts wohnte in zwei Zimmern die jüngste Schwester des Vaters mit Mann, zwei Söhnen und Mutter. Diese Schwester, mit der sich der Vater am meisten verbunden fühlte, war Schneiderin. Sie beschäftigte zwei Lehrmädchen. Wenn eine Kundin ein Kleid anprobierte, saßen Mann und Söhne in der Küche eingesperrt, oder sie gingen auf den Hof hinaus. Der Mann der Tante arbeitete nicht: er hatte kurz nach der Hochzeit seine Stellung verloren. Großmutter lebte in der Küche, wo ihr Eisenbett stand.

In demselben Hinterhaus, gleichfalls im Parterre, nur auf der anderen Seite der Treppe, wohnte ein Bruder der Großmutter mit Frau, Sohn und unzähligen Töchtern. Die ganze Familie lebte von einem kleinen Kolonialwarenladen, der übrigens kurz vor dem Krieg geschlossen werden mußte.

Im ersten Stock desselben Hinterhauses wohnte des Vaters ältester Bruder – Feliks. Er wohnte dort mit seiner Frau, einem zierlichen Plappermäulchen, sowie zwei Kindern – einem Sohn und einer Tochter. Feliks war Buchhalter von Beruf und hatte wohl nie eine feste Anstellung gehabt. Schwer zu sagen, wovon er lebte, aber irgendetwas mußte er wohl verdienen, wenn er die Tochter zur Polnischlehrerin und den Sohn zum Apotheker ausbilden ließ. Die Tochter befand sich ständig auf Arbeitssuche, und der Sohn, ein Kommunist, flog mehrmals aus den Apotheken, bei denen er angestellt war. Onkel Feliks selber war fanatisch religiös, er ging täglich zum Beten in die Synagoge, die sich gleichfalls in der Śródmiejska, zwei Häuser weiter Richtung Gdańska-Straße, befand …

An diese Synagoge knüpfte sich eine ganze Legende: dort habe sich der Hauseigentümer, ein gewisser Nasielski, einverstanden erklärt, zwei Parterrewohnungen für eine Synagoge zu opfern, um auf diese Weise vor den Augen des Allmächtigen die von den Sünden des Sohnes beschädigte Familienreputation wiederherzustellen. Denn dieser Sohn war Künstler! Er trat in zahlreichen Kabaretts auf und, was schlimmer war, in Filmen, und da nicht etwa in jüdischen, sondern in gojischen. Zwar hatte er den Familiennamen in Sielański geändert, unter dem ihn das gesamte Kinopublikum Polens kannte, doch Gott konnte man nicht betrügen. Er wußte wohl, daß dieser Sielański der Auswurf einer guten, orthodoxen jüdischen Familie war. Ob das dem Allmächtigen dargebrachte Geschenk in Gestalt des Verzichts auf eine anständige Miete für zwei Parterrewohnungen eine ausreichende Sühne für die Sünden des Sohnes war, erfahren wir erst am Tag des Jüngsten Gerichts.

... Onkel Feliks war der erste, dem er den Totenschein ausstellte. Die verweinte Tochter war bei ihm vorstellig geworden. Das war noch die Zeit, da man um Verstorbene weinte. Feliks starb plötzlich. Kurz nach ihm starb seine Frau. Die Tochter konnte gerade noch die notwendigen Formalitäten erledigen. Ein paar Wochen später fiel sie der galoppierenden Schwindsucht zum Opfer und starb ebenfalls. Ihren Totenschein besorgten die Nachbarn. Den Cousin rissen die Kriegswirren mit sich fort.

Im Vorderhaus im Parterre wohnte die andere Schwester des Vaters. In einem Zimmer, ohne Toilette und Badezimmer, mit Mann, zwei Töchtern und einem Sohn. Dieser Cousin war sein Altersgenosse und wohl der einzige Verwandte von seines Vaters Seite, mit dem er sich verstand und anfreundete. Auch diese Tante war Schneiderin, und bis die Kinder erwachsen waren, unterhielt sie die ganze Familie. Auch ihr Mann war ständig auf Arbeitssuche. Ein gleichbleibendes Motiv, das an den Bildern aus der Vergangenheit sichtbar wird: Männer, die vergeblich einer Arbeit nachjagen, vergeblich um einen Platz in der Welt suchen, die sie nicht braucht ...

Im ersten Stock des Vorderhauses, genau über der Wohnung der Schwester des Vaters, wohnten zwei Schwestern der Großmutter mütterlicherseits. Zwei ältere Fräuleins, gequält von ihrer Mutter und seiner Urgroßmutter. Auch sie waren Schneiderinnen. Niemals konnte er begreifen, daß es Kundinnen gab, die ihre Dienste in Anspruch nahmen. In der Wohnung roch es ständig nach Urin – Urgroßmutter machte unter sich. Außerdem lachte sie pausenlos und beschimpfte die Kundinnen unflätig.

Als nächstes in der Reihenfolge schrieb er den beiden Schwestern des Vaters und ihren Männern den Totenschein aus. Dann den beiden unglückseligen Großtanten, danach dem zweiten der Brüder seines Vaters, einem Schirmmacher von Beruf, und seiner Frau, nachfolgend einigen Cousins und Cousinen ... Das waren jedoch alles, für diesen Krieg und die Situation der Juden, normale Todesfälle. All diese seine Verwandten, die Onkel, ihre Frauen und Kinder starben im Bett, von der Familie umgeben, falls diese es noch nicht geschafft hatte, vor ihnen zu sterben. Und dabei häuften sich im Getto die Gerüchte über andere, von den Deutschen ersonnene Todesarten, bei denen die Angst vorm Überschreiten der letzten Schwelle mit keinem geteilt werden konnte, und jeder der Sterbenden nur auf sich angewiesen war … Am meisten leid taten ihm jene jungen Mädchen, denen er den Totenschein ausstellte, Mädchen, die er gut kannte, denen das Leben selten Freude gebracht hatte und die im Getto starben, ohne Zärtlichkeit und Liebe erfahren zu haben …

„Entschuldige mich bei ihr und sag ihr, daß ich gleich fertig bin. Erkläre ihr, daß ich Nachtdienst hatte."

„Das hab ich schon. Sie wartet ruhig, wie immer."

… Am Sabbat bei der Großmutter, eigentlich bei Tante Rózia, nahm der Vater, obschon er der jüngste von den Geschwistern war, stets am Tisch den Ehrenplatz ein. Seine Worte hörte man mit Achtung, vor ihn als ersten stellte Großmutter den Teller mit den heißen, gepfefferten Erbsen hin und wartete auf sein Urteil, wie ihr diesmal dieser Leckerbissen gelungen war. Ihr jüngster Sohn war derjenige, der es im Leben am weitesten gebracht hatte, und ehrlich gesagt, der einzige, der es überhaupt zu etwas gebracht hatte, wenn man den Bruder nicht mitzählte, der Anfang des Jahrhunderts nach Amerika emigriert und seitdem verschollen war. Ja, der Vater hatte es zu was gebracht. Weil er Glück hatte? Oder vielleicht, weil er wirklich talentiert war? In der Tat hatte das Glück in seinem Leben keine geringe Rolle gespielt. Er verstand es zu nutzen, aus ihm herauszupressen, was sich nur herauspressen ließ. Er war stattlich und hatte Erfolg bei den Frauen. Aus Krośniewice war er gegen Ende des vergangenen Jahrhunderts nach Łódź gekommen, noch im Knabenalter. Hier arbeitete er anfangs als Botenjunge, dann als Verkaufsgehilfe. In Krośniewice war das Fundament seiner Bildung der Cheder gewesen. In Łódź lernte er wie der Held in einem Roman nachts in einem dunklen Kämmerchen und bestand das Abitur als Externer. Das war schon eine außerordentliche Leistung. Er verband sich in dieser Zeit mit der PPS, der „Polnischen Sozialistischen Partei", und nahm in irgendeiner Weise an den Aufständen im Jahr 1905 teil. Um dieses Jahr herum siedelte er nach Warschau über, wo er Jura studieren wollte. Doch vor allem faszinierte ihn das Theater und alles, was mit dem Theater zusammenhing. Er war ein glänzender Rezitator, schrieb Gedichte, Feuilletons und gehörte dem

Schriftstellerkreis um Itzhak Leib Perec an. Er befreundete sich mit Scholem Alejchem, mit dem er durchs Land reiste, um dessen Werke vorzutragen, und – wie das der Schriftsteller in einem seiner Briefe unterstrich – „er kannte Scholem Alejchem besser als Scholem Alejchem sich selbst". Er befreundete sich auch mit der „Mutter des jiddischen Theaters", Ester Rachel Kamińska, und mit ihrer Tochter trat er sogar im „Lebenden Leichnam" auf. Und vermutlich hätte er dem Theater sein Leben geweiht, wenn nicht ein Heiratsvermittler aus Łódź gewesen wäre, der sein Fach verstand; der fand ihm ein schmuckes und reiches Fräulein, Tochter des in der Stadt meistfrequentierten Feldschers. Da man eine Familie gründete, mußte man sich Gedanken über eine solide Existenz machen, und mit einer solchen konnte man nicht rechnen, wenn man seine Zukunft an etwas so Unsicheres wie das Theater, dazu jiddisches Theater, knüpfte. Eine solide und sichere Einnahmequelle mußte gefunden werden. Der Vater kehrte zu der Textilgroßhandlung zurück, in der er seine ersten Schritte gewagt hatte. Hier wurde er Verkaufsleiter mit einem ganz hübschen Gehalt. Als ihm dann später die Situation günstig erschien, und das war schon nach dem Ersten Weltkrieg, kam er zu der Ansicht, daß er sich den Weg in die Selbständigkeit leisten könnte, und eröffnete ein eigenes Textilwarengeschäft. Das war jedoch keine Entscheidung, auf die er stolz sein konnte. Eine Zeitlang sah er zwar seinen Namen auf einem Schild in der Piotrowska-Straße, doch es war klar, daß er ihn lieber auf dem Theaterzettel gesehen hätte. Der Textilwarenladen ging zum Teufel, und gegen Ende der zwanziger Jahre kehrte er auf seinen früheren Arbeitsplatz zurück. Er besaß hohe Qualifikationen, hatte eine Vertrauensstellung inne, war folglich ein gutbezahlter Angestellter. Gleichzeitig schrieb er Feuilletons, Sketche. Zu dieser Zeit gründete er gemeinsam mit dem Dichter Broderson in Łódź ein jüdisches Theaterstudio, aus dem später das berühmte „Ararat" hervorging. Er war Mitbegründer des Gesangsvereins „Hazomir" und dessen ewiger stellvertretender Vorsitzender, da der Posten des Vorsitzenden stets jemand Begütertem vorbehalten blieb. Im Rahmen des „Hazomir" gründete er eine Theatertruppe, die später im ganzen Land berühmt wurde. Hier brachte er Stücke von Scholem Alejchem, Perec und Mendel Mojcher Sforim zur Aufführung, bei denen er auch Regie führte. Selbst Irving Shaws „Bestattet die Toten" setzte er in Szene. Wegen dieser letzten Inszenierung wurde von der Zensurbehörde vorgeladen, und man drohte ihm mit der Schließung des Theaters und des „Hazomir“ für den Fall, daß sich solche Versuche, den Kommunismus zu verbreiten, wiederholen sollten. Er führte deshalb die „Hoffnung“ von Heijermans auf.

Die Krise von 1931 zwang selbst große Handelsfirmen zur Liquidation, und der Vater war auf einmal ohne Arbeit. Zu Hause wurde allmählich das Geld knapp, als sich unvermutet wieder eine Chance bot. Eine Chance, die er geschickt zu nutzen wußte. Interessierte Leute aus der Branche redeten ihm zu, eine Methode zur Herstellungvon Kanevas zu entwickeln, die es erlaubte, auf dem einheimischen Markt die aus der Tschechoslowakei importierten Kanevas zu ersetzen. Eigene Idee, fremdes Kapital – abermals fand sich der Vater auf der Höhe. Man konnte den Sohn nach Frankreich zum Studium schicken, konnte wieder die ganze Freizeit dem Schreiben von Feuilletons und der Regiearbeit widmen, an Ehrenkomitees beteiligt und Mitglied verschiedener Organisationen sein …

Nein, es war durchaus nicht zu verwundern, daß man den Vater bei Tante Rózia auf den Ehrenplatz setzte und seinen Ansichten über die großen Dinge der Kultur und die kleinen Dinge der alltäglichen Sorgen Gehör schenkte. Wie hätte es auch anders sein können! Immerhin begegnete man seinem Namen im „Folksblat“ oder im „Tageblat“, wo er regelmäßig seine Freitagsfeuilletons veröffentlichte. Er las sie später vor und er las ausgezeichnet. Das Familienauditorium war wohlwollend, doch objektiv. Er ließ sich bei diesen Sabbatzusammenkünften gern überreden, bekannte jüdische Schauspieler nachzuahmen, worin er unvergleichlich war. Wie fabelhaft imitierte er den großen Morewski im „Dybbuk“ oder Samberg in „Josie Kalb …“. Interessant, daß der mit dem jüdischen Theater und der jiddischen Literatur so innig Verbundene jetzt, wie sich aus den Briefen an den Sohn ergab (die er geschrieben hatte, als noch eine Verbindung zwischen dem Warschauer Getto und dem Getto in Łódź bestand), im polnischen Theater bei Andrzej Mark spielte. Er spielte viel, sogar Hauptrollen neben solchen Berühmtheiten wie Michał Znicz! Und hier und dort trat er noch mit Rezitationen auf. Selbst die Mutter, die dieser künstlerischen Ader ihres Mannes mit Mißtrauen und Abneigung begegnete, schrieb von seinen Erfolgen … Welche Ironie des Schicksals! Es mußte der Krieg kommen, die Deutschen mußten sich daranmachen, ihre irrwitzigen Pläne in die Tat umzusetzen, damit der Vater seinen Lebenstraum verwirklichen konnte: sich ausschließlich dem Theater zu widmen und vom Theaterspielen zu leben ...

Er ging auf den Korridor hinaus. Dort stand, in ein graues Umschlagtuch gehüllt und in ein altes Männerjackett eingemummt, Gutmans Älteste. Cousin Gutmans Tochter. Sie wirkte wie die klassische Illustration zu Andersens „Mädchen mit den Schwefelhölzchen". Ein Mädchen von nicht mehr als elf, zwölf Jahren. Sie hielt die graue Pappe in der Hand. „Der Vater?", fragte er. Sie nickte bloß.

...Die Gutmans erschienen nicht zu den Familientreffen am Sabbat. Das Haus war ihnen zu wenig religiös. Es roch nach gojischer Abtrünnigkeit. Die Gutmanowa war Vaters älteste Schwester. Es trennten sie sechzehn Jahre und einige Epochen. Man konnte sich kaum jemand Prinzipientreueren vorstellen, sofern es um die Befolgung religiöser Gebote ging. Natürlich trug sie eine Perücke, aß ausschließlich streng koschere Speisen, weshalb selbst das Haus der Mutter für sie zu „freigesinnt" war. Der Vater, der sich die gepfefferten Erbsen und auch andere mütterliche Delikatessen schmecken ließ, blieb barhäuptig, und das war allerdings eine unverzeihliche Sünde. Der Mann der Gutmanowa, ein hochgewachsener hagerer Mensch mit einem langen, prächtigen Bart, hatte sich sein ganzes Leben die Hände rein von Arbeit gehalten. Von morgens bis abends hockte er über weisen, frommen Büchern und überließ, in die Lehren der Vorväter vertieft, die ganze Sorge um den Lebensunterhalt seiner Frau.

Der Sohn trat in die Fußstapfen des Vaters, die Schwiegertochter war zu beschäftigt mit Kindergebären, um zum Familienunterhalt beizutragen. Quelle des Unterhalts war ein kleiner Kohlenplatz, der nur Groschen einbrachte. Die alte Gutmanowa lavierte auf unglaubliche Weise das ganze Unternehmen über Klippen und Gefahren, die ihm von allen Seiten drohten, und die Schwiegertochter half ihr zwischen der einen und der nächsten Geburt. Im Laufe von zehn Ehejahren hatte sie es geschafft, sechs Kinder zu gebären – fünf Töchter und einen Sohn. Wäre der Krieg nicht gekommen, hätte diese Reihe verlängert werden können.

Den jungen Gutman kannte er besser. Zwar zeigte auch der sich nicht in der Śródmiejska-Straße, doch das Haus seines jüngsten Onkels suchte er von Zeit zu Zeit auf. Vermutlich schickte ihn die Mutter, wenn Geldsorgen sie allzu sehr bedrückten. Der jüngere Gutman galt als Anhänger des Zaddik von Aleksandrów. Ihm hatte er sich nach dem Tod des berühmten Zaddik von Radoszyce angeschlossen, zu dessen Begräbnis in Łódź seinerzeit über hunderttausend Gläubige zusammengekommen waren. Wer Anhänger des Zaddiks von Aleksandrów war, war gleichzeitig ein Gegner des Zaddiks von Góra Kalwaria, wie man jedenfalls den Gesprächen am Sabbat in der Śródmiejska-Straße entnehmen konnte. Worauf diese dynastische Abneigung zwischen den beiden Höfen beruhte, war schwer zu ergründen …

Der alte Gutman starb einige Jahre vor dem Krieg. Der jüngere Gutman fand sich mit der ganzen Familie und der Mutter im Getto wieder. Hier arbeitete er erst recht nicht. Denn was konnte er anderes, als den Talmud zu studieren? Die Deutschen waren für ihn bloß eine schlimmere Abart der Welt der Gojim, und dieser Welt war seine Gelehrsamkeit, sein Wissen um die Ansichten Raschis[1] über den Sinn des Hohenliedes oder die vierzehn Bücher des Jad ha-Chasaka des Rambam[2] nie vonnöten gewesen. Im Getto arbeitete nur die älteste Tochter, die jetzt im Flur wartete, und für die Groschen, die sie verdiente, kaufte die Familie Essenskarten. Die alte Gutmanova starb im ersten Gettojahr, wovon er übrigens erst einige Monate später erfuhr. Die Umsiedlung der Juden ins Getto, ihr Leben hinter Stacheldraht hatte die Familie des Vaters zerrissen, statt sie irgendwie zusammenzuschließen. Die wachsenden Sorgen, Hunger und Krankheiten zwangen jeden zu einer verzweifelten Geschäftigkeit, die sich notwendigerweise auf die eigenen Angelegenheiten und die der nächsten Angehörigen beschränkte. Eine Geschäftigkeit übrigens, die zu nicht viel taugte. Einer nach dem anderen gingen sie fort – die Onkel, Tanten, Cousins …

1. Raschi: Rabbi Schelomo Icchaki (1040 - 1105), jüdischer Gelehrter aus Troyes (Champagne), Bibel- und Talmudkommentator.
2. Rambam: Rabbi Mosche ben Maimon, Maimonides (1135-1204), geboren in Córdoba, jüdischer Gelehrter und Philosoph. Jad ha-Chasaka („Starke Hand") ist ein Kodex der gesamten jüdischen, nach den Normen des Talmud ausgerichteten Gesetzgebung.

„Wann ist der Vater gestorben?“

„Heute nacht.“

„Habt ihr den Rettungsdienst gerufen?“

Die Kleine zuckte mit den Achseln. „Wozu? Der Onkel hat doch selber gesehen.“

Sie nannte ihn wohl deshalb Onkel, weil für sie in dieser Anrede mehr Achtung lag. Und den jungen Gutman hatte er tatsächlich gesehen. Vor zwei Tagen war frühmorgens die Kleine zu ihm gekommen. Diesmal nicht mit dem Totenschein für eines ihrer gestorbenen Geschwister.

„Tate läßt bitten, daß der Onkel so schnell es geht zu ihm kommen möchte.“

„Der Vater ist krank?“

„Er liegt. Aber er bittet, daß ihn der Onkel noch heute untersucht.“

Er wunderte sich. Er hätte niemals vermutet, daß Gutman an ärztliche Hilfe glaubt, wo ihn doch der Allmächtige wie Hiob geprüft und ihm ein Kind nach dem anderen genommen hatte.

Am selben Tag noch besuchte er die Gutmans. Das Zimmer, das sie belegten, war nicht besser und nicht schlechter als Tausende anderer Wohnungen im Getto. Anfangs lebten sie zu zehnt in diesem finsteren Loch. Nach dem Tod der alten Gutmanova und dreier Kinder waren sie nur noch zu fünft. Doch auch noch für diese fünf war das Zimmer zu klein. Die Kinder schliefen zusammen auf einer Matratze oder einem Strohsack auf dem Fußboden an der Wand. In einem schmalen Bett, dem einzigen normalen Möbelstück im ganzen Zimmer, schliefen die Gutmans. Der Rest an Mobiliar hatte wahrscheinlich während der vergangenen Winter als Feuerung gedient. Jetzt lag im Bett ein Greis, in dem er nur mit Mühe seinen Cousin erkannte. Gutman war mit einer zerrissenen Decke und einem abgenutzten Mantel zugedeckt. Der lange, zerzauste, dichte Bart bedeckte ihm fast das ganze Gesicht. Am Bett stand auf der einen Seite die Gutmanova und auf der anderen die älteste Tochter. Schweigend blickten sie bald auf den im Bett Liegenden, bald auf den Besucher … Gutman ließ sie gar nicht erst zu Wort kommen. Mit einer Handbewegung gab er Frau und Tochter zu verstehen, daß sie sich vom Bett zurückziehen sollten, weil er mit dem Besucher unter vier Augen reden wollte. Er stützte sich auf den Ellenbogen, machte ihm mit dem Finger ein Zeichen, er solle sich zu ihm herunterbeugen; keuchend brachte er hervor: „Hör zu, mit mir steht's nicht gut … Ich … ich kann nicht mehr …"

„Was kannst du nicht?"

„Du begreifst nicht? Mit der Frau …"

Die Gutmanova, ob sie nun das Flüstern ihres Mannes verstanden hatte oder ob sie erriet, über welche Beschwerden er klagte, jedenfalls, nickte sie mitleidig mit dem Kopf. Er wußte nicht, was er sagen sollte.

„Knöpf das Hemd auf. Am besten ich untersuche dich, was?"

Er legte dem Kranken das Stethoskop an die Brust und erschrak. Rasch zog er ihm die Decke weg. Auf dem schmutzigen Laken lagen kraftlos monströs geschwollene Beine. Die Haut auf den Beinen und dem Hodensack war durch das Ödem dermaßen angespannt, daß sie an blankes, bläuliches Seidenpapier erinnerte.

„Ich gebe dir eine Einweisung fürs Krankenhaus."

Er schrieb die Einweisung und noch ein Briefchen mit der Bitte, den Kranken unverzüglich aufzunehmen. Den Zettel gab er der Gutmanova, die sich die ganze Zeit über, genau wie die Kinder, mit keinem Wort gemeldet hatte. Die Kinder. Mit dem Tod auf du und du. Eng um die Mutter geschart, bildeten sie eine hoffnungslose, bemitleidenswerte Gruppe voller Schmerz.

Draußen vor der Tür fragte die Gutmanova: „Wie steht es mit ihm?"

„Du siehst selber. Der Rettungsdienst sollte ihn heute noch abholen …"

Erst auf der Treppe und auf dem Rückweg ging ihm der Sinn von Cousin Gutmans Beunruhigung auf. Hier handelte es sich nicht um männlichen Ehrgeiz, dessen er ihn anfangs, verblüfft, verdächtigt hatte. Es war die Besorgnis eines Mannes, der nicht mehr imstande war, eine religiöse Pflicht zu erfüllen. Eine Pflicht, von den Weisen diskutiert, durch die Tradition anbefohlen. Vielleicht hatte er noch bis vor kurzem, unter Atemnot, sich auf seinen hungergeschwollenen Beinen kaum noch fortschleppend, diesen heiligen Akt vollzogen. Jetzt war er dazu nicht mehr in der Lage, und deshalb hatte er den Arzt gerufen. In anderen Angelegenheiten war seine Hilfe nicht notwendig, doch in einer so wichtigen …

„Ist der Rettungsdienst gekommen?“

„Schon, bloß es war kein Platz im Krankenhaus. Heute sollten sie wiederkommen, aber schließlich hätten sie Vater ohnehin nicht geholfen …“

„Hat er sich gequält?“

„Nein, nein, nur, er hat plötzlich keine Luft gekriegt und …“

Er bat sie ins Zimmer. Sie nahm auf der Stuhlkante Platz. Beim Ausschreiben des Formulars wurde ihm klar, daß er nicht einmal wußte, wie sein Vetter mit Vornamen hieß. Er schrieb ihn vom Ausweis ab: Dawid Majer Gutman! Alter? Neununddreißig! Unfaßbar! Er war gerade zwölf Jahre jünger als Gutman … Todesursache? Er müßte schreiben: die Deutschen. Er schrieb die Bezeichnungen einiger banaler Gebrechen auf: Erschöpfung, Herzschwäche, Lungenödem … Was für ein Unterschied?

Er händigte der Kleinen den ausgefüllten Schein aus. Sie blickten einander wortlos an. Er las keine Trauer in ihren Augen. Eher Müdigkeit. Grenzenlose Müdigkeit. Und dabei ging erst das zweite Jahr der Gettoära zu Ende.

Der Blinde Maks oder Das wahre Ende der Dintojre von Łódź

Der Anfang dessen, was ich Ihnen zu erzählen habe, reicht weit, weit zurück. Wir Juden, wissen Sie, haben uns so sehr an die Peitschenhiebe der Geschichte gewöhnt, daß wir deren Ablauf entsprechend den Schicksalsschlägen unterteilen, mit denen der jüdische Gott sein erwähltes Volk geprüft hat. Angefangen von der Sklaverei in Ägypten haben die Meilensteine dieses Geschichtsablaufs nur selten Epochen relativen Friedens und noch relativeren Wohlstands abgesteckt. Die meisten dieser Steine sind mit einem zerrissenen Tallis oder einem, nach einem Pogrom, blutbefleckten Bettbezug verziert. Noch zu meiner Kindheit, wenn sich am Sonnabendnachmittag die ganze Familie bei der Großmutter versammelte, erzählte man sich von den Blutbädern, die Petluras Kosaken oder Denikins Weißgardisten angerichtet haben, wie von noch immer aktuellen Geschehnissen, so als zitierte man die Unfallmeldungen einer Zeitung. Diese Geschehnisse, wissen Sie, wurden von vielen Juden als etwas aufgenommen, das es ihnen erlaubte, Geschichte als etwas tatsächlich Stattgefundenes zu verstehen. Die Zeit meiner Jugend war von anderen Blutbädern und Pogromen markiert. Die Juden wurden gekreuzigt von einem Volk, das sie liebten, und die Rolle des Pilatus spielte die gesamte zivilisierte Welt mitsamt ihren Institutionen und Kirchen …

Nein, nein … Unterbrechen Sie mich bitte nicht. Es gibt wirklich nichts, worüber man sich streiten müßte. Ich stimme Ihnen zu, daß ich die Erzählung mit einem allzu mächtigen Glockenschlag begonnen habe, obschon es sich hier weder um die Geschichte des Auszugs Israels aus Ägypten noch um das Buch Esther handelt. Und außerdem, welche Bedeutung kann überhaupt meine Ansicht haben? Sie bedeutet weniger als das Stäubchen auf Ihrem Jackettaufschlag … Oh, hier … Erlauben Sie, daß ich es abklopfe? Ich wollte nur hervorheben, daß die Geschichte, die ich Ihnen erzählen will, in einem Zeitraum angesiedelt ist, der nach den Kosakenpogromen beginnt und vor dem Holocaust endet. Im Vergleich zu den früheren und den späteren waren dies idyllische Zeiten. Höchstens Blätter wie „Mały Dziennik“ schulten die Gesellschaft täglich im Antisemitismus. Goebbels fuhr zu Vorträgen nach Polen; Przytyk und andere Städtchen erinnerten daran, daß den Juden das Übermaß an Frieden nicht zu Kopf steigen sollte. Mit einem Wort: was ich Ihnen erzählen möchte, betrifft einen winzigen Ausschnitt jüdischen Lebens und dieses Fragment verhält sich zu den großen Fragen der damaligen Geschichte wie, mit Verlaub gesagt, das Vermögen eines Krämers aus der Nowomiejska zum Vermögen des Baron Rothschilds.

Es war eine sehr seltsame Stadt, dieses Łódź, von keinem geliebt in jener Zeit. Vielleicht von ihren Einwohnern, obwohl ich mir auch da nicht sicher bin. Łódź – das waren drei, was sage ich, vier Städte, vielleicht sogar mehr. Bestimmt mehr. Es gab das Łódź der Polen, das Łódź der Juden, das Łódź der Deutschen. In meiner Erinnerung ist es das Łódź der hauptsächlich von einer lauten, aufgeregten, umtriebigen, armen jüdischen Bevölkerung bewohnten Straßen und Viertel geblieben, das Łódź derer, die von Schabbes zu Schabbes, vom Jom Kippur des einen Jahres zum Jom Kippur des nächsten Jahres lebten. In der Nowomiejska-, Wschodnia-, in der Kamienna- und Peiper-Straße, der Południowa und Żydowska waren die Schneider, kleine Handwerker und Händler die Visitenkarte dieses Stadtteils. In düsteren, schmutzig-grauen Mietskasernen waren ebensolche Wohnungen mit altem Plunder und Kindern vollgestopft und rochen ständig nach Zwiebeln und nasser Wäsche. In diesen Wohnungen erzählte man sich von Poznańskis Reichtum, von der Weisheit und den Einflüssen dieses oder jenes Zaddik, von der letzten Rolle Molly Picons, von Kinderkrankheiten und den Steuern, die den Juden die Luft abschnürten, von Palästina und Trotzki. Hier entstand auch und ging von Mund zu Mund die Legende von der Dintojre in Łódź und ihren Helden: Fajwel Bucik, Szaja Magnat und vor allem dem Blinden Maks.

Dintojre ... Sie wissen, woher der Name kommt? Nein? Wortwörtlich bedeutet das hebräische Din Thora: „Gericht nach den Grundsätzen der Thora“. Solche Gerichtsverfahren führten die Rabbiner durch, und später bezeichnete man mit dem jiddischen Terminus Dintojre sämtliche Schiedsgerichte, das heißt solche, die es ermöglichen, die staatlichen, die Macht und die administrative Ordnung der Gojim repräsentierenden Gerichte zu umgehen. Die jahrhundertealte Erfahrung lehrte die Juden, daß man sich einem Gericht gegenüber, das die Rechtsordnung der

Gesellschaft, in der man lebte, verkörperte, große Distanz wahren sollte. Da war nichts, was Vertrauen erweckt hätte – weder die langwierige Prozedur noch die Entscheidungen, Urteile, Beschlüsse, auf die unsichtbare, meist den Juden feindlich gesinnte Kräfte Einfluß hatten. Die Dintojre bot die Garantie, daß der Urteilsspruch objektiv ausfiel, um so mehr, da beide Seiten die Zusammensetzung des Gerichts abstimmten und sich beide Seiten verpflichteten, die gefällten Entscheidungen zu respektieren. Verstehen Sie? Erst später wurde der Name auf Gerichte oder Urteile der Verbrecherwelt übertragen, die alle Zwistigkeiten nach den ungeschriebenen Regeln, Gewohnheiten oder Prinzipien des kriminellen Milieus entschieden. Sehr wichtig war, daß die Urteile der Dintojre – entsprechend der Intention ihres Prototyps – heilig waren, und man gegen sie keine Berufung einlegen konnte. Ich bin kein Spezialist in diesen Dingen, doch Sie können mir glauben, die Dintojre bildete einen wichtigen Faktor bei der Schaffung spezifischer, in der jüdischen Verbrecherwelt (und später nicht nur in der jüdischen) verbindlicher Verhaltensnormen. Dank der Dintojre entstanden gewisse Spielregeln, die eine bessere Organisation, vor allem aber Disziplin ermöglichten.

Ich möchte noch eine Beobachtung mit Ihnen teilen, die uns in wenigen Augenblicken, wenn Sie erlauben, über den Ozean trägt, in die zwanziger und dreißiger Jahre dieses Jahrhunderts. Die dreißiger Jahre, das sind in den Vereinigten Staaten die goldenen Jahre der Prohibition. Golden – für viele Banden, Clans, mächtige Organisationen, deren Umsätze in die Hunderte Millionen Dollar gingen, Organsationen, die Tausende von Menschen beschäftigten, die Produktion, den Transport und den Handel mit Alkohol kontrollierten, Hunderte von Bordellen, Tausende von Spielcasinos und Nachtlokalen, die von mafiosen Praktiken gelenkten Gewerkschaften, und vor allem „Tammany Hall“ – die demokratische Partei in New York. Im Zusammenhang mit dem mächtigen, man kann sagen, phänomenalen Anwachsen der Macht der Unterwelt – wessen Namen waren da wohl in aller Munde und verschwanden nicht aus den Spalten der Presse? Sie erinnern sich selbstverständlich nicht, können es auch nicht wissen. Nun – das waren fast ausschließlich die Namen von Italienern und Juden. Wo es um Italiener geht, scheint die Sache ja verständlich: man hatte auf New York, Chicago, Los Angeles die Gesetze der Mafia übertragen, vor allem deren Organisation. Erst zu Beginn dieses Jahrhunderts hatte ein gewisser Ignazio Saietta die ersten Mafiosi nach New York und Chicago gebracht. Später erklommen Joe Masseria, Ciro Terranova, Alberto Anastasia, Vito Genovese, na, und vor allen anderen Al Capone und Lucky Luciano die Stufen der Hierarchie in der Verbrecherwelt. Doch schließlich sind nicht nur sie die Helden der goldenen Legende jener Zeit. Wenn Sie einmal nach New York kommen, unterhalten sie sich mit alten Barkeepern, mit Rentiers, die von den Zinsen ihrer Gewinne aus dem Alkoholschmuggel leben, mit Journalisten, die sich an die Zeit der in der Geschichte der Staaten, vielleicht sogar in der Geschichte der Politik überhaupt, am meisten korrumpierten Institution – die Tammany Hall – erinnern. Sie können alle fragen, und jeder wird Ihnen sagen, daß diese goldene Legende nichts weiter wäre als die Archivierung von Presseinformationen, wenn es nicht Persönlichkeiten wie den genialen Arnold Rothstein, Lubu Rozenkrantz, Abe Landau, Abbadabba Berman, Mendy Weiss, Jack Zelig, Gurrhy Shapiro oder die Chefs der Murder Inc. – von Lucky Luciano gegründet –, Bo Weinberg und Lepke Buchalter gegeben hätte, die, wie es sich für Spezialisten ihres Formats gehörte, auf dem elektrischen Stuhl endeten. Woher die vielen Juden? Sie könnten sagen, daß die Italiener und die Juden die zahlreichsten und gleichzeitig die homogensten ethnischen Gruppe bildeten. Das könnten Sie sagen, doch jeder wird Sie daran erinnern, daß die Iren in New York durchaus keinen geringen Prozentsatz der armen und benachteiligten Bevölkerung bildeten, dasselbe galt für die Polen in Chicago – und überall für die Puertorikaner. Und übrigens war so ein Arnold Rothstein der Sohn eines reichen Unternehmers und Lucky Luciano der Sohn eines Rennstallbesitzers. Suchen Sie also nicht in der Ökonomie die Antwort auf diese Frage. Die Wahrheit ist nämlich die, daß Gesetze und Bräuche der Mafia eine Ergänzung in Gesetzen und Traditionen der Dintojre fanden. Oder vielleicht war es gar umgekehrt? Auf jeden Fall hätte es all diese gut funktionierenden Gangsterorganisationen, die heute zur Legende gehören, ohne die ungeschriebenen Gesetze der Mafia und der Dintojre nicht gegeben. Auf diesem Fundament konnten sie sich erst entwickeln – das Organisationstalent Lucky Lucianos, das Finanzgenie Arnold Rothsteins und Al Capones oder auch die Dynamik eines Lepke Buchalters. Hier reichten sich Sizilien und die Städte Osteuropas die Hand. Ein Arnold Rothstein hat sich gerühmt, daß er nie die Hilfe der Polizei oder der Justiz in Anspruch genommen hat, obwohl ihm das bei vielen Geschäften hätte von Nutzen sein können. Und als er in einem Hotel schwer angeschossen wurde, verriet er selbstverständlich der Polizei den Namen seines Mörders nicht, sondern nahm ihn mit ins Grab. Ist das nicht großartig? Sie meinen, daß ich mich in meinem Enthusiasmus ein wenig verrannt hätte? Möglich. Glauben Sie nur nicht, aus mir spräche eine Art von Nationalstolz. Es ist allein Bewunderung, aber zugleich auch ein gewisser Groll gegen den Allmächtigen, der sich, wie gewöhnlich, seines erwählten Volkes nicht dann erinnert, wenn es nottäte. Während die italienischen Mafiosi nach Jahren des Aufstiegs und der Stürme zu Ruhm und Ehren gelangten, wie zum Beispiel Lucky Luciano, der sich in seinem heimatlichen Sizilien niederließ, oder wie Vito Genovese oder Alberto Anastasia, die, nachdem sie respektable Millionen zusammengebracht hatten, in der exklusiven Gesellschaft der New Yorker High Society mit offenen Armen aufgenommen wurden, endeten Männer wie Buchalter, Weiss oder Weinberg auf dem elektrischen Stuhl, und Arnold Rothstein, Abbadabba Berman oder „Dutsch“ Schultz (der einzige Jude, der nicht aus Osteuropa stammte), fielen persönlichen Racheakten zum Opfer.

Verzeihen Sie einem alten Mann, aber wenn man erst einmal ins Plaudern gerät … Sie hören mir wenigstens in aller Ruhe zu. Also, behalten Sie im Gedächtnis, daß jene Welt der großen Verbrechen und der Gangster, die zur Legende geworden sind, nicht nur in Siziliens kleinen Dörfern entstanden ist, sondern auch in den schmutzigen jüdischen Städtchen und in den jüdischen Bierschänken Warschaus oder Łódź', in den Hafenkneipen von Odessa, in den Kellern Nalewkis, den baufälligen Häusern von Bałuty, in Polizeirevieren und Gefängnissen – überall dort, wo die ungeschriebenen Gesetze der Dintojre in Kraft waren. Sie entsprangen der Tradition und den Illusionen, die die Auflehnung gegen die Paragraphen des Staats der Gojim schuf. Dieser gemeinsame Ursprung verbindet Lepke Buchalter aus New York mit dem Blinden Maks aus Łódź und Benia Krzyk, dem König der Odessaer Modawanka.

Natürlich, Łódź ist nicht New York und nicht einmal Odessa, und der Blinde Maks … Aber ich muß Ihnen gestehen, daß, wenn man alles hätte glauben wollen, was der Blinde Maks von sich erzählt hat, man mit seinen Geschichten ganze Bände hätte füllen und den Drehbuchautoren Stoff für viele, viele Jahre hätte liefern können. Nur daß leider, unter uns gesagt, der Blinde Maks ein Mythomane war, obschon es hauptsächlich sein Verdienst gewesen ist, daß die Dintojre von Łódź im Glanz einer eigenen, ganz besonderen Farbe erstrahlte.

Die Fama lautete, daß von dem Triumvirat, das in Łódź die Dintojre führte, Fajwel Bucik der Klügste und Szaja Magnat zweifellos der Reichste war – eigentlich hieß er ja Zylberszac, seinen Beinamen verdankte er dem Umstand, daß er in Bałuty ein echtes eigenes Mietshaus besaß, und ein solches Vermögen an so einem Ort, das zählte!

Es kam der Krieg, und sogar die Dintojre fiel zusammen wie ein Kartenhaus. Fajwel Bucik verschwand in den Kriegswirren spurlos. Vermutlich fand er einen anonymen Tod wie viele seiner Brüder. Szaja Magnat, von dem in dieser Erzählung noch ausführlicher die Rede sein wird, fand sich im Getto von Łódź wieder, und der Blinde Maks, der am sechsten September aus Łódź weggegangen war, machte erst in Kasachstan Halt. Er überlebte den Krieg, kehrte in seine Heimatstadt zurück und in realer Einschätzung der neuen Kräfteverhältnisse kam er zu dem Schluß, daß für die Dintojre das Ende gekommen war. Er nahm einen ehrlichen Handel auf und starb nach ein paar Jahren als anständiger Jude, über dessen Grab man das „El mole rachamim“ sang. Wie man seine Seele in jener Welt aufgenommen hat – ich weiß es nicht. Vielleicht erfahre ich es irgendwann einmal, doch ich habe es damit nicht eilig.

Sie könnten nun vielleicht annehmen, daß es mit der Dintojre am ersten September, mit Kriegsausbruch, zu Ende gewesen sei. Das stimmt aber nicht. Wenn's so gewesen wäre, würde ich Ihnen mit dieser Geschichte nicht die Zeit stehlen. Kehren wir jedoch zu jenen längst vergangenen Zeiten zurück, als die Juden von Łódź, nichts ahnend von den Prüfungen, die ihrer harrten, einem Stückchen Brot nachjagten und ihren Träumen und Sehnsüchten, die sie in die Tretmühle der täglichen Sorgen spannten.

Wie ich Ihnen bereits gesagt habe, hatten in der Stadt die Namen Fajwel Bucik, Szaja Magnat oder Blinder Maks einen weihevollen Klang. Vor allem der des Blinden Maks. Nicht nur darum, weil es ihm gelungen war, sich über das graue Mittelmaß zu erheben, und man seinen Namen in der Zeitung lesen konnte neben dem des Uszer Kon von der Widzewska-Manufaktur oder

Szapsi Rotholc, dem Boxer, der es dem Deutschen gegeben hatte, sondern vor allem deshalb, weil er für viele von Sorgen bedrückte Juden eine legendäre Gestalt geworden war, eine Art Janosik oder Robin Hood. Doch bedenken Sie, daß wir ja gar nicht wissen, ob jene beiden Helden überhaupt gelebt haben, während der Blinde Maks ein Mensch aus Fleisch und Blut war, ein Mensch, der in den trüben Zeiten zwischen den Kriegen im Alltag der Stadt Łódź auf seine Weise das Fressen und Gefressenwerden zwischen den Armen und Schwachen und den Reichen und Rücksichtslosen dieser Welt reguliert hatte.

Die Angelegenheiten, die die Dintojre entschied, gelangten selten über den Kreis der unmittelbar Interessierten hinaus. Versteht sich von selbst, daß man dabei keine Protokolle geführt hat, und die, die die Entscheidungen betrafen, erfuhren unmittelbar von ihnen. Auf unterschiedliche Weise übrigens. Mündlich oder – aber das war selten – mittels eines Stück Bleis. Es gibt heute keinen mehr, der Ihnen genauere Informationen mitteilen könnte. Zu Erde ist der Staub derer geworden, die die Urteile oder Entscheidungen fällten, genauso wie derer, die diese betrafen. Erinnerungen, Tagebücher? Ich glaube nicht, daß der Blinde Maks noch als solider Maks Borensztajn irgendwelche Erinnerungen geschrieben hat. Ich glaube es nicht, weil Maks nie gern geschrieben hat, und Boshafte behaupten, daß er es niemals gekonnt hat. Doch selbst wenn er etwas Schriftliches hinterlassen hätte, wer würde sagen können, was an den Berichten Dichtung, was Wahrheit ist? Hingegen kann ich Ihnen hier erklären, worin die Wirkung des Blinden Maks bestand, die ihm den Ruhm als Rächer der Armen und Schwachen eingetragen hatte. Übrigens war diese Seite seiner Tätigkeit absolut legal, oder, sagen wir lieber, sie bewegte sich auf dem schmalen Grat, der Legales von nicht ganz legalen Handlungen trennt …

Wenn Sie mich fragen, was Maks zu solcher Aktivität bewegte – der Wunsch, letztendlich leichtes Geld zu machen bei Respektierung, na, sagen wir mal, bei geringfügiger Umgehung des Gesetzes, oder auch eine bewunderungswürdige Lust, dem Nächsten zu helfen – ich vermag darauf nicht zu antworten.

Der Blinde Maks betrieb offiziell und legal ein Büro für Eingaben und Petitionen. Das Büro befand sich in der Sienkiewicza-Straße Nummer neun. Im Vorkriegstelefonbuch finden Sie sowohl diese Adresse als auch die entsprechende Telefonnummer.

Ich will versuchen Ihnen zu erklären, welche Funktionen dieses Büro erfüllte.

Eingaben, Gesuche waren damals für die kleinen Leute der einzige Weg, um zu den entfernten Behörden vorzudringen. Sie waren eine Brücke zwischen der Bevölkerung und der Obrigkeit, selbstverständlich eine Brücke mit Einbahnverkehr. Die Gesuche enthielten Bitten um Arbeit genauso wie um Steuerverminderung oder um die Gewährung von Ratenzahlungen, Bitten um Vertagung von Gerichtsangelegenheiten oder um Befreiung vom Militärdienst, um Aufschiebung einer Exmittierung oder um Aufnahme in eine Schule. Was? … In gewisser Hinsicht haben Sie recht, die Welt hat sich im Prinzip kaum geändert. Nur, sehen Sie, heute gibt es bedeutend weniger Leute, die nicht selber ein Gesuch schreiben könnten, und schon überhaupt keine, für die die polnische Sprache beim Schreiben eines solchen Dokuments ein unüberwindliches Hindernis wäre. Mit einem Wort, die damals relativ zahlreichen Eingabenbüros waren häufig die letzte Rettung überhaupt für die armen Leute im allgemeinen und die jüdischen armen Leute im besonderen, weil mit denen die damaligen Behörden mit Sicherheit nicht gerade gnädig umsprangen. Ein Gesuch, das ein Schreiber aus einem solchen Büro, wie es der Blinde Maks betrieb, geschrieben hatte, schenkte diesen Armen vielleicht eine ähnliche Illusion von Wirksamkeit wie jene Glückwunschkarten von einem Zaddikengrab, die mit Grashalmen umwickelt waren, oder die Wunschzettel, die man in die Ritzen der Klagemauer in Jerusalem steckt. Mit dem Unterschied, daß auf die Gesuche von Bürgern, selbst wenn diese Juden waren, die Regierungsstellen antworten mußten, die toten Zaddikim hingegen …

Maks leitete also ein Eingabenbüro. Obschon allein das Aussehen der Räumlichkeiten darauf hindeutete, daß hier bürokratische Amtshandlungen eher an zweiter Stelle rangierten. Es war Büro und Wohnung zugleich. Zwar saßen hier irgendwelche Schreibdamen, und regelmäßig hielt ein Advokat Bürostunden ab, doch die Hauptzierde dieser Örtlichkeit und seine, man kann sagen, Exekutive bildete eine ständig im Vorzimmer anwesende Truppe von fünf oder sechs schweren Jungs, die ich Ihnen nicht einmal im Traum auf den Hals schicken würde. Das Eingabenbüro des Blinden Maks beschäftigte sich nämlich auch mit Schwierigkeiten und Problemen, bei denen andere Büros den Klienten eher nicht zu Hilfe gekommen wären. Ja – der Blinde Maks half auf seine Weise den langsam mahlenden Mühlen der Gerechtigkeit auf die Sprünge. Er handelte nicht gegen das Gesetz – Gott behüte! Eher im Geiste dieses Gesetzes. Wenn irgendein junger Mensch einem ordentlichen Mädchen die Ehe versprochen hatte, und wenn er, ehe es zur Eheschließung kam, ihre Aussteuer an sich gerafft und, Gott bewahre, ihr den Jungfernkranz genommen hatte, wo sollte da ein solches Mädchen Gerechtigkeit suchen? Im Kommissariat? Bei Gericht, mit Hilfe eines teuren Anwalts? Dazu hatte es kein Geld, gar nicht zu reden davon, daß der vielversprechende junge Mann sich unterdessen hundertmal aus dem Staub machen und die Aussteuer verjubeln konnte. Ihn durch die Behörden suchen zu lassen, die andere Dinge im Kopf hatten, wäre genauso von Erfolg gekrönt gewesen wie ein Gebet um Rückgabe der verlorenen Unschuld. In der Sienkiewicza-Straße hingegen, beim Blinden Maks, machte man sich unverzüglich an die Arbeit. Für ein geringes Entgelt fand das im Vorzimmer residierende Vollstreckungsorgan den jungen Schuft schnell wieder. Bevor man mit ihm zu verhandeln begann, versohlte man ihm dermaßen das Fell, daß er kein zweites Mal nach Aussteuer und Tugend eines anständigen jüdischen Mädchens greifen würde, und das war erst die Anzahlung. Alles weitere richtete sich nach dem Wunsch der Auftraggeberin: entweder man zwang den Halunken, das Geld zurückzugeben, und zwar mit entsprechender Verzinsung, oder man „überzeugte" ihn, das Mädchen zu heiraten. Bei Gelegenheit erfuhr der Missetäter, daß der Blinde Maks in der Sache engagiert sei, und die Fäuste seiner Angestellten und Maksens Renommee wirkten schneller und erfolgreicher als sämtliche das Recht schützende Institutionen.

Um der historischen Wahrheit gerecht zu werden, muß man jedoch sagen, daß an erster Stelle der vom Eingabenbüro des Blinden Maks zu erledigenden Aufgaben solche standen, die, sagen wir mal, das Handelsleben betrafen, darunter die seltsamen Verwicklungen des Wechselgeschäfts. Sie können nicht nur eines, sondern fünfzig Bücher lesen über die damaligen wirtschaftlichen Verhältnisse, über Handel und Kredit, aber mit Sicherheit werden Sie keine Information über die Rolle des Wechselgeschäfts finden, das Tausende über Wasser hielt. Gleichgültig, von wem ausgestellt oder giriert, begann ein Wechsel seinen Weg durchs Leben, und das können Sie mir glauben, einen sehr aufregenden. Selbstverständlich, je solider und bekannter die Unterschrift des Ausstellers war, um so luxuriöser war dieser Weg. Der Wechsel zirkulierte von Hand zu Hand wie das Gold in der Arie des „Zigeunerbarons“. Der erste Besitzer des Wechsels behielt ihn bis zu dem Moment, da sich zeigte, daß er Bargeld brauchte. Und angesichts der Tatsache, daß Bargeld teuer und immer nötig war, hielt er ihn gewöhnlich nur kurze Zeit, um ihn für, sagen wir, achtzig Prozent seines Wertes abzustoßen. Das nannte man Diskont. Sie würden sich wundern, wieviele Personen sich von so einem Diskont ernähren konnten.

Der zweite Besitzer stieß nach einer gewissen Zeit den Wechsel für, sagen wir mal, fünfundachtzig Prozent ab, da die Zahlungsfrist näher gerückt war. Diese fünf Prozent waren sein Reingewinn. Ähnlich ging der dritte Käufer vor, und nicht anders verhielten sich die nachfolgenden. Ihre Zahl sowie der Diskontsatz hingen, das ist ja klar, vom Renommee, dessen sich der Aussteller erfreute, und von der Zahlungsfrist ab. Der Reingewinn wurde immer geringer, aber er existierte wie im normalen Zwischenhandel, da ja der Wechsel ganz einfach eine Ware war. Nur daß Ware nicht gleich Ware ist, so wie sich ein Wollstoff aus Łódź nicht mit einem aus Bielsko vergleichen konnte und der aus Bielsko nicht mit einer englischen Ware. Und Wechsel von englischer Güte, ausgestellt von den Großmächtigen der Handelswelt, fanden sich nur selten. Und sie in Umlauf zu bringen, war schon die Domäne der Kreditinstitute und Bankhäuser.

Wieviel Händler, Kaufleute, Handwerker, die gerade mal so überlebten und bemüht waren, jedenfalls ein kleines Geschäft zu machen, vom Diskont lebten – das vermag ich Ihnen nicht zu sagen; selbst damals hätte das niemand zu sagen gewußt. Auf jeden Fall waren das keine Riesensummen, die dabei verdient wurden. Um so weniger, als sich auch „faule“ Wechsel im Umlauf befanden. Nicht selten blieb ein Gewinn, der kaum zwei, drei Złoty überstieg. Doch auch dieser Gewinn konnte sich leicht verflüchtigen, wenn der Wechselaussteller den Wechsel platzen ließ. Der Gewinn von ein paar Złoty verwandelte sich dann in einen Verlust von manchmal Hunderten von Złoty. Was gar nicht so selten war. Wie es auch überhaupt keine Seltenheit war, daß ein Aussteller von vornherein wußte, er würde den Wechsel nicht auszahlen, und keiner würde ihm etwas anhaben können, da er beabsichtigte, Konkurs anzumelden, um später die Forderung auf zwanzig oder dreißig Prozent reduzieren zu können. Natürlich konnte der Gläubiger auf dem Gerichtswege seine Rechte geltend machen, konnte zum Gerichtsvollzieher, was weiß ich, zu wem noch laufen, doch das hieß, sich in die Fänge einer trägen und unwilligen Gerichtsbarkeit zu begeben – und im Falle eines Konkurses ohnmächtigen. Was also blieb? Es blieb das Eingabenbüro des Blinden Maks. Ich habe Ihnen schon gesagt, daß die Dintojre eine Art Schiedsgericht war. Das Eingabenbüro ließ den Aussteller des geplatzten Wechsels kommen – meist ein Schwindler, Betrüger, Fachmann für faule Konkurse –, damit er auf gütlichem Wege dem letzten Besitzer des Wechsels, das heißt dem Gläubiger – meist ein gerade sein Leben fristender Kleinhändler oder Kaufmann – die gesamte ausstehende Summe zahlte. Im allgemeinen wirkte eine solche vom Blinden Maks unterschriebene Aufforderung sofort. War das nicht der Fall, begab sich die Exekutive in die Wohnung des Schuldners und stellte ihm, zur Einführung, die ganze Wohnung, einschließlich Möbel und deren Inhalt, auf den Kopf. Weiterer Argumente bedurfte es in der Regel nicht. Wenn der Aussteller des geplatzten Wechsels zufällig nicht wußte, wer der Blinde Maks war, erklärten es ihm wohlmeinende Seelen eindringlich und rieten ihm, die Sache schnell, sehr schnell aus der Welt zu schaffen, falls ihm sein Leben lieb sei.

Jetzt verstehen Sie, warum man den Namen des Blinden Maks in Hunderten von Wohnungen, Läden, Werkstätten von Schneidern oder Schustern mit Dankbarkeit aussprach? Nicht gehaltene Eheversprechen, nicht zurückgezahlte Darlehen und vor allem Wechsel, Wechsel, Wechsel – das waren die Angelegenheiten, in denen der Blinde Maks das Gesetz vertrat und in seinem Geist handelte, ohne sich zu eng an den Buchstaben zu halten. Er war es, der entschied, auf wessen Seite das Recht war. Mir scheint, daß der Blinde Maks durch sein Wirken das Netz der damaligen Rechtspflege, durch das die vielen Halunken und Diebe allzu leicht schlüpfen konnten, enger knüpfte. Vornehmlich gegen solche, die genügend Geld besaßen, sich dieser Rechtspflege zu entziehen.

Um zum Blinden Maks zurückzukehren, möchte ich Sie nicht in der Annahme belassen, sein Tätigkeitsfeld habe sich nur auf die eben erwähnten Angelegenheiten erstreckt. Das wäre ungerecht, und er würde, wenn er noch lebte, mit Sicherheit eine solche Meinung nicht akzeptiert haben. Über die Mehrzahl der Fälle, mit denen er sich zu befassen hatte, schweigen die Chroniken leider. Man umgab sie mit Legenden und Geheimnissen, was dem erfolgreichen Abschluß jeweils förderlich war. Nur manchmal wurde das Geheimnis gelüftet. Zum Beispiel, daß Maks ein Dintojre-Urteil vollstreckte, indem er Ecke Wschodnia-, Kamienna-Straße einen Boß der Unterwelt (er hieß, wenn mich mein Gedächtnis nicht trügt, Balberman) erschoß. Die Presse machte damals eine Reklame für Maks, daß es eine wahre Freude war! Das war eine Heldentat, die Łódź in den Rang eines zweiten New York erhob. Das Gericht erkannte in gewissen Sinne das Urteil der Dintojre als rechtskräftig an, da Maks nur zu drei Jahren Gefängnis verurteilt und nach nicht einmal zwei Jahren freigelassen wurde.

Die meisten Angelegenheiten, in die der Blinde Maks oder ein anderer des Triumvirats, das die Dintojre regierte, verwickelt waren, werden für immer ihr Geheimnis bleiben. Nichtsdestoweniger muß ich Ihnen noch von zwei Taten des Blinden Maks berichten.

Held der einen Geschichte ist Bronisław Huberman. Huberman war, wie Sie sich vielleicht erinnern werden, in den Zwischenkriegsjahren einer der größten Geiger der Welt. Oft kam er nach Łódź, denn Sie müssen wissen, zu jener Zeit konnte sich Łódź eines großartigen Orchesters erfreuen, ebenso eines fabelhaften Publikums, das die berühmtesten Virtuosen hochschätzte.

Es war irgendwann in den dreißiger Jahren, als man während eines Besuchs Hubermans in Łódź diesem (vermutlich noch auf dem Bahnhof) das Instrument klaute. Nun ist ja Geige nicht gleich Geige. Die, die man Huberman gestohlen hatte, war nicht mehr und nicht weniger als ein Werk von Stradivari. Ganz Łódź, und nicht nur seine Polizei, wurde auf die Beine gestellt. Ohne Erfolg. Die Geige war verschwunden, wie verschluckt von dem Rauch, den die Fabrikschlote ausstießen. Nach zwei Tagen schlugen die Behörden Huberman vor, sich an den Blinden Maks zu wenden, die Polizei würde bei der Kontaktaufnahme behilflich sein. Huberman war etwas verblüfft, doch er hatte keine Wahl. Das Gipfeltreffen fand im Grand Hotel statt. Als Maks erfuhr, worum es ging, soll er sich unerhört aufgeregt haben. Daß sich in seinem Königreich ein Dieb gefunden hatte, der dem besten Geiger der Welt, noch dazu einem Juden, die Geige klaute, betrachtete er als persönliche Beleidigung. Keiner weiß, welche Räder er in Bewegung setzte – nach zwölf Stunden kehrte die Stradivari zu ihrem rechtmäßigen Eigentümer zurück. Hübsch, was? Aber hören Sie weiter, denn jetzt kommt der beste Teil der Geschichte. Natürlich wollte Huberman den Blinden Maks angemessen belohnen. Jeder hätte eine solche Belohnung angenommen, doch nicht Maks, der sich sogar ein bißchen gekränkt fühlte. Schließlich handelte es sich um eine Gefälligkeit, die ein Meister seines Fachs einem anderen Meister erwiesen hatte … Der Blinde Maks wollte keine Belohnung. Er hatte nur eine Bitte: Er und seine Familie wären überglücklich, wenn Huberman die Güte hätte, seine Einladung anzunehmen. Freitagabend könnten sie gemeinsam gefillte Fisch essen, für den die Küche seines Hauses berühmt sei. Und was sagen Sie nun? Huberman nahm die Einladung an. Während des Abendessens brachte der Blinde Maks einen Toast auf die Zierde des jüdischen Volkes, den großen Geiger Huberman, aus. Er verband das mit der Bitte, der berühmte Gast möge die Freundlichkeit haben, nur für ihn und seine Familie etwas zu spielen. Und tatsächlich, Huberman spielte. Auf der Stradivari. Man weiß bloß nicht, was er gespielt hat. Vielleicht war es Sarasate, vielleicht Paganini – das haben die Chroniken nicht festgehalten. Auf jeden Fall zerfloß Maks in Tränen, die Familie übrigens gleichfalls, und auch Bronisław Huberman soll sehr gerührt gewesen sein.

Diese Geschichte hat sich wirklich so zugetragen, wenngleich sie uns in verschiedenen Versionen, die im übrigen nichts am Wesen der Sache ändern, überliefert wurde. Damit Sie sich ein vollständiges Bild von der Persönlichkeit des Blinden Maks machen können, will ich Ihnen noch eine weitere Begebenheit erzählen.

In den dreißiger Jahren, oder vielleicht auch etwas früher, weiß der Teufel, überwarfen sich die zwei Polizeikommandanten von Łódź. Der eine hieß Weyer, der andere Elsesser-Niedzielski. Worum es konkret ging, läßt sich schwer sagen. Wahrscheinlich um zu knapp bemessene Schmiergelder, die mit dem Posten, den sie bekleideten, verbunden waren. Offenbar war für zwei Sonnen kein Platz am Polizeihimmel dieser Stadt. Sie beschuldigten sich so lange gegenseitig, Bestechungsgelder kassiert zu haben, bis sich einer von ihnen auf der Anklagebank wiederfand (obschon kein Zweifel besteht, daß sich beide dort hätten befinden müssen). Wer von ihnen schließlich ins Gerede gekommen war, weiß ich heute nicht mehr, doch das ist in diesem Fall auch nicht so wichtig. Wichtig hingegen ist, daß der Kronzeuge der Anklage Blinder Maks hieß.

Können Sie sich das vorstellen? Der Blinde Maks als Zeuge vor Gericht, in einer Strafsache, in der ein Polizeikommandant einen anderen Polizeikommandanten beschuldigt, Schmiergelder kassiert zu haben! Nun, also der Staatsanwalt stellt die stereotype Frage: Was ist dem Zeugen Borensztajn bekannt in der fraglichen Angelegenheit?

Zeuge Borensztajn wußte viel, denn er war es ja gewesen, der, ohne eine blasse Ahnung davon zu haben, welch schmutzigen Auftrag er da übernommen hatte, dem Angeklagten das von Bestechung herrührende Geld ausgehändigt habe. Wo? In seiner, des Angeklagten Wohnung. Ob er dafür einen Beweis habe? Einen konkreten, objektiven Beweis habe er nicht, doch Möbel um Möbelchen, Bild um Bildchen, Teppich um Läuferchen könne er das Zimmer des Angeklagten beschreiben, wo die Transaktion stattgefunden hat … Da hielt es der Verteidiger nicht länger aus. Er stellte fest, daß so ein Beweis gar kein Beweis ist. Irgendwer hätte immerhin dem Zeugen Borensztajn besagtes Zimmer schildern können, auch hätte sich der Zeuge in irgendeiner dienstlichen Angelegenheit dort aufhalten können, was der Angeklagte mit Sicherheit bestätigen werde. Der Angeklagte bestätigte. Darauf hatte Maks nur gewartet. Selbstverständlich seien die Argumente des Herrn Advokaten richtig. In der Tat hätte ihm jemand jenes Zimmer beschreiben können, oder er selber hätte sich dort in einer anderen Angelegenheit aufgehalten haben können. Bloß daß er, Maks Borensztajn, geschworen habe, und er es nicht gewohnt sei, vor Gericht zu lügen. Falls hingegen das Hohe Gericht noch irgendwelche Zweifel hegen sollte, möchte es doch die Güte haben, sich in die Wohnung des Angeklagten zu begeben. Im Zimmer, von dem die Rede sei, befinde sich ein Tisch. Auf der Unterseite der Tischplatte habe er, Maks Borensztajn, jedesmal, wenn er bei dem Angeklagten war und die Bestechungsgelder ausgehändigt habe, mit dem Messer eine Kerbe eingeritzt. Es gebe so viele Kerben in der Tischplatte, wie oft er, Borensztajn, den Angeklagten zum bekannten Zweck aufgesucht habe.

Das Gericht schickte Sachverständige, die die Tischplatte untersuchten und feststellten, daß es da tatsächlich viele Kerben gab, und zwar genau so viele, wie oft der Zeuge nach seiner Aussage dem Angeklagten Bestechungsgelder übergeben hatte. Was sagen Sie dazu? Die ganze Rechtsanwaltschaft von Łódź schnalzte nur, als man sich von dieser Begebenheit erzählte. Ob die Sache wirklich so ausgesehen hat, ob irgendwer dem Blinden Maks geholfen hat – die Wahrheit wird heute niemand mehr ergründen. Auf jeden Fall waren dem Blinden Maks wie übrigens der ganzen Dintojre auf lange Zeit das beste Verhältnis zur Polizei garantiert. Im übrigen … Ich muß Ihnen wohl nicht erklären … Ohne wohlwollende Unterstützung seitens der Polizei hätte die Dintojre nicht richtig funktionieren können. Bedenken Sie, daß das nur für die Polizei spricht. Jeder Polizei sollte daran gelegen sein, daß in der Verbrecherwelt eine gewisse Ordnung herrscht. Im Fall der Fälle weiß man immer, woran man sich zu halten hat. Die Polizei zog es vor, mit einer Verbrecherorganisation zu kooperieren, die nach einem ungeschriebenen, doch immerhin existierenden Moralkodex handelte, als mit vielen einzeln operierenden Dilettanten. Und gleichzeitig wehrte sich die Welt der Taschendiebe, der erfahrenen Einbrecher, der europaweit berühmten Geldschrankknacker, der geradezu prominenten Fälscherkapazitäten gegen eine Invasionunverantwortlicher Amateure, von denen man Gott weiß was erwarten konnte. Wie Sie sehen, sind in jeder Epoche ähnliche Gesetze in Kraft. Und um sich vor Situationen zu schützen, in denen fachliche Inkompetenz mit dem Messer, Totschläger oder Revolver wettgemacht zu werden pflegen, half die Dintojre der Polizei. Wieviele Mörder diese dank der Dintojre ausfindig gemacht hat, wird keiner mehr erfahren.

So oder so, ich werde Ihnen noch eine Geschichte vom Blinden Maks erzählen. Sie gibt Ihnen ein Bild von den Methoden der Dintojre.

Irgendwann zu Beginn der dreißiger Jahre kam ein gewisser anständiger Jude mit der Bitte um Hilfe zum Blinden Maks. Um nicht zu weit abzuschweifen, sage ich Ihnen nur so viel, daß jener Bittsteller den Kopf voll mit jüdischem Theater, mit Literatur, Musik und dem Schreiben von Feuilletons hatte, also mit Dingen, die ihm und seiner Familie das Stückchen Brot mit Kalbsbrust von Dyszkin nicht geben konnten. Viele Jahre arbeitete dieser Mann, um die Familie zu versorgen, als Angestellter. Er war Verkäufer und darin besonders ausgebildet. Er verkaufte in verschiedenen Großhandelsgeschäften das, was man in Łódź verkaufte – Web- und Wirkwaren. Eine Reihe von Jahren hatte er ein hübsches Einkommen. Bis die mageren Jahre kamen, er während der Krise die Arbeit verlor.

Wer weiß, wie alles geendet hätte, wäre da nicht ein Zufall zur Hilfe gekommen. Dieser Zufall brachte ihn mit jemandem zusammen, der Kanevas nach Polen einführte. Was Kanevas ist, wissen Sie? Das ist so ein Stoff, auf dem unsere Mütter, Großmütter und die Mütter dieser Großmütter allerlei Muster ausstickten. Aus diesen, mit Kreuzstich gestickten Hirschen, Jägern, Bajaderren entstanden Tischtücher, Sofakissen und sogar Bilder, die man einrahmte. So ein Kanevas hat Kett- und Schußfäden im Karo. Nur daß das spezielle Karos, spezielle Gitter sind. Abwechselnd größere und kleinere. In den Zeiten, da es noch kein Fernsehen gab und die anständigen Frauen abends zu Hause saßen, stickte jede Zweite irgendein Bildchen, und das Kanevas verkaufte sich wie geschmiert. Nur, daß man das ganze Kanevas aus der Tschechoslowakei importierte. Denn in Polen war es bis dahin keinem gelungen, den gewebten Stoff so zu appretieren, daß die Gitter nicht ihre Abmessungen, ihre Form verloren. Verstehen Sie? Wenn es gelänge, ein solches Kanevas in Polen zu produzieren, wäre das ein Riesengeschäft …

Daher begann jener Theaterenthusiast und Verkaufsspezialist für Perkal und Cheviot auf eigene Faust zu experimentieren. Nach mehrmonatigen Versuchen und mit Hilfe von ein paar Meistern aus einschlägigen Fabriken gelang ihm die Herstellung eines Kanevas, der selbst den anspruchvollsten Geschmack zufriedenstellen konnte. Nur brauchte man jetzt, um die Produktion aufzunehmen, Bargeld. Heute spricht man von „Kapital“, damals von „Bargeld“. Aber genau daran mangelte es dem Erfinder. Er schaute sich hier und da um, bis sich herausstellte, daß im selben Haus ein reicher Jude wohnte, der ihm zu helfen bereit war. Der Mann hieß, sagen wir mal, Orkin. Dieser Orkin hatte ein Gespür dafür, daß das Kanevas ein Bombengeschäft werden könnte, und weil er eben einen Kopf für Geschäfte hatte, nicht für Theaterdinge, landete der Teilhaber und Erfinder drei Monate später auf der Straße. Ohne Geld, ohne die Rechte für die Herstellung von Kanevas und sogar ohne die Aufstellung der eventuellen Abnehmer aus ganz Polen. Und das, weil er damals gerade über die Inszenierung von „Die Fahrten Benjamins des Dritten“ von Mendele Mojcher Sforim nachdachte und nicht über einen geeigneten Vertrag, der ihn vor einer Hyäne wie Orkin geschützt hätte.

Da riet ihm jemand, der ihm wohlgesonnen war, er solle sich doch dem Blinden Maks anvertrauen. Ich will Ihnen nicht die Zeit mit Einzelheiten stehlen. Das Interessanteste an dem Ganzen ist jedenfalls, daß sich der Blinde Maks der Sache annahm.

Eines Tages, sagen wir, an einem Montag zur Mittagszeit, wurden zwei Herren bei Orkin vorstellig. Beide trugen sie enganliegende Jacketts mit wattierten Schultern, weite Hosen und Radfahrermützen. Höflich baten sie Herrn Orkin um ein Gespräch unter vier Augen. Sie kämen auf Empfehlung von Herrn Maks Borensztajn, Inhaber eines Eingabenbüros. Herr Borensztajn bitte Herrn Orkin dringlich, innerhalb von drei Tagen ein Dokument zu unterzeichnen, in dem schwarz auf weiß zu lesen sei, daß er sich nicht mehr mit der Herstellung und dem Vertrieb von Kanevas befassen werde. Weder er noch sein Sohn noch sonst irgendwer bis zur zehnten Generation. Dieses Dokument möchte er doch bitte jenem Herrn vom dritten Stock schicken, der mal sein Teilhaber gewesen sei.

Jener Orkin tat, was jeder an seiner Stelle getan hätte. Er warf beide Herren hinaus. Vor Verlassen des ungastlichen Hauses baten beide Herrn Orkin noch, ihren Chef nicht unnötig aufzuregen, der leider sehr schnell die Beherrschung verliere.

Aber Orkin dachte nicht daran, eine so leichte Beute fallen zu lassen. Am vierten Tag fanden sich daher die zwei Herren erneut bei Orkin ein. Abermals zur Mittagszeit. Höflich schoben sie die Hausbewohner vom Tisch zurück, und bevor irgendwer begriff, was vor sich ging, lag das Tischtuch mitsamt Tafelgeschirr auf dem Fußboden. Daraufhin warfen die Herren den Tisch um sowie das Buffet mit seinem ganzen Inhalt. Als die Polizei eintraf und sich von Orkin das Geschehen bis ins Detail schildern ließ, rieten sie ihm, so schnell wie möglich Borensztajns Bitte nachzukommen. Denn gegen Herrn Borensztajn, das heißt gegen den Blinden Maks, würde er mit Sicherheit nicht gewinnen. Sollte Herr Orkin da irgendwelche Zweifel haben, täte er gut daran, sich mit Bekannten zu beraten.

Jene Bekannten haben wahrscheinlich Orkin eindringlich erklärt, daß er schnellstens unterschreiben sollte. Noch am selben Tag befand sich das entsprechende Dokument im dritten Stock in den Händen des geschädigten Ex-Teilhabers. Dieser fand nach ein paar Wochen einen wohlhabenden Menschen, der ihm für die gemeinsame Patentnutzung ein monatliches Fixum zahlte. So brauchte Polen dank dem Blinden Maks kein Kanevas mehr zu importieren, und das jüdische Theater in Łódź wurde um eine Aufführung bereichert, die in seine Geschichte eingegangen sein soll.

Und so nahm alles seinen Lauf, bis der Krieg ausbrach. Die Deutschen marschierten in Łódź ein, und das ganze Imperium der Dintojre holte der Teufel. Vielleicht hatte dieser oder jener ihrer Chefs die Hoffnung, daß er seine Erfahrungen aus dem vorigen Krieg würde nutzen können, doch rasch stellte sich heraus, daß dies nur ein Hirngespinst war. Zwischen den Deutschen von damals und den Deutschen Hitlers war ein solcher Unterschied wie zwischen einem im Fieber Delierenden und einem Tobsüchtigen, dem ohne Zwangsjacke nicht beizukommen ist. Der Blinde Maks war übrigens noch früher gen Osten aufgebrochen und kehrte erst nach sieben Jahren zurück. Soll das heißen, daß mit Beginn der Okkupation die Geschichte der Dintojre von Łódź zu Ende war?

Nein, das heißt es nicht. Zwar kam Fajwel Bucik irgendwo um, doch es blieb, und zwar im Getto von Łódź, Szaja Zylberszac alias Magnat. Er ist auch der Held der Fortsetzung meiner Geschichte. Und es ist dies eine überaus lehrreiche Geschichte. Wenn über dieses Łódź, Ihres und meines, den heutigen Bewohnern trotz allem nur wenig bekannt ist – und hier denke ich an die Geschichte jener Bevölkerung, deren Spuren man vergeblich suchen würde –, so hat jede Erinnerung, auch wenn sie ganz und gar nebensächliche Dinge betrifft, den Wert eines kostbaren Dokuments. Der Wind, der nachts in den Straßen pfeift, die einst von jüdischem Witz oder chassidischer Weisheit erfüllt waren, hat heute nichts über jene Zeiten zu erzählen, von denen uns kaum mehr als zwei Generationen trennen.

Ich sagte, daß sich Szaja Magnat im Getto von Łódź wiederfand. Das ist nicht präzise. Er wohnte nämlich schon immer hier. Die Marysińska-Straße, in der das Mietshaus stand, das ihm gehörte, lag fast in ihrer ganzen Länge innerhalb der Gettogrenzen. Zweitens war Szaja Zylberszac nicht einfach bloß ein Einwohner von Bałuty wie andere auch. Er war ihr ungekrönter Herrscher.

Wissen Sie, was vor dem Krieg der Stadtteil Bałuty bedeutete? Bałuty – das war ein Gemisch aus Elend und Kriminalität. Für ein paar Groschen konnte man hier alles kaufen: ein Federmesser, einen Brillantring der Zarenfamilie, ein Mädchen, Hühneraugensalbe, das Wohlwollen eines Beamten und das Gewissen eines Polizisten. Für ein paar Groschen konnte man ein Messer in den Rücken, einen Knüppel über den Schädel, einen Schlagring ins Auge bekommen. Bałuty hätte von Dickens und Balzac gemeinsam erdacht sein können. Nur daß kein Fagin und Vautrin den Ruhm dieses Stadtteils mehrten. Keiner wird Ihnen heute sagen können, wovon die Einwohner von Bałuty gelebt haben, doch das hat damals auch keiner gewußt. Hier guckte keiner dem anderen in den Kochtopf oder in die Jackentasche, denn es war bekannt, daß diese Töpfe häufig fleischlos und die Taschen leer waren.

Szaja Zylberszac war daher so etwas wie ein Repräsentant der Dintojre für dieses verrufene Viertel. Von Statur glich er dem Blinden Maks. Doch im Gegensatz zu seinem Freund hatte er scharfe Augen. Dem Blinden Maks nämlich war ein Auge ausgeschlagen worden. Wann und wie er es verloren hat, ist nicht bekannt. Maks selber pflegte unterschiedliche Versionen in die Welt zu setzen. Die letzte lautete, daß ihm ein zaristischer Gendarm das Auge ausgeschlagen habe, doch wie ich schon sagte, Maks war ein Aufschneider, und zwar von solchen Graden, daß ihn so mancher Marseiller hätte beneiden können.

Kehren wir jedoch zu Szaja zurück. Hochgewachsen, mit beginnender Glatze, war Szaja Zylberszac ein sehr kraftvoller Mann, was in Bałuty eine wichtige Eigenschaft darstellte, ohne die von Autorität keine Rede sein konnte. So wie Maks sprach Szaja schlecht Polnisch, doch das störte in Bałuty keinen. Man bediente sich einer Art von lokalem Dialekt. Man braucht nicht die Geheimnisse der Psychologie zu ergründen, um zu erraten, wie sich Szaja Magnat nach Errichtung des Gettos fühlte. Er war hier zu Hause, und zu ihm, nach Bałuty, schob man das ganze jüdische Łódź ab, oder vielmehr das, was nach Flucht und Vertreibung von ihm noch übrig war. Mehr noch, auf dem Gebiet, als dessen Herrscher er sich fühlte, entstand ohne sein Einverständnis ein ganz neuer Staat mit jüdischen Behörden, jüdischen Beamten und einer jüdischen Polizei. Seine – seine! – Welt zählte auf einmal nicht mehr. Sie sollten wissen, daß bei seinen Beziehungen, dank seiner Gewitztheit und in seinem Bałuty Szaja Magnat ein paar Jahre unter nicht schlechteren, vielleicht auch besseren Bedingungen hätte überleben können als hundertfünfzigtausend andere Juden. Nur daß Szaja Zylberszac nichts von einem Märtyrer an sich hatte. Er konnte sich nicht, wie die anderen, damit abfinden, ein malträtierter, ausgehungerter, kranker, geprügelter Jude zu sein. Es ist nicht ausgeschlossen, daß Ehrgeiz und eine Art Bitterkeit seine weiteren Aktivitäten bestimmten. Niemand brauchte ihn hier! Und was schlimmer war, er, der Experte für alle möglichen Angelegenheiten, die auf Umgehung des Gesetzes beruhten, er, der alte Raubvogel, für den kein Spezialgebiet im Diebeshandwerk ein Geheimnis war, mußte mit ansehen, wie sich rings um ihn, in diesem grotesken Zwergstaat, Parvenüs, Raffkes breitmachten, Amateure, die aus der Gnade des verrückten Greises Rumkowski ihre Ämter ausübten. Und schließlich, wissen Sie, denke ich auch, daß in ihm so etwas wie Gemeinschaftsgefühl entstand. Vermutlich war er zu der Einsicht gelangt, daß gegenüber einem solchen Feind, wie es der Deutsche war, die Juden vorbehaltlos zusammenhalten müßten, und daß es eine Schande wäre, in der gegebenen Situation sich gegenseitig zu bestehlen.

Das war die eine Seite von Szajas Problemen. Die andere war gänzlich anderer Natur. Wie ich Ihnen schon sagte, halfen sich die Dintojre und die Polizei gegenseitig. Die Frage, die sich Szaja stellte, betraf eine ziemlich wichtige Sache: Würden die deutschen Behörden, die von der polnischen Polizei sämtliche Unterlagen übernommen hatten, von ihm, nach dem Kontinuitätsprinzip, konkrete Gefälligkeiten verlangen? Nach dem, was später seine Freunde erzählten, erwartete er jeden Moment eine Vorladung zur Kripo oder Gestapo. Szaja verachtete gewöhnliche Spitzel von ganzem Herzen, und erst recht solche, die für die Deutschen arbeiteten. Ich kann Ihnen nicht viel in dieser Angelegenheit sagen, aber alles deutet darauf hin, daß die deutsche Polizei auf die Dienste von Leuten zurückgriff, die zuvor für die polnische Polizei gearbeitet hatten. Es gab einige davon im Getto. Es waren dies Spitzel, von denen alle wußten, wer sie waren und womit sie sich befaßten. Man zeigte mit dem Finger auf diese Wajlands, Berkowiczs, Grynbergs, an die sich der eine oder andere noch aus der Vorkriegszeit erinnerte. Nicht ausgeschlossen, daß anfänglich die deutschen Behörden sich ihrer bedienten. Doch eines schönen Tages war das Terzett plötzlich verschwunden. Wajland und Grynberg spurlos, und die massakrierte Leiche von Berkowicz holte der Gettorettungsdienst vom Sitz der Kripo am Kirchplatz ab, um sie dem Friedhof zu überlassen. Szaja wartete voller Befürchtungen. Er hielt sich für etwas weitaus Besseres, und seine Zusammenarbeit mit der Polizei schätzte er vermutlich als eine Art Abkommen zwischen zwei gleichrangigen Mächten ein.

Monate vergingen, und niemand interessierte sich zum Glück für Szaja Magnat. Szaja selber arbeitete selbstverständlich nicht, weil, wie er zumindest meinte, gottlob noch nicht solche Zeiten angebrochen waren, daß er, der Magnat von Bałuty, einem Broterwerb nachging. Er hielt Ausschau und wartete ab …

Sie werden mich fragen, woher ich das alles weiß? Nun, zu meiner Zeit habe ich mich ein wenig für die Geschicke Szaja Magnats, des Chefs der Dintojre, interessiert. Habe mich hier und dort umgehört, den Rest habe ich mir selber gedacht. Ob es stimmt, was ich mir gedacht habe? Der weitere Verlauf der Geschehnisse wird Sie davon überzeugen.

Endlich hatte Szaja die Untätigkeit satt. Er begann etwas für sich zu suchen. Daß es dabei nicht um Arbeit für ein paar Gettogroschen und eine Hungerration Lebensmittel ging, ist klar. So eine Arbeit hätte Szaja vermutlich als Schande angesehen. Der einstige Boß der Dintojre suchte nach Einnahmequellen, wie sie seinem Format und seinem Ruf entsprachen. Der Meister aller Klassen der Diebeskunst konnte nur auf eine Weise Geld verdienen. Sie verstehen. Mühelos hätte er sich um einen leitenden Posten bemühen und stehlen können, was das Zeug hielt – er hätte das mit Sicherheit bedeutend geschickter und eleganter als andere gemacht. Doch Szaja träumte von Größerem und Einträglicherem. Beachten Sie, daß schon in dieser Voraussetzung Szaja Magnats Abneigung gegen ein Bestehlen der jüdischen Bevölkerung, gegen die schmutzigen kleinen Krämerläden sichtbar wird.

Kurz gesagt, Szaja Magnat war zu dem Entschluß gekommen, daß er, wenn er schon jemanden berauben sollte, nur die Deutschen infrage kämen. Auf diese Art würde er sich von diesen Rotzjungen absondern, die bei jedem Kanten Brot, jeder Kartoffel und jeder Rübe die Gettobevölkerung bestahlen. Vielleicht hatte er das vage Gefühl, den Feind des jüdischen Volkes zu bekämpfen, wenn er die Deutschen bestahl. Sie werden sagen, daß das letztendlich nichts Besonderes war. Vom Diebstahl an den Deutschen lebte während der Okkupation halb Polen. Das ist wahr. Nur vergessen Sie bitte nicht, daß es außerhalb des Gettos erheblich leichter war, von diesem Gewerbe zu leben, als im Getto. Das wäre so, als würde man im Gefängnis planen, die Wärter zu berauben. Szaja rechnete sich aus, daß, bevor die Deutschen dahinterkamen, daß jemand sie bestahl, und ehe sie den Schuldigen entdeckten, der Krieg längst aus sein würde. Wie man sieht, war Szaja also ein im Grunde törichter Optimist, obwohl ich andererseits gern wüßte, was ihm anderes übrigblieb.

Ehe sich Szaja ans Werk machte, bemühte er sich, gründlich die Lage zu sondieren. Er saß in seiner Wohnung in der Marysińska-Straße und kalkulierte. Was er kalkulierte, wie er kalkulierte, kann ich Ihnen nicht sagen. Allerlei Leute suchten ihn auf, die er über die unterschiedlichsten Dinge ausfragte. Bald wußte er über die mannigfaltigen Dispositionen im Getto besser Bescheid als die Behörden auf dem Bałuty-Markt. Von jeder wichtigen Figur im Getto – unteren, mittleren und hohen Ranges – wußte er alles, was man wissen konnte. Selbst in der politischen Landschaft des Gettos kannte er sich aus, obgleich es sich dabei eher um eine sehr bescheidene kleine Landschaft handelte, für die sich nicht einmal die Deutschen besonders interessierten. Mit einem Wort, von der Höhe seines Wohnsitzes aus verschaffte sich Szaja Magnat einen fast vollkommenen Überblick über die Angelegenheiten des Gettos. Und er faßte einen Entschluß.

Die Ware, die zu stehlen sich am meisten lohnte, war Leder. Leder kam viel, sehr viel ins Getto. Es wurde an die Schusterwerkstätten, die sogenannten Schuhmacherressorts, geliefert, die sich mit der Herstellung von Schuhwerk vor allem für das deutsche Heer befaßten. Der Diebstahl von Leder, das für Armeestiefel bestimmt war, war also moralisch gerechtfertigt, doch selbst bei größter Sympathie für Szaja Magnat muß daran gezweifelt werden, daß ihn dieser Aspekt besonders interessierte. Daß die Deutschen die jüdischen Schuster immer dringender brauchen würden, wußte Szaja Magnat wahrscheinlich früher als die Gettobehörden. Die Erfahrung von Generationen lehrte, daß man in einem Krieg am nötigsten Generäle, Feldwebel und Schuster brauchte. Generäle und Feldwebel hatten die Deutschen im Überfluß – Schuster immer zu wenig. Von jüdischen Schuhmachern ganz zu schweigen! Bitte, glauben Sie mir – das waren Künstler, Magier, Genies des Pechdrahts und der Ahle. Allein um der jüdischen Schuhmacher und Schuhmacherressorts willen würden die Deutschen bereit sein, das Getto zu halten – so urteilte Szaja, und so war es wohl tatsächlich, denn wenn man noch die jüdischen

Schneider hinzudenkt … Urteil hin, Urteil her, auf alle Fälle nahm Szaja Magnat zum Erstaunen aller eine Arbeit in einem Schuhmacherressort auf, und er wäre nicht Szaja, der Magnat von Bałuty gewesen, wenn es ihm nicht gelungen wäre, eine Arbeit im Magazin zu bekommen. Ich brauche Ihnen wohl nicht zu erklären, daß bei Schuhmacherwerkstätten, die auf Handarbeit basieren, das Magazin, wo das Rohmaterial verteilt wird, wo sich das versandfertige Produkt anhäuft, der Knotenpunkt, ja man kann sagen, das Herzstück des Geschäftes ist. Der Rest ging wie von selbst. Zwar hatte er beschlossen, seine Pläne allein durchzuführen, doch Hilfe war unerläßlich. Ohne Mühe kaufte er den Lagerverwalter. Später kam der Hauptbuchhalter an die Reihe und zum Schluß der Ressortleiter persönlich, den Szaja, wie sich herausstellte, vollständig in der Hand hatte. Wodurch? Ich habe keine Ahnung. Wohl jeden Ressortleiter konnte man zur Not mit etwas erpressen. Da er nun das entsprechende Team hatte, erarbeitete Szaja eine solche Methode für den Diebstahl von Rohmaterial, daß dieser nicht vor zwei, drei Jahren entdeckt werden würde. Und zu dem Zeitpunkt würden von Hitler und von der Gettoverwaltung keine Spur mehr sein …

Die Erfahrung lehrte Szaja Magnat ebenfalls, daß man sich, bevor man ein solches Unternehmen startete, der Hilfe der Polizei versichern mußte, und dies nicht in der Person irgendeines kleinen Kommissars. Seine Wahl fiel auf den damaligen Gefängniskommandanten; sein Name war … Na ja, spielt ja auch keine Rolle. In dieser ganzen Geschichte ist er eher eine Randfigur. Sagen wir, daß es eine im Getto bekannte Persönlichkeit war, jener Kommandant … Warum die Wahl ausgerechnet auf ihn fiel? Wie bei vielen Details dieses Falls sind wir auch hier auf Vermutungen angewiesen. Es handelte sich, scheint es, um eine Bekanntschaft aus Vorkriegszeiten, und jener Kommandant verdankte Szaja vermutlich etwas. Übrigens hätte Szajas Wahl gar nicht besser sein können, und obgleich sich die ganze Geschichte nicht so entwickelte, wie er sich das vorgestellt hatte, muß immerhin gesagt werden, daß er bei der Auswahl von Menschen ein nicht alltägliches Gespür bewies.

Vom ersten Tag an begann sich das Geschäft aufs Prächtigste zu entfalten. Alle daran Interessierten ordneten sich Szaja umstandslos unter, dessen einstige Berühmtheit in der Dintojre schließlich noch nicht verblaßt war. Den größten Teil des gestohlenen Leders beschloß Szaja zu magazinieren, auf dem Gelände des Gettos zu verstecken, damit man gleich nach dem Krieg auf diese Vorräte zurückgreifen konnte. Einmal würde es die Deutschen nicht mehr geben, und die Ledervorräte würden sich in seinem Besitz befinden. Nicht mehr lange konnte den Leuten das Schuhwerk reichen, das sie mit ins Getto genommen hatten. Es mußte repariert werden. Es mußte ergänzt werden. Szaja ermöglichte die Reparatur, Szaja ermöglichte das Ergänzen. Für das alles bezahlte man natürlich. Sogar wenn mit dem wertlosen Rumkowski-Geld bezahlt wurde, Szaja wußte es in kostbarste Werte zu verwandeln. Wie er das machte, ich weiß es nicht. Ihm half wohl die Erfahrung aus den Zeiten der Dintojre. Szaja Magnat wußte genau, wer bei den verschiedenen Durchsuchungen und Konfiskationen, sofern jüdische Polizei daran teilnahm, sich am meisten die Taschen füllte. Dieser Teil der Einnahmen reichte zur Bezahlung aller Interessierten aus. Den Rest bewahrte Szaja Magnat auf. Wie das Leder. Einmal soll er bekannt haben, daß das, was sich da ansammelte, nicht sein Eigentum sei und er es denen zurückgeben werden, denen es gehörte. Daran zu glauben, fällt mir schwer, obschon, wer weiß? Vielleicht hat Szaja Magnat doch einmal ein Buch über Robin Hood in die Finger gekriegt?

Wie ich schon sagte, nahm alles eine andere Wendung, als Szaja vorgesehen hatte. Wir können heute besserwisserisch sagen, daß er tatsächlich keine Chance gehabt hat, seine Pläne zum Abschluß zu bringen. Wenn ich heute nach so vielen Jahren das Unterfangen des einstigen Dintojre-Bosses betrachte, muß ich sagen, daß er viel von einem unverbesserlichen Romantiker oder gar Idealisten in sich hatte. Seine Methoden und Denkweise waren anachronistisch. Die Spielregeln veraltet. Sein Kampf gegen die Hitlermaschinerie war von vornherein zum Scheitern verurteilt.

Es begann damit, daß eines Tages, zum Erstaunen der Gettobewohner, jener Gefängniskommandant, Szajas Rückhalt, von der Gestapo verhaftet wurde. Es waren dies Zeiten, wo eine Verhaftung mehr oder weniger keine besondere Rolle spielte, doch diesmal ging es um jemanden, der in den Augen des Gettos als eine Macht galt, als ein Mensch, dem alles erlaubt war. Szaja Magnat begriff nicht, scheint es, daß dies der Anfang vom Ende seiner weitreichenden Pläne war und daß in der Situation der Hitlerokkupation gewisse Gesetze wirksam waren, die er in sein

Spiel nicht einkalkuliert hatte. Und eines dieser Gesetze war die Tatsache, daß diese Okkupation sich nicht in bestimmte Regeln einordnen ließ, was allein schon die Erfahrungen des geschlagenen und seit Generationen verfolgten Volkes sprengte. Auf jeden Fall beschloß Szaja Magnat, sein prosperierendes Geschäft so schnell als möglich zu liquidieren, was gar nicht leicht war.

Erlauben Sie, daß ich hier für einen Augenblick den Ablauf meines Berichts störe, um Sie in einige Gettoangelegenheiten einzuweihen. Leider kann ich Ihnen nicht offenbaren, welche Funktionen die unterschiedlichen deutschen Behörden und Institutionen im Getto zu erfüllen hatten – unter anderem, wo die Macht der Kripo endete und die der Gestapo begann. Mein Wissen ist auf diesem Gebiet gleich Null, sämtliche subtilen Unterschiede zwischen den einzelnen deutschen Formationen reduzieren sich für mich auf die unterschiedliche Intensität von Verfolgungen und Torturen. Auf diesem Gebiet war, wie Sie wissen, die Gestapo nicht zu schlagen. Auf jeden Fall unterstanden der Gestapo alle Einrichtungen, die von deutscher Seite das Getto verwalteten und die aus dem Getto unglaubliche Profite zogen. Man muß kein Wirtschaftsfachmann sein, um das auszurechnen. Es genügt zu überschlagen, wieviel der Unterhalt von hunderttausend Menschen auf dem schmalen Grat zwischen Leben und Tod kosten kann und wieviel Gewinn ihre Sklavenarbeit abwarf.

Nun, nach der Verhaftung jenes Gefängniskommandanten tauchte im Getto eine neue Gestalt auf, deren Funktionen von Anfang an zumindest unklar waren. Diese Gestalt war ein gewisser Dawid Gertler. Er erschien sogleich als ein Mann mit Machtbefugnissen, oder besser, mit unbegrenzten Möglichkeiten. Gleichzeitig wurde eine Institution ins Leben gerufen, deren Befugnisse so unklar wie verdächtig waren und deren Name geradezu unheimlich klang. Diese Institution nannte sich Sonderkommando, und den gleichen Namen trugen die zur Liquidierung der Juden, zur Aussiedlung und zur Pazifizierung dienenden SS-Abteilungen. Chef dieses Sonderkommandos wurde eben dieser Gertler und Stellvertreter sein Freund, Marek Kligier.

Gertler, ein gedrungener, schwarzhaariger Mann, war ein primitiver Kerl, der Typ eines Gangsters aus alten Filmen. Kligier dagegen war der Gary Cooper des Gettos. Hochgewachsen, brünett, von tadellosem Äußeren, konnte er gut und gerne für einen beliebten Eintänzer aus einem provinziellen Tanzlokal durchgehen. Im Getto, wo das Los eines jeden Bewohners niemals sicher war und von der Willkür der gesamten Machthierarchie abhing, spielten Gertler und Kligier die Rolle der Beschützer der Unterdrückten. Von Zeit zu Zeit warfen sie tatsächlich hier und da ein paar Brocken Hilfe hin, was ausreichte, daß sich um ihre Person eine Art Legende bildete, die sie nichts kostete.

Es unterliegt nun keinem Zweifel, daß die beiden in Verbindung standen, und zwar in sehr enger, nicht mit irgend jemand x-beliebigen, sondern mit der Gestapo.

Sie sagen, daß man für eine solche Beschuldigung Beweise haben muß? Sie haben recht! Hören Sie mir gut zu. Das, was ich Ihnen jetzt sagen werde, weiß ich von einem gewissen Arzt. Übrigens dieser Arzt lebt noch, und falls Sie ihn danach fragen, wird er Ihnen mit Sicherheit meine Worte bestätigen.

Es gibt natürlich Leute, die der Ansicht sind, es gehöre sich nicht, nach Jahren zu schreiben, daß es unter den Juden Gestapomitarbeiter gegeben hat. Warum soll sich das nicht gehören, wenn es die Wahrheit ist? Und ich erlaube mir zu fragen, in welchem Sinne der gute Ruf von mehr als hunderttausend Juden im Getto von Łódź dadurch in den Schmutz gezogen wird, daß sich unter ihnen zwei Mißgeburten befanden? Vielleicht gab es im übrigen mehr solcher Mißgeburten, ja und?

Der Vater dieses Arztes, von dem ich spreche, damals noch ein junger Mensch, befand sich während des Krieges in Warschau. Im Warschauer Getto trat er als Schauspieler auf. Eines Tages erhielt dieser Arzt eine Vorladung zum Sonderkommando. So eine Vorladung rief immer Besorgnis hervor, doch es erwies sich, daß Gertlers Stellvertreter Kligier für jenen Arzt einen Brief vom Vater mitgebracht hatte. Hören Sie nur und merken Sie sich das gut. Es war Sommer 1942! Zwei Wochen vor der Liquidierung des Warschauer Gettos! Den Vater des Arztes holten sie am ersten Tag der Aktion mitten aus der Vorstellung, direkt von der Bühne weg. Und, gut aufgepaßt, kurz vor Beginn der Aktion hielt sich dieser Kligier im Warschauer Getto auf! Einfach bloß so. Wie ist er dort hingefahren? Zu welchem Zweck? Um einen Ausflug zu machen? Die Stadt zu besichtigen? Bestimmt ist er nicht hingefahren, um von dort den Brief eines Vaters für den Sohn in Łódź abzuholen. Und: Kligier antwortete auf die Frage dieses Arztes, wie die Lage im Warschauer Getto sei, daß es so aussehe, als stünden den Juden dort schwere Zeiten bevor. Das heißt, daß er schon zu diesem Zeitpunkt von den Vorbereitungen für die Liquidierung des Warschauer Gettos wußte.

Ein paar Wochen später, im September, hatten die Deutschen das Getto in Łódź im Visier. Nur, daß sie sich hier auf die Aussiedlung, das heißt auf die Verschickung in den Tod aller Nichtarbeitenden, das bedeutet Kinder, Kranke und Alte, beschränkten. Zu diesem Zweck erließen sie das Verbot, die Häuser zu verlassen, eine sogenannte Sperre. Sie können sich vorstellen, welche Atmosphäre damals herrschte! Niemand war sich des Tags oder der Stunde sicher. Aber diese Sperre wurde während einer im Getto wütenden Bauchtyphusepidemie ausgerufen. Na, und es kam so, daß selbst Kligier an Typhus erkrankte. Für einen Kranken wie Kligier war natürlich ein Arzt zu wenig. An seinem Krankenlager erschienen sämtliche medizinischen Größen des Gettos, die zu der Ansicht kamen, daß so eine gewichtige und geachtete Person nicht ins Krankenhaus gehöre. Kligier wurde also zu Hause behandelt. Und man kam auch überein, daß sich der Kranke für alle Fälle unter ständiger, das heißt vierundzwanzigstündiger ärztlicher Aufsicht befinden müsse. Gertler verlangte, daß die Gesundheitsabteilung für diese Aufgabe einen der Besten abzustellen hätte, und wie es der Zufall wollte, der damalige Leiter der Abteilung schickte denselben Arzt zu Kligier, dem dieser zwei Monate zuvor einen Brief vom Vater in Warschau mitgebracht hatte …

Um ganz genau zu sein, will ich Ihnen sagen, daß besagter Arzt anfangs abgelehnt hat, obwohl man ihn mit einem zusätzlichen Stück Brot täglich lockte. Doch er hat nicht aus irgendwelchen moralischen Beweggründen abgelehnt. Moral wog in diesen Zeiten weniger als die tägliche Brotration. Und außerdem hatte sich jener Arzt über irgendwelche Verbindungen Gertlers oder Kligiers zur Gestapo keine Gedanken gemacht. Er hatte abgelehnt, weil er während der Sperre an der Seite seiner jungen Frau und ihrer Familie bleiben wollte. Aber hier intervenierte Gertler persönlich. Nachts fuhr er zu dem Arzt und drohte mit solchen Argumenten, daß jenem, bitte sehr, nichts anderes übrigblieb, als Zahnbürste und Pyjama zu nehmen und in die Wohnung des typhuskranken Kligier zu ziehen.

Sie werden verzeihen, daß ich das alles so ausführlich schildere, doch ich möchte Sie davon überzeugen, daß ich Ihnen keine Märchen auftische.

Dieser junge Arzt wohnte also zwei Wochen lang bei Kligier. Er durfte den Kranken nicht einen Moment allein lassen, bei dem täglich ein Ärztekonsilium zusammenkam, obgleich der Zustand des Patienten dies durchaus nicht erforderlich machte. Auch Gertler verließ seinen Freund fast nie. Und als sich Kligier endlich wieder völlig wohlfühlte, führten die beiden stundenlang Gespräche unter vier Augen. Unter vier Augen, doch nicht immer unter vier Ohren. Jener junger Arzt unternahm nämlich alles, um dem Inhalt dieser Gespräche zu lauschen. Sie sagen, das ist nicht schön? Sie haben recht. Dasselbe hat der Kligier zugeteilte Pfleger, ein Angestellter des Sonderkommando, auch gesagt, der den Arzt auf frischer Tat ertappte. Zum Glück behielt er es für sich.

Besagten jungen Arzt machte vor allem neugierig, wie ein Jude, selbst wenn er einer der Chefs des mächtigen Sonderkommandos war, frei zwischen Łódź und Warschau hin und her reisen konnte. Ihn frappierte das umso mehr, da vor ein paar Monaten im Getto von Łódź ein gewisser Skosowski aus dem Warschauer Getto eingetroffen war. Vielleicht haben Sie davon gehört? Nun, dieser Skosowski, der aus Łódź stammte, hatte sich vor Bekannten gerühmt, bei der Gestapo zu arbeiten und sämtliche Rechte eines echten Ariers zu genießen. An diesem Skosowski wurde später in Warschau das Urteil der Landesarmee vollstreckt. Sie begreifen selber, daß sich die Parallele zwischen Skosowski und Kligier von allein aufdrängte. Und nun stellen Sie sich den jungen wohlerzogenen Arzt vor, wie er das Ohr ans Schlüsselloch preßt und den Inhalt der leider sehr leise geführten Gespräche mitzuhören versucht und gleichzeitig aufpassen muß, daß ihn nicht der Sanitäter erwischt.

Das, was damals jener Arzt erfuhr, war unglaublich. Und ich erinnere Sie daran, daß ich diese Informationen von ihm selber habe und nicht aus zweiter oder dritter Hand. Nur Bruchstücke von Sätzen, Gesprächsfetzen drangen an sein Ohr. Häufig fielen darin die Namen von Städten wie Kiew, Charkow, Lwów, Odessa, Poltava. Aus den Gesprächen ging hervor, daß Gertler in all diesen Städten gewesen war, von der Gestapo geschickt oder von irgendwelchen anderen deutschen Organisationen oder Institutionen. Zu seinen Aufgaben gehörte es, den Deutschen beim Aufspüren von versteckten Magazinen, verborgenen Depots oder Vorräten oder schließlich privaten Vermögen Hilfe zu leisten. Offensichtlich waren die Herren G. und K. in diesen Dingen ausgesprochene Fachleute und vermochten den Hitlerleuten gute Dienste zu leisten. Sie haben sicher bemerkt, daß die Städte, deren Namen in den Gesprächen fielen, einen sehr hohen Prozentsatz an jüdischer Bevölkerung aufwiesen.

Die Sache war also klar, und man konnte sie beim Namen nennen. Gertler und Kligier halfen den Deutschen, die Ausplünderung der besetzten Gebiete bis zu Ende durchzuführen, und dies in von Łódź so weit entfernten Gebieten wie der Ukraine. Was sagen Sie dazu? Irgendein Schriftsteller hat gesagt, daß es Dinge gibt, von denen noch nicht einmal die Philosophen träumten... Warum gleich Philosophen? Ich persönlich habe auch ein Recht auf Träume, und ich frage mich, welchem Juden etwas Derartiges hätte träumen können?

Sie fragen, was Szaja Magnats Angelegenheit mit all dem zu tun hat? Wie ich Ihnen schon sagte, machte sich Szaja nach der Verhaftung seines polizeilichen Gönners an die Auflösung seiner „Firma“. So etwas liquidiert man nicht so schnell. Das wird Ihnen ein Rothschild genauso bestätigen wie Onassis' Erben. Inzwischen hatte sich in der ganzen Angelegenheit Gertler in den Vordergrund geschoben. Szaja Magnat wurde mehrfach zum Sonderkommando bestellt, ein paarmal suchte Gertler Szaja in seiner Wohnung auf. Worüber sprachen sie? Keiner weiß das und wird es je erfahren, um so weniger, da das heute, nach Jahren, nicht die kleinste Bedeutung mehr hat. Ganz sicher stand Szaja Magnat, vielleicht zum ersten Mal in seinem Leben, vor einem Dilemma, aus dem ihm seine Erfahrungen keinen Ausweg boten. Man darf auch vermuten, daß selbst bei Szaja, der so manches gesehen und gehört hatte, ein Gestapomitarbeiter wie Gertler Abscheu erwecken mußte.

Schließlich passierte es. Szaja Magnat wurde auf die Kripo geladen, wo ihn, wie man erzählte, mehrere SS-Offiziere verhörten. Von diesem ersten Verhör kehrte Szaja zurück, ohne darüber ein Wort zu sprechen. Wie mir jemand berichtete, soll Szaja in dieser Zeit versucht haben, sich das Leben zu nehmen, aber jemand von den Hausgenossen habe ihn vom Strick geschnitten ...

Einige Tage später wurde Szaja erneut zum Kirchplatz zitiert. Nach Hause kehrte er diesmal nicht zurück. Wie Häftlinge behaupteten, die sich zur gleichen Zeit in Kripohaft befanden, soll Szaja Magnat unzählige Stunden pausenlos verhört worden sein. Man schlug und folterte ihn, bekam jedoch nichts aus ihm heraus.

Nicht einen einzigen seiner Teilhaber und Mitwisser gab er preis, und mit keinem Wort verriet er, wo er all das versteckt hatte, was er im Laufe der kurzen Zeit den Deutschen zu stehlen geschafft hatte. Im Haus von Szaja fand eine mehrstündige Durchsuchung statt. An ihm selber sollen sie sämtliche Foltermethoden, die deutscher Erfindergeist zur Befriedigung der wüstesten Sadisten ersonnen hat, ausprobiert haben. Nichts half. Nach drei oder vier Tagen wurde, wie das inzwischen schon Tradition war, der Rettungsdienst zum Kirchplatz beordert. Dem Arzt übergab man einen Sack mit einem daran befestigten Zettel, der darüber Auskunft gab, daß der Inhalt Szaja Zylberszacs sterbliche Überreste waren. Als Todesursache gab die Kripo Herzanfall an.

Vielleicht sehen Sie das folgende als Schicksalsfügung an: derjenige nämlich, der Szaja Magnats irdische Reste von der Kripo entgegennahm, war derselbe Arzt, dem Kligier den Brief vom Vater aus Warschau gebracht hatte, und derselbe, der, als er bei Gertlers Kompagnon während der Septembersperre Dienst tat, die Gespräche belauschte, die die beiden führten.

So also endete die Dintojre in Łódź. Nicht mit Kriegsausbruch, nicht mit der Bekehrung des Blinden Maks, sondern mit dem Tod Szaja Magnats – von der Kripo zu Tode gefoltert.

Ich kann Ihnen die Geschichte mit einem weiteren Detail vervollständigen. Als man Jahre nach dem Krieg daran ging, das alte Bałuty niederzureißen, um traurige, häßliche Siedlungen anstelle der alten Gemäuer zu errichten, stieß man bei den Ausschachtungsarbeiten auf ein riesiges Lederlager. Es sollen Leder von bester Qualität gewesen sein, ausgezeichnet erhalten. War es ein Teil jenes Sesam, das Szaja Magnat in den Nachkriegsjahren hatte öffnen wollen? Ich denke, ja. Als man weitere Häuser des einstigen Bałuty zerstörte, fand man vermutlich noch andere Verstecke. Ich kann Ihnen nicht sagen, ob sich Szaja überhaupt Gedanken darüber gemacht hat, wie er diese Schätze später nutzen wollte. Doch schließlich herrschten bei uns damals die arbeitenden Massen, es gab keine Reichen mehr und keine Ausbeuter, und wem auch immer Szaja Magnats Schätze zuteil geworden sein mögen, so waren sie doch letzten Endes in Volkes Hand gelangt, oder?

Sie fragen mich, was mit Gertler und Kligier geschehen ist? Das ist auch ein interessanter Punkt in dieser Geschichte. Ein Jahr vor Liquidierung des Gettos in Łódź verschwand Gertler.

Man sagte, daß er verhaftet und in ein Lager geschickt worden sei. Verhaftet oder nicht – er überstand den Krieg in einem beneidenswerten Gesundheitszustand. Was insofern interessant ist, da es, wie mir bekannt ist, niemals vorkam, daß einer, der im Getto von Deutschen verhaftet worden war, nicht unverzüglich erledigt wurde. Und das immer mitsamt der Familie, wie es jenem Gefängniskommandanten geschah. Kligier blieb Chef des Sonderkommandos bis zum Schluß. Auch er hat den Krieg bei bester Gesundheit überlebt. Beide Freunde trafen sich nach dem Krieg in Westdeutschland. Dort machten sie schnell das dicke Geld. Es fanden sich jedoch Mißgünstige, die sich an Gertlers und Kligiers verdächtige Kontakte mit den deutschen Behörden und der Gestapo erinnerten. Sie meinten, daß die Juden den Fall unter sich ausmachen sollten. Kligier soll sich irgendwo in Australien versteckt haben. Gertler jedoch erschien vor einem jüdischen Ehrengericht in Westdeutschland. Er war clever genug gewesen, sich Zeugen zu suchen, die beeideten, daß er ein unerhört anständiger Mensch gewesen sei. Nach langen Ermittlungen, Vernehmungen der Zeugen und des Angeklagten entlastete ihn das Gericht. Ich verstehe, daß es nicht leicht fiel, gegen einen Juden wegen Kooperation mit der Gestapo zu ermitteln, doch meinen Sie nicht auch, daß, wo doch die Gerichte aller ehemals besetzten Länder gegenüber ihren Bürgern solche Entscheidungen fällten, dies nicht auch das Ehrengericht hätte tun können?

Dawid Gertler starb geehrt und geachtet, obwohl ich hoffe, daß in jener anderen Welt irgendwo hinter einer Ecke Szaja Magnat auf ihn gelauert hat.

Ich sehe, Sie ahnen jetzt, weshalb ich Ihnen diese lange Geschichte erzählt habe. Es ging mir darum, daß solche Lumpen wie Gertler oder Kligier dem Arm der Gerechtigkeit entkommen sind. Sie erinnern sich, was das praktisch heißt: Dintojre. Das ist eben ein Schiedsgericht oder Ehrengericht, wenn Sie so wollen …

Nur daß, wie Sie sehen, Gericht nicht gleich Gericht und Dintojre nicht gleich Dintojre ist. Es gibt unterschiedliche Arten von Moralität und Gerechtigkeit. Bisweilen lohnt es sich vielleicht, eine Träne zu vergießen um die Gerechtigkeit der Urteile, die Fajwel Bucik, Szaja Magnat und der Blinde Maks gefällt haben …

Der Vorletzte

„Nur noch zwei, Herr Doktor!“, der Polizist tippte mit zwei Fingern gegen den Mützenschirm und zeigte damit die lässige Haltung, die jemandem zukam, der nicht zur Gefängnisobrigkeit gehörte.

„Führen Sie sie einzeln herein!“, sagte er. Er war restlos erschöpft, physisch und nervlich. Automatisch blickte er auf die Uhr. Drei. Drei Uhr nachts. Volle fünfzehn Stunden idiotischer Anstrengung. Die Deutschen hatten angeordnet, daß jeder zur Aussiedlung Bestimmte von einem Arzt untersucht werden müsse. Manche sahen in diesem Umstand einen Anlaß zu optimistischer Prognose. Er wußte, daß dieser Optimismus durch nichts gerechtfertigt war. Was sollte er all den Unglückseligen sagen, die ihm in die Augen starrten und stumm um eine Entscheidung flehten, die für sie das Leben bedeutete? In der letzten Zeit hatten die Deutschen wenigstens dreimal von den Gettobehörden gefordert, daß ausschließlich Gesunde und körperlich Tüchtige zur Aussiedlung überstellt würden. Später stellte sich heraus, daß diese Gruppen von Juden irgendwo außerhalb der Stadt oder überhaupt weit weg von Łódź zur Arbeit geschickt wurden. Andererseits kündigten die deutschen Behörden immer häufiger an, daß im Getto nur diejenigen verbleiben würden, die zur Arbeit in den Ressorts taugten. Durch die immer neuen Beschlüsse war längst nicht mehr klar, um wen es eigentlich den deutschen Behörden ging. Um Menschen, die zur Arbeit außerhalb des Gettos taugten, oder um die Arbeitsuntauglichen im Getto? Die Deutschen hatten es nicht eilig, ihre Absichten zu verdeutlichen, und welches Schicksal die Ausgesiedelten in dem zweiten Fall erwartete, war unschwer zu erraten. Die bei der Aussiedlung assistierenden Ärzte waren nichts weiter als eine Camouflage. Übrigens wußten sie oftmals selber nicht, ob sie, wenn sie jemanden als zu geschwächt oder krank qualifizierten, diesen vor der Verschickung zu irgendeiner Zwangsarbeit außerhalb des Gettos retteten oder ihn zur Aussiedlung, also zum Tode, verurteilten. Erst wenn der Transport abgegangen war, wußte man, wen die Deutschen mitnahmen und wen sie zurückließen. Für sie war das Wichtigste, eine von vornherein festgesetzte Zahl von Aussiedlern auf die Lastautos zu verfrachten. Die Rechnung mußte stimmen. Der Zweck war zweitrangig. Übrigens machte es die Gettobevölkerung den Deutschen leicht. Vor der Wahrheit über das Schicksal der meisten Ausgesiedelten schützte sie sich mit Gerede und Gerüchten, die von Arbeitslagern irgendwo im Reich, irgendwo bei Krakau, irgendwo in Rußland wußten, in die man die Ausgesiedelten verschickte. Nicht ausgeschlossen, daß die Deutschen selber diese Art von Gerüchten in die Welt setzten, um sich nicht durch irgendwelche verzweifelten Akte der Selbstverteidigung seitens der Ausgesiedelten zu gefährden. Von solchem Widerstand konnte übrigens gar keine Rede sein. Zwischen Henkern und Opfern existierte eine seltsame, ungeschriebene Übereinkunft. Ruhe im Getto war für die deutschen Behörden, die es verwalteten, ein Argument, das es ihnen erlaubte, ohne besondere Befürchtungen eine der letzten jüdischen Ansammlungen in Polen, die weiterhin gigantische Gewinne abwarf, zu erhalten. Und eben darum ging es den Juden. Ruhe gab ihnen die Chance, zu überdauern. Erlaubte es ihnen, auf ein Wunder zu setzen …

Die Organisation besaß zum Glück eigene, genaue Informationsquellen. Sie wußte, welche Richtung jede Aussiedlung nahm, und folglich diese – *diese* – auch. Und darum befand er sich hier. Anders gesagt, irgendwer erledigte irgendwo, daß irgendwer irgendwo ihn und jenen anderen Arzt zu dieser abscheulichen Arbeit anforderte. Sie hatten vor der Aussiedlung einige von den durch die jüdischen Behörden zum Abtransport Bestimmten zu retten, indem sie diese als zur körperlichen Arbeit unter Gettobedingungen tauglich einstuften. Die anderen hingegen …

Sogar in Gedanken wollte er das nicht genau formulieren. Obwohl er sich wenigstens vor sich selbst mit der Tatsache rechtfertigen konnte, daß man unabhängig davon, ob er sich hier befand oder nicht, achthundert Leute ohnehin dem Tod ausliefern würde.

Er hörte nicht, als die Tür geöffnet wurde und der Polizist jemanden in die Zelle, die man in ein Arztzimmer umgewandelt hatte, hereinführte.

„Guten Tag." Der Mann, der in der Tür stand, sagte das auf deutsch.

„Guten Tag. Treten sie näher. Ihr Name?"

„Cohen."

„Vorname?"

„Albert."

Mechanisch füllte er die Rubriken in dem vervielfältigten Fragebogen aus. „Alter?“

„Achtundvierzig.“

„Von welchem Transport?“ Er benutzte die den aus dem Westen Umgesiedelten vorbehaltene Terminologie.

„Vom Prager Transport.“

„Ziehen Sie sich bitte aus.“

Als der Mann sein abgetragenes Jackett aus feiner Wolle, Hemd und Hose ausgezogen hatte, legte er ihm das Stethoskop an die Brust. Er brauchte sich den Untersuchten gar nicht anzusehen, um sich den ausgemergelten, ausgezehrten Körper mit der fleckigen Haut und den schlaffen Muskeln, dem eingefallenen Brustkorb und wahrscheinlich vor Hunger angeschwollenen Beinen vorstellen zu können.

„Verzeihung, Herr Doktor …“ Die Stimme des Mannes war weich und angenehm volltönend.

Es fängt an, dachte er. Er legte das Stethoskop beiseite, um sich den Mann, der vor ihm stand, genau anzusehen. Er war glattrasiert. Trug einen Kneifer. Hinter den Gläsern blickten ihn große, schwarze, kluge Augen an, die gar nicht, aber auch ganz und gar nicht zu dem kahlgeschorenen Kopf paßten.

„Ja, bitte?“

„Würden Sie mir eine ehrliche Antwort geben?“

„Was heißt das?“, fragte er ungehalten.

„Das heißt, ob Sie das Zeug dazu haben, mir die Wahrheit zu sagen.“

Das klang provozierend. Zunächst wollte er scharf reagieren, doch er beherrschte sich.

„Ich will es versuchen.“

Einen Moment lang herrschte Schweigen in der Zelle. Wortlos schauten sie sich an. Diese schwarzen, großen, beunruhigenden Augen. „Doktor Mabuse“ unvermutet fiel ihm dieser Film von vor Jahren ein. Nein, „Der Student von Prag“ mit Conrad Veidt. Aus Prag …

„Fahren wir zur Arbeit oder in den Tod?“

Er zuckte zusammen. Er schwieg weiterhin, suchte nach Worten. „Ich weiß nicht. Ich weiß wirklich nicht.“

„Sie wissen es, Doktor. Sie wissen doch, wen die Deutschen zur Verschickung bestimmen und wen sie im Getto lassen. Die stützen sich ja auf das Urteil der Ärzte.“

„Ja, und?“, warf er arrogant ein und bereute es sofort.

„Denn, sehen Sie, Herr Doktor, *ich* weiß. Dieser ganze Transport fährt in den Tod. Vielleicht ist es seltsam, aber ich wollte das von Ihnen hören.“

„Warum ist das so wichtig, daß ich Ihnen …“, begann er, merkte aber sogleich, daß er mit dieser Formulierung die Vermutung des Mannes bestätigte. Das war in vielerlei Hinsicht unvorsichtig und sogar gefährlich. Die Deutschen machten in solchen Fällen keine großen Umstände, und schon mehrfach hatten sie angekündigt, daß jeder mit auf den Transport käme, der gegen die Vorschriften verstößt. Schnell fügte er deshalb hinzu: „Wenn der ganze Transport in den Tod ginge, hätte man doch nicht den zur Abreise Bestimmten (er betonte *zur Abreise*) eine Extrazuteilung Brot und Wurst gegeben.“

„Das ist überzeugend. Vierhundert Gramm Brot und fünfzig Gramm Wurst“, die Stimme des Mannes klang ironisch.

Wieder schwiegen sie und musterten sich dabei feindselig.

„Ja … wenn Sie erlauben, würde ich sie jetzt meinerseits etwas fragen.“

„Bitte sehr.“

„Was sind Sie von Beruf?“

„Von Beruf? Bis gestern war ich hier Müllkutscher. Davor … ehemals, sofern es überhaupt dieses Ehemals gegeben hat, besaß ich den Grad eines Adjunkten an der Prager Universität. Ich bin Doktor der Philosophie.“

„Haben Sie irgendwelche Arbeiten publiziert?“

Der Mann schaute sich um. „Sie fragen mich merkwürdige Sachen … Unter diesen Umständen. Was hat das für eine Bedeutung? Doch wenn Sie das aus irgendwelchen Gründen brauchen … Ich habe fremde Interessen immer respektiert. Ja, ich habe einige Arbeiten über Schopenhauer publiziert. Und promoviert habe ich über Max Nordau.“

Er wußte nicht, wie er sagen sollte, was er sagen wollte. „Wenn … falls … nun, wenn Ihnen daran gelegen ist, im Getto zu bleiben und eventuell der Aussiedlung zu entgehen …“, sofort spürte er, daß er das schlecht formuliert hatte. Überhaupt hatte er sich unnötigerweise auf ein Gespräch eingelassen.

„Ich will nicht hierbleiben … ich will der Aussiedlung nicht entgehen …“

„Ich verstehe nicht … worum geht es Ihnen? Das Gespräch haben Sie doch angefangen. Haben Sie Familie im Getto. Eine Frau? Kinder?“

„Ich habe keine Familie. Ich bin allein. Meine Mutter hat kurz vor der Aussiedlung in Prag Selbstmord begangen …“

Das Gespräch machte ihn immer nervöser. Er war erschöpft. Wütend auf den Mann, der ihm gegenüber saß, und noch wütender auf sich. Er stand auf, machte ein paar Schritte zu der Wand, an der ein mit Wachstuch überzogenes Kanapee stand, das der Zelle den Charakter eines Arztzimmers verleihen sollte … Das Gefängnis hieß „Zentralgefängnis“. Vielleicht befriedigte man mit diesem Namen jemandes Größenwahn. Er setzte sich wieder hin.

Der Mann unterbrach das Schweigen. „Sie denken, meine Frage hat keinen Sinn? Aber daß Sie hier sitzen und die Leute in den Tod schicken, hat Sinn?“

„Sie wissen genau, daß ich niemanden in den Tod schicke!“

„Mit Verlaub … und mich schicken Sie nicht in den Tod?“

„Muß ich Ihnen erst erklären, daß es die Deutschen sind, die die Liste der zur Verschickung bestimmten Personen festlegen?“

„Abhängig von ärztlichen Vorschlägen.“

„Wenn Sie soviel wissen, begreifen Sie wohl auch, daß unabhängig von den ärztlichen Vorschlägen oder Feststellungen die Deutschen eine bestimmte Anzahl von Gettobewohnern verschicken. Außerdem habe ich Ihnen ja vorgeschlagen, daß ich Sie als zu körperlicher Arbeit tauglich anerkenne, und Sie haben abgelehnt …“

„Man kann sagen, daß ich mich selber der Verschickung und dem Tod zuführe. Haben Sie sich nicht überlegt, Herr Doktor, weshalb ich wohl Ihr Anerbieten ausgeschlagen habe?“

„Woher soll ich wissen …“

„Bitte, hören sie mich an. Ich habe aus zwei Gründen abgelehnt. Sehen Sie, hier im Getto verrecke ich – an Typhus, Hunger, an Schwindsucht … Jeder dieser Tode ist abstoßend. Ich hatte Zeit und Gelegenheit, sie mir alle anzuschauen, diese Tode. Ich ziehe es vor, vergast zu werden. Bis zum Ende, bis zum letzten Augenblick werde ich voll und ganz über meinen Willen verfügen … Und in der allerletzten Minute tue ich, was meine Mutter getan hat. Ich bin darauf vorbereitet. Und der ekelhafte Gettotod kann mir ein solches bewußtes Handeln unmöglich machen. Sind Sie gläubig?“

„Nein."

„Ich auch nicht. Aber ich bin begierig zu wissen, wie das ist … Statt also auf einem Lumpenlager zu sterben, im Dreck zu verfaulen, die zerfallende Lunge aus sich herauszuspucken, werde ich versuchen, solange als möglich meine jüdischen Augen offen zu halten, damit dieser Übergang ins Nichts, den die Deutschen für Albert Cohen aus Prag geplant haben, auf möglichst würdige Weise stattfindet. Schon lange bin ich zu dem Schluß gelangt, daß das auf jeden Fall würdiger ist, als den Tod zu sterben, der hier im Getto Dienst hat …"

Der Mann verstummte. Es war zu sehen, daß er bedauerte, sich erregt zu haben.

„Und der andere Grund?"

„Ich wundere mich, daß Sie den aus dem Verlauf unseres Gesprächs nicht erraten. Schließlich, wenn ihr mich nicht wegschickt, wird sich jemand anderes an meiner Stelle befinden. Die Autos fahren nicht leer ab. Wieviele von uns sind nötig, um sie zu füllen? Fünfhundert? Tausend? Ich will nicht, ich wünsche nicht, daß irgend jemand anderes für mich stirbt!"

„Bei Schopenhauer haben Sie das wohl nicht gelernt", bemerkte er bissig, und wiederum tat es ihm auf der Stelle leid.

„Nein, Herr Doktor, bei den Griechen … Nur, als ich das lernte, habe ich nicht geahnt, unter welchen Umständen ich von diesen Lehren praktischen Gebrauch machen würde."

Schweigen. Stille. Durch die Zellenwände drang das dumpfe Geräusch von in benachbarten Räumen versammelten Menschen.

„Beenden wir das Gespräch", sagte er leise, so als bekenne er sich zu seiner Niederlage.

„Selbstverständlich, das hängt von Ihnen ab. Nur noch, noch eins … Wissen Sie, warum ich Sie gefragt habe, ob dieser Transport in den Tod geht? Ich wollte mir aus Ihrer Antwort, aus ihrem Ton oder vielleicht aus Ihren Augen klar darüber werden, ob Sie ganz bewußt tun, was Sie tun … Sie wissen, daß der Transport verurteilt ist. Nur ich flehe Sie an, sagen Sie bitte nicht, daß wir alle verurteilt sind …"

Er hatte genau das sagen wollen.

„Das ist zu banal … Das gehört sich nicht. Sie haben den Auftrag erhalten, oder vielleicht sogar den Befehl. Befehl ist Befehl. Ich wünsche Ihnen, daß Sie im Leben nie mehr solche Befehle ausführen müssen. Doch selbst so ein Auftrag rechtfertigt

Sie nicht. Daß Sie, obschon Sie wissen, welches Los die Ausgesiedelten erwartet, die einen im Getto lassen und andere in den Tod schicken, ist unverzeihlich, mein Herr!“

Schweigen. Ich werde gleich vor Müdigkeit umfallen, dachte er, und laut sagte er: „Woher wissen Sie davon?“

„Solche Dinge weiß man … oder vielleicht“, er lachte hell auf, „vielleicht besitzen die Menschen kurz vor dem Tod die Fähigkeit, schärfer zu sehen und besser zu begreifen als zu ihren Lebzeiten. Nein, nein. Im Ernst, draußen im Warteraum saßen einige Ihrer … Einige von Ihrer, wie auch immer, Organisation. Sie fühlten sich so weit sicher, daß man aus ihrem Gespräch alles heraushören konnte … Junge Leute halt … übrigens wirklich sehr nett und sympathisch …“

Er fuhr auf und wollte ihn unterbrechen.

„Beruhigen Sie sich. Ich verrate Sie nicht. Wenn ich das täte, dann ausschließlich um der Annehmlichkeit der Denunziation willen. Nutzen hätte ich keinen davon. Sie sind wie Gott. Dem einen das Leben, dem anderen den Tod. Nach einer Liste.“

Er sprang auf. „Sie sind unverschämt! Das ist alles nicht wahr! Im übrigen …“

„Wie das, nicht wahr? Immerhin haben Sie auch mir das Angebot gemacht …“

Schweigen. Sand unter den Lidern. Vor dem Zellenfenster laute Gespräche in deutscher Sprache. Der Kopf schwer, wie von der Zimmerdecke gegen den Körper gedrückt. „Herr Cohen … Herr Doktor Cohen“, korrigierte er sich. „Haben Sie niemals im Namen einer höheren Raison handeln müssen, die Ihnen gebot, anderen moralischen Regeln zu gehorchen?“

„Eine höhere Raison im Verschicken von Menschen in den Tod?“

„Nein, mein Gott, nein! Gründe, die gebieten, besonders wichtige Menschen im Getto zu lassen.“

Das klang falsch und abgebrüht. Besonders angesichts der Haltung dieses Mannes.

„Und Sie beurteilen das?“

„Nein, nicht ich. Aber ich stütze mich auf das Urteil von Menschen, auf Meinungen, an denen zu zweifeln ich keinen Grund habe.“

„Es würde mich interessieren, wie man so etwas einschätzt. Mit Hilfe welcher Erkenntnisse prüft man den Wert der Menschen, die Sie durch Ihr Attest zu retten haben, und wie vergleicht man ihren Wert mit dem Wert anderer, die sie in den Tod schicken … Ich weiß nicht, ob Sie den Krieg, die Deutschen, das Getto überleben, aber ich beneide Sie nicht. Sie sind, wie mir scheint, ein ehrlicher Mensch. Bis zum Ende Ihres Lebens werden Sie sich den Kopf darüber zerbrechen, ob Sie auch keinen Fehler gemacht haben, als Sie die einen auf Kosten der anderen retteten … Denn sich zu rechtfertigen mit der Unfehlbarkeit anderer, die diese Liste zusammengestellt haben …"

Die Tür ging auf, und auf der Schwelle zeigte sich, die Finger am Mützenschirm, der Polizist, munter, als habe er gerade ein angenehmes Nickerchen gemacht. „Kann der Untersuchte abgeführt werden?"

„Einen Augenblick noch."

Etwas verwundert blickte der Polizist auf den noch immer entkleideten Mann und verließ achselzuckend die Zelle. Jetzt gewahrte auch er, daß der Mann halb nackt war. Nackt und irgendwie stolz auf seine erbärmliche Nacktheit, bereit, sich dem Schicksal zu stellen, das er gewählt hatte.

„Wissen Sie, ich bin mir meiner Beweggründe sicher, sonst säße ich übrigens nicht hier. Doch ich fühle mich nicht in der Lage … Außerdem sind Sie auf eine solche Diskussion mit Sicherheit besser vorbereitet."

„Möglich. Dagegen weiß ich ganz sicher, daß für die Richtigkeit meiner Argumente nicht zuletzt Tausende von Jahren an Kultur und Zivilisation sprechen."

Plötzlich glaubte er eine Chance zu sehen. „Meinen Sie nicht, daß alles, was ringsum geschieht, davon zeugt, daß Tausende von Jahren an Kultur und Zivilisation herabgewürdigt, in den Staub getreten worden sind … Daß sie im Kampf ums Überleben soviel taugen wie eine Lanze im modernen Krieg?"

„Vielleicht haben Sie ja recht, doch was schlagen Sie vor anstelle der Kultur, die Europa nicht vor der Verwilderung gerettet hat?"

„Ich denke, daß eine andere Moralität … Andere Werte … nein, vielleicht dieselben Werte, bloß anders verteidigt …"

„Lassen wir das. Sehen Sie nicht, daß ein Wortgefecht an diesem Ort und in dieser Situation lächerlich ist? Kann ich mich anziehen?"

„Ja. Ja, selbstverständlich."

Er blickte auf den Fragebogen vor ihm. Diesen Mann konnte er entweder gegen dessen Willen retten oder entgegen seinem eigenen Willen in den Tod schicken. Bevor er letzteres tat, warf er einen raschen Blick auf den sich ankleidenden Mann. Der spürte das, und in seinen Augen glomm so etwas wie die Bitte um Vergebung auf.

„Leben Sie wohl, Herr Doktor."

„Einen Moment noch … Ich habe noch eine Frage. Ich wäre Ihnen sehr dankbar, wenn Sie mir darauf antworten würden. Haben Sie keinerlei Zweifel, was das Schicksal des gesamten Gettos angeht?"

Jener spürte die Falle. Er kehrte von der Tür zurück zum Tisch und sagte, jedes Wort abwägend: „Ich verstehe. Wenn Sie von mir hörten … Wenn ich Ihnen sagen würde, daß ich keinen Zweifel hege, was das Ende dieses Unternehmens … das heißt, daß ich sicher bin, daß alle dasselbe Schicksal erwartet wie mich und diesen, … diesen Transport, dann wäre meine Entscheidung nur eine Beschleunigung des Unvermeidbaren. Nein, nein, ich nehme Ihnen nicht die Last der Verantwortung für das, was Sie hier tun, ab, Doktor. Man kann nicht ausschließen, daß die Deutschen dieses Getto nicht liquidieren. Vielleicht schaffen sie es nicht? Vielleicht wollen sie es aus irgendwelchen Gründen erhalten? Schließlich, nur darauf könnt ihr" – er wiederholte deutlich dieses Wort, um zu verstehen zu geben, daß ihn das nicht mehr betraf – „könnt ihr rechnen …"

Er unterbrach ihn.

„Wenn Sie sich im Getto befänden in dem Augenblick, wo es zu seiner Liquidierung kommt, was würden Sie tun? Würden Sie zu fliehen versuchen? Sich mit bloßen Händen auf die SS-Männer werfen?"

Schweigen.

„Ich weiß nicht … Wohl nicht das eine und nicht das andere. Ich habe ja doch einen schnellen Tod parat, dank einer kleinen, leicht zu verbergenden Tablette …"

„Doch vielleicht tun das die, die ich heute auf Kosten anderer rette, eben sie … Mit bloßen Händen. Und vielleicht, wenn das Getto überdauert, wenn sie auf irgendeine Weise überleben, wird man sie dann in der Zukunft, unter zukünftigen Bedingungen nötiger brauchen?"

Schweigen. Ein sich hinziehendes Schweigen.

„Ich werde Ihnen die Wahrheit sagen, Herr Doktor … Sie werden davon schockiert sein, aber das ist mir vollkommen gleichgültig. Vielleicht liegt hier der wesentliche Unterschied zwischen uns. Sie teilen Menschen nach irgendwelchen Kriterien ein … Teilen Zensuren aus. Und was mich angeht, so befreite mich nichts, aber auch gar nichts von der Last, die das Bewußtsein, daß irgendwer irgendwann für mich in den Tod geschickt wurde, bedeutete … Sowohl der Müllkutscher Albert Cohen aus dem Getto als auch der begabte Philosoph Albert Cohen aus Prag sind es nicht wert, daß irgend ein anderer für sie stirbt …“

Es schien ganz so, als habe er noch etwas in die Waagschale seiner Argumente zu werfen.

„Meinen Sie nicht, daß unsere Positionen zwei Seiten ein und desselben geistigen Erbes sind?“

Das klang falsch. Er hob den Blick nicht von dem Fragebogen. Er hörte, wie jener die Tür öffnete und von der Schwelle her noch etwas sagte. Es drang an sein Ohr wie eine Stimme aus einer anderen Welt, einem anderen Raum.

„Nehmen wir an, Sie überleben das Getto … es wäre dies ein Wunder … und Ihre heutigen Entscheidungen, vielleicht nicht nur die heutigen, werden gelobt … vielleicht überlebt einer von denen, die sie auf Kosten anderer gerettet haben … Er wird Sie verehren, Sie werden mit Komplimenten überschüttet. Die aber, die man für andere in den Tod geschickt hat, werden keine Einsprüche erheben, keinen Groll hegen, keinen Groll …“

Er hob den Kopf. In der Zelle war niemand. Das ist nicht gut, dachte er, ich habe Halluzinationen.

In der Tür zeigte sich der Polizist. Genauso lässig wie beim vorigen Mal legte er zwei Finger an den Mützenschirm. „ Na, der letzte für heute, Herr Doktor. Gottlob!“

Die drei Offiziere in schwarzen Handschuhen und hohen, geradezu unanständig sauber glänzenden Stiefeln unterhielten sich wohlwollend interessiert mit einem älteren Mann, der neben ihnen stand. Der Mann war von stattlichem Wuchs, er hielt sich gerade, fast dienstbeflissen, und auf dem dichten Grau seines Kopfes trug er eine runde dunkelblaue Schirmmütze. Über dem Schirm sah man das aus Stoff ausgeschnittene Zeichen des Roten Kreuzes, was darauf hinwies, daß der Mann Arzt war. Das Interesse der Offiziere erweckte unzweifelhaft seine Erscheinung, die ihn aus der Menge der grauen Gestalten mit dem gelben Stern, die die Reihe der Güterwagen ausspie, heraushob. Ein paar Schritte weiter stand ein junger Mann mit der gleichen Arztmütze und hörte einen Augenblick der lebhaft und zwanglos geführten Unterhaltung zu. Sie wurde selbstverständlich auf Deutsch geführt, wobei sich das Deutsch des Zivilisten mit dem Roten Kreuz an der Mütze durch eine geradezu ungewöhnliche Vornehmheit auszeichnete.

„In Dorpat, sagen Sie?“, sagte der Offizier mit dem höchsten Rang. „Das war eine ausgezeichnete Universität.“

„Ja, vor achtundvierzig Jahren“, bestätigte mit einem gewissen Stolz der Mann.

„Pathologie las doch zu dieser Zeit der große Zunge persönlich“, sagte der Offizier.

Bevor jedoch der Mann antworten konnte, drang von hinten, wo der Zug an der Rampe stand, ein gewaltiges Getöse herüber, aus dem man das Schreien der Soldaten und wütendes Hundegebell heraushörte. Eigentlich hörte man das Getöse die ganze Zeit. In Wellen schwoll es an und ab, abhängig davon, wie schnell und geschickt sich die Kolonne aufstellte. Einer der Offiziere blickte etwas ungeduldig zur Rampe, und wie unter dem Einfluß seines Blicks schwächte sich der Lärm in diesem Moment ein wenig ab.

„In Dorpat stand die Pathologie auf einem außerordentlich hohen Niveau. Wohl nirgends in Deutschland hörte man so ausgezeichnete Vorlesungen auf diesem Gebiet. Vornehmlich die inneren Krankheiten …“

„Und welches ist Ihr Fachgebiet?“, unterbrach ihn einer der Offiziere, der links von dem Höchstrangigen stand.

„Hautkrankheiten … ich habe mich auf Hautkrankheiten spezialisiert."

„Und natürlich Geschlechtskrankheiten?", kommentierte lachend der links Stehende. „Das geht doch immer zusammen, oder?"

„Aber nein", unterbrach ihn der mit dem höchsten Rang. „Ein guter Dermatologe muß sich durchaus nicht mit venerischen Krankheiten befassen."

„Sie waren bestimmt ein guter Arzt", sagte der Offizier, der bisher geschwiegen hatte. „Soviele Jahre Praxis."

„Nach dem Studium spezialisierte ich mich in Berlin und Leipzig. In Berlin bei …", abermals unterbrach Lärm die Worte des Mannes. Erst nach einer Weile beendete er seinen Satz: „…an der dortigen Universitätsklinik. Ich habe sehr angenehme Erinnerungen an diese Zeit."

„Sie sprechen hervorragend Deutsch", lobte der Höchstrangige. (Der nicht weit entfernt stehende junge Mann mit der Arztmütze bemerkte erst jetzt die Reitgerte in der Hand des Offiziers.) „Sie verdanken den Deutschen viel."

Das Getöse entwickelte jetzt eine solche Stärke, als habe der Dirigent eines Höllenorchesters allen Instrumenten das Zeichen gegeben, fortissimo zu spielen. Zu dem Hundegebell, dem Geschrei der Soldaten und den Müttern, die weinende Kinder riefen, kam noch die Lokomotive hinzu, die rhythmisch und geräuschvoll Dampf ausstoßend abfuhr und leere Waggons und deren eben ausgestiegene Passagiere an der Station zurückließ.

Die Kolonne hatte sich bereits formiert und sah einigermaßen geordnet aus.

„Für uns wird's Zeit", erinnerte den Ranghöheren der daneben stehende Offizier, ungeduldig von einem Fuß auf den anderen tretend wie ein Traber vorm Rennen.

„Ja, natürlich", sagte der andere, wandte sich ab und ging raschen Schritts auf die Kolonne zu. Mit einer gewissen Gleichgültigkeit nahm er seine Beschäftigung auf, die im Laufe von Monaten längst Routine geworden war. Die Reitgerte zwischen Daumen und Handfläche haltend, teilte die schwarz behandschuhte Hand mit eleganter Geste die Kolonne in zwei ungleiche Teile. Den größeren wies sie nach links, den kleineren nach rechts.

Einer der zwei zurückgebliebenen Offiziere rief laut etwas und blickte dabei fragend auf den älteren Mann in der Mütze mit dem Roten Kreuz.

„Normal, normal!“, rief der Höchstrangige zurück, ohne seine mechanisch und, wie man zugeben muß, nicht allzu konzentriert ausgeführte Tätigkeit zu unterbrechen.

Der dritte, am wenigsten gesprächige Offizier wies dem alten Mann höflich einen Platz in der Kolonne an, die sich bereits als langes schwarzes Band auf der linken Seite hinzog. Der Mann verbeugte sich leicht und reihte sich neben einer Frau mit zwei Kindern ein. Langsamen Schritts bewegte er sich auf seine Bestimmung zu, das Bad, wo die Wasserhähne, ähnlich wie zuvor das Lächeln der Offiziere, nur Attrappen waren.

Und dieser Jüngere, in genau so einer Arztmütze, seiner kaum dreißig Jahre sicher, schloß sich, nach der zustimmenden Geste eines Offiziers, eilig der Kolonne an, die auf der rechten Seite marschierte.

Es war August 1944 und eine der letzten Selektionen, die Hauptsturmführer Josef Mengele in Auschwitz durchführte.

Er klappte das Buch zu. Nachdenklich. Schon beim Durchblättern – lesen mußte er es nicht, er kannte den Inhalt nur zu gut – hatte er darüber nachgedacht, was er zu sagen hätte, schlüge man ihm eine Besprechung dieses Buches vor. Was sollte er sagen und was würde er sagen wollen?

Das Buch trug den Titel „Kronika getta Łódzkiego" (Chronik des Łódźer Gettos). Erschienen war es auf Englisch in den Vereinigten Staaten. Vor mehr als einem Jahrzehnt waren die ersten zwei Bände der „Chronik" in Polen erschienen. Sie hatten damals kein größeres Interesse gefunden. Das Thema war irgendwie peinlich, und außerdem, wen sollten schon die Tag für Tag festgehaltenen Ereignisse und Informationen über das Getto und mehr als hundertfünzigtausend Juden, deren Angedenken längst in Vergessenheit geraten war, interessieren? Fast weitere zwanzig Jahre mußten vergehen, einige ziemlich große Erschütterungen sich ereignen, damit die Zeit für dieses Thema kam oder es vielleicht auch nur zu einer Mode wurde.

Der Historiker, der mit den Editionsarbeiten begonnen hatte, mußte in den sechziger Jahren Polen verlassen. Jetzt hatte er die „Chronik" vollständig in den Vereinigten Staaten herausgebracht, wo sie die Gemüter erregte und zu einem echten Bestseller geworden war. Vielleicht spricht ein englisch geschriebener Bericht über das Herabsteigen in die Hölle und das Leben in der Hölle mehr die Phantasie an als derselbe Bericht auf Polnisch? Oder vielleicht wächst im Lauf der Jahre, resultierend aus einem diffusen Gefühl der Schuld, das Interesse für ein vernichtetes Volk?

Vier Jahre im Getto. Die Auflistung von Angelegenheiten und Geschehnissen, die unser herrliches zwanzigstes Jahrhundert hinuntergeschluckt hat, ohne daran zu ersticken. Eine Chronik der Zeit … der Verachtung – wie sie einmal ein großer französischer Schriftsteller genannt hat? Der Öfen – wie sie sein polnischer Kollege nannte? Es ist eher eine Chronik der Zeit der Gleichgültigkeit. Das Spektakel von der Ermordung eines ganzes Volkes, in Szene gesetzt vor den Augen des damaligen Europa. Und Amerikas, das sich jetzt für dieses Buch begeistert. Es hat keine anderen Emotionen geweckt als simple Rührung, wie ähnliche

Schauspiele in den früheren Jahrhunderten ... Immerhin hatte sich die christliche Moralität, die sie einst absegnete, kaum gewandelt. Vielleicht hatten die Komplikationen der Zeit des Kolonialismus sie ein wenig sensibler gemacht. Na, und natürlich war es ja doch schon das zwanzigste Jahrhundert, und der Sklavenhandel, die Konquistadoren oder die Inquisitation gehörten, Gottseidank, der Vergangenheit an. Nichtsdestotrotz deutete der gesenkte Daumen des siegreichen Diktators auf jemand, den niemand liebte, der nicht hineinpaßte in die wohlgeborene Gesellschaft Europas und den man so schwer aus dem Haus bekam. Diesmal konnte das Publikum in den vornehmen Logen der europäischen Bühne zusätzlich die Technik der Inszenierung und die Meisterschaft der Realisierung bewundern. Von Buhrufen war nichts zu hören. Hier und da gab es sogar diskreten Applaus, mit dem man die Regie bedachte.

Die „Chronik des Gettos" – eine Chronik der Vernichtung. Wenn man sich an ihn wenden würde, er solle etwas zum Thema dieses Buches schreiben, zwei seiner Helden würde er in den Vordergrund rücken. Einer davon war Mordechaj Chaim Rumkowski, von den Deutschen mit dem Titel „Ältester der Juden" bedacht, was ungelenk ins Polnische übersetzt wurde als Vorsteher des Ältestenrates der Juden. Der andere Held hingegen wäre er selber, der Leser dieser „Chronik" und zugleich einer von denen, die sämtliche vom Chronisten aufgezeichneten Geschehnisse durchlebt hatten. Er – einer von diesen hundertsiebzig- oder hundertachtzigtausend hinter die Stacheldrahtverhaue Getriebenen, einer von siebzigtausend nach Auschwitz Deportierten, einer von den paar Tausend, die das Räderwerk der Vernichtungsmaschinerie nicht zu zermalmen geschafft hatte. Einer von denen, nach denen es während des Krieges keinen verlangt hatte, schließlich einer von den letzten, die seit Beendigung des Krieges noch immer leben. Und Zeugnis ablegen.

Zwei Helden dieses Buches. Undeutlich spürte er die gegenseitigen Beziehungen. In welcher Eigenschaft sollte er das Wort ergreifen? Als Opfer? Ankläger? Zeuge? Oder vielleicht sollte er im Namen dieser drei Personen gleichzeitig sprechen?

Tatsächlicher Autor dieser Chronik ist der Nationalsozialismus. Nur daß man diesem vor langem die allerdings nicht von allen akzeptierte Rechnung präsentiert hat. Und Rumkowski? Schließlich war er für viele in der zur Verhandlung anstehenden

Geschichte des Gettos in Łódź auch ein Schuldiger. Oh, und ihm wurde die Rechnung präsentiert. Eine bittere. Unnachsichtige … Am häufigsten hat man ihn verdammt. Wie einen schlechten Schüler hat man ihn dem Primus gegenübergestellt, den man in Adam Czerniaków sah, dem Vorsitzenden des Warschauer Judenrates. Czerniaków verübte Selbstmord, weil er nicht die Listen zur Deportation Zehntausender in den Tod zusammenstellen wollte. Rumkowski hat sich zu einem solchen Akt der Courage nicht aufschwingen können, und bis zum heutigen Tag wirft man ihm das vor. Zusammen mit Rumkowski hat man alle Beiräte, alle Judenräte auf Anklagebänke gesetzt, und das, obschon Jahre vergangen sind, und das zunehmende Wissen über die Zeit des Holocaust den Historikern hätte vor Augen halten sollen, daß sämtliche Verhaltensmuster und Verfahrensregeln weniger wert waren als ein einziges jüdisches Leben, in einer Situation, wie sie die Geschichte bislang nicht gekannt hat.

Rumkowski verübte nicht nur keinen Selbstmord, sondern er stimmte zu und unterschrieb und unterschrieb und unterschrieb. Und noch eine Einwilligung für Zehntausende ins Gas in Chełmno. Und noch ein Todesurteil für Greise und Kinder. Und noch eins für die, die aus Hunger eine Konservendose stahlen und für die, die sich mit einem Stück Brot bestechen ließen … Mein Gott! Er hat das alles tatsächlich unterschrieben. Diese Anklage kann ja keine Zweifel wecken. Doch vielleicht enthält sie dennoch Lücken? Und wenn ja, wo soll man sie suchen?

Letzter Augusttag des vorletzten Kriegsjahres. Zwischen den Baracken und auf der Lagerstraße des ehemaligen Zigeunerlagers in Birkenau schleichen die Glückskinder aus dem Getto Litzmannstadt, die der Selektion entkommen waren, umher. Sie schleichen umher und warten auf Brot, auf Suppe, auf den Abtransport in andere Lager. Sie schleichen umher, die Verurteilten, heute über etwas sehr froh. Einige – und das ist unglaublich – sogar lächelnd, wenn ein Lächeln überhaupt hinter den Lagerzaun dringen konnte … Da ist ein Gerücht, das unter den Juden von Łódź kursiert: Rumkowski ist in Auschwitz! Die Berichte sind glaubwürdig, wie man hört, und werden mit immer neuen Details gewürzt. Er ist hierher geraten – der jüdische König aus dem Getto Litzmannstadt – in die Hände derer, die, zur rechten Zeit ausgesiedelt und nachdem sie durch die Hölle der Lagerqual, durch das

Sieb fortwährender Selektionen, durch Hunger und Kälte und mörderische Arbeit gegangen waren, im Laufe von Monaten, nicht selten sogar Jahren der Lageruniversität Rachepläne geschmiedet hatten. Und hier erlaubte ihnen nun der gütige jüdische Gott, oder eher der Gott der Rache aus dem Stück von Schalom Asch, diese Pläne, genau so, wie sie sie sich erträumt hatten, zu verwirklichen. Welchem Glückspilz gelingt es schon, seine Träume so realisiert zu sehen? Hier in Auschwitz waren sie die Könige. Um durchzustehen, was sie durchgestanden hatten, mußte man eine höllische Gesundheit haben und wohl eine Teufelsseele. Na, und am Ende erwischten sie Mordechaj Rumkowski auf der Rampe in Auschwitz. Oder sie baten ihn sich bei den SS-Leuten aus – wer will das heute prüfen? Höflich begrüßten sie ihn, um nicht zu sagen, herzlich. Zuerst ermöglichten sie ihm, durch ein in der Gaskammer pfiffig konstruiertes Fensterchen mitanzuschauen, wie seines, des jüdischen Königs von Łódź, Untertanen zugrunde ginge, wie sie sich wanden und erstickten in den Dünsten des Zyklon. Und als sie zu dem Ergebnis kamen, daß er sich endlich sattgesehen hatte an diesem Anblick – stießen sie ihn bei lebendigem Leib in den Feuerschlund des Krematoriumsofens …

Daher das Lächeln der Zufriedenheit auf den Lippen derer, die die einstigen Zigeunerbaracken füllten … Man hat es dem König gegeben! Für ihre Frauen und Kinder, die jetzt im Krematorium, oh, dort, wo die schwarze Rauchsäule aufsteigt … Für die Kinder, die er vom Getto in den Tod geschickt hat! Und überhaupt für das beschissene, qualvolle Leben, das über Jahre ihr Teil war. Auf ihn, auf Rumkowski, konzentrierte sich ihr Haß. Sein Tod brachte ihnen die Satisfaktion der Vergeltung …

Interessant, daß niemand begründen vermag, auf welche Weise, und vor allem warum, ausgerechnet er, Mordechaj Chaim Rumkowski, zu jenem „Ältesten der Juden“ ernannt worden war. Warum wurde ausgerechnet diese bis zum Krieg in der jüdischen Gemeinde von Łódź eigentlich unbedeutende Gestalt in den Vordergrund geschoben, um in diesen fünf für die Judenschaft von Łódź wichtigsten und tragischsten Jahren eine so wichtige Rolle zu spielen? Alle die Ernennung Rumkowskis zum „Ältesten“ betreffenden Visionen erklären übereinstimmend, daß sie vollkommen zufällig gewesen ist. Das heißt, sie bildete den unbeabsichtigten Effekt einer zufälligen Teilnahme Rumkowskis an einer

Abordnung, die im Auftrag der jüdischen Gemeinde mit den deutschen Besatzungsbehörden eines der ersten Gespräche führte. Dem bisherigen Vorsitzenden dieser Gemeinde war es gelungen, aus Łódź zu entkommen. Die Deutschen beschlossen daher, einen neuen Vorsitzenden oder „Ältesten" zu ernennen. Und ihre Wahl fiel auf Rumkowski, denn sein Aussehen paßte ideal zu dieser Funktion, entsprach genau dem Inhalt.

Im Jahre neunzehnhundertneununddreißig war Rumkowski zweiundsechzig Jahre alt. Sein Haar war schlohweiß, er sah aus wie der heilige Nikolaus auf den volkstümlichen Bildchen, bloß ohne Bart. Das runde, von Runzeln durchfurchte, dabei frische Gesicht war von einer Aureole flaumiger weißer Haare umgeben. Das hatte offenbar genügt. Einer, der so aussah, paßte wie angegossen zu dem von den Deutschen erfundenen Posten eines Judenältesten. Die Deutschen besaßen keine übertrieben große Phantasie, doch in diesem Falle entsprach der symbolische Titel ihrer Vorstellung von der Rolle, die Rumkowski in der nächsten Zeit zu spielen hatte. Unabhängig von den Etappen, die zu dem führen sollten, was bald das düstere Pseudonym „Endlösung" erhielt.

Mitte Oktober 1939 händigte man Rumkowski die Ernennungsurkunde aus. Zwei Tage später vervollständigte er den Ältestenrat, dessen Mitglieder unter Androhung strengster Konsequenzen gezwungen waren, die Position anzunehmen. Drei Wochen später, am elften November, da über das ganze besetzte Land eine Welle blutigen Terrors hinwegging, wurden die Ratsmitglieder verhaftet. Man brachte sie nach Radogoszcz, und die meisten von ihnen wurden bald darauf ermordet. Rumkowski schuf sich also einen neuen Beirat. Dieser hatte schon ein viel geringeres Format. Befanden sich im ersten noch Leute, auf die Rumkowski, zu Anfang wenigstens, Rücksicht zu nehmen gezwungen war, bedeutete der zweite so gut wie nichts …

Die Vermutung, daß Rumkowski allein wegen seines Aussehens zum „Ältesten" ernannt worden war, ist darum wahrscheinlich, da sich schwerlich andere Motive finden lassen, die diese Ernennung gerechtfertigt hätten, wie das zum Beispiel bei dem Vorsitzenden der Gemeinde in Warschau der Fall gewesen war: Czerniaków bedeutete immerhin etwas … Rumkowski in Łódź bedeutete nichts oder nicht viel. Er war Vorsteher des jüdischen Waisenhauses in Helenówek und einer der Räte der jüdischen Gemeinde. Mehr nicht.

Er hatte eine mehr als bescheidene Ausbildung genossen. Vier, fünf Klassen in einem Realgymnasium des zaristischen Rußlands. Von Beruf war er ... Interessant, daß kaum einmal einer von denen, die über ihn geschrieben haben, versucht hat nachzuprüfen, wovon er gelebt hat. Er war kein „Lodzer Kaufmann“, er war kein Fabrikant, wie einige geschrieben haben. Er war schlichtweg Versicherungsagent, was, wenn man etwas gewitzt war, das Brot zum Leben sicherte. Niemals genoß er Ansehen unter den Gemeindefunktionären, und über sein Regime im Waisenhaus wurde widersprüchlich geredet. Er war primitiv, doch zweifellos clever. Eine gewisse Praxis in sozialer Arbeit genügte ihm, um schnell in die neue Haut zu schlüpfen. Die paßte ihm ausgezeichnet und er fühlte sich prächtig darin. Er kompensierte damit die untergeordnete Position, die er früher innehielt. Hatte ihn in früherer Zeit niemand übermäßiger Ambitionen verdächtigt, so zeigte sich nun, daß Ambitionen ihn schier zerfraßen. Wenn er vor einer größeren Zahl von Zuhörern eine Rede hielt, verlieh ihm das Bewußtsein der Macht, die er besaß, und vielleicht, vielleicht auch der Verantwortung, Flügel. Und wie er es liebte, Reden zu halten ...

Die „Chronik des Lodzer Gettos“ übermittelt genau den Inhalt dieser Ansprachen des Vorsitzenden – so nämlich wird Rumkowski tituliert. Beim Lesen dieser Mitteilungen erinnerte er sich der Umstände, unter denen er die Gelegenheit hatte, seinen Ansprachen zu lauschen. Im düsteren Gettoleben stellten sie jedesmal ein wichtiges Ereignis dar. Rumkowski hielt sich für einen guten Redner, und als Kind des kaufmännischen Łódź verstand er zu verkaufen, was er anzubieten hatte – Nachrichten von diesem oder jenem neuen Beschluß, diesem oder jenem Wunsch der uniformierten oder zivilen deutschen Gettobehörden.

Da er Kenntnis hatte von den mehr oder weniger geheimen Rundschreiben der Deutschen und zu einem Teil von ihren Plänen für die nächste Zukunft, mußte sich Rumkowski von Anfang an darüber im klaren sein, daß es für die Juden, die den Deutschen auf Gnade oder Ungnade ausgeliefert waren, eigentlich keine guten Nachrichten gab. Täglich hatte er mit den Henkersknechten Kontakt, und er besaß genügend Intelligenz, um zu begreifen, daß die Pläne die sie gegenüber der Bevölkerung des Gettos verfolgten, nicht nur aus ihren Büchern und Runderlassen, sondern vor allem aus ihrer Psyche herauszulesen waren.

Er übertrieb die für das Getto doch so wenigen guten Nachrichten – in der richtigen Annahme, daß, wenn sie sich als wahr erwiesen, er sich die Dankbarkeit seiner Untertanen verdiente, und wenn sie sich nicht bestätigten, man diese den Deutschen anlasten würde. Schlechte Nachrichten, die neue Katastrophen und neue Verfolgungen enthielten, pflegte er aufzubauschen. Nur zu dem Zweck, um ausschließlich sich selbst das Verdienst zuzuschreiben, wenn die angekündigten Hiobsbotschaften weniger schrecklich ausfielen, als man erwartet hatte. Er fuhr dann mit seiner Kutsche von Ressort zu Ressort und gab freudig bekannt, daß die Lebensmittelrationen nicht so gekürzt werden, wie das angedroht worden, oder daß die Zahl der zur Aussiedlung Bestimmten nicht so groß war, wie man das vorher angekündigt hatte.

Man konnte meinen, daß er die Kunst, die Liebe seiner Untertanen zu erobern, bis zur Perfektion beherrschte. Leider hatte das mit der Praxis nicht viel gemein.

Er war gläubig und sehr fromm. Es ist gar nicht ausgeschlossen, daß, als ihm immer stärker bewußt wurde, daß er, den vor dem Krieg sämtliche etwas bedeutenden jüdischen Funktionäre in Łódź schnöde behandelt hatten, im Getto beinah unbeschränkte Macht besaß, in ihm vielleicht noch unklar entwickelte Vorstellungen von einer echten Theokratie zu entstehen begannen. Den Terminus kannte er mit Sicherheit nicht, doch er erinnerte sich vermutlich, daß in der Geschichte der Juden einmal eine solche Herrschaftsform existiert hat.

An Jom Kippur segnete er an der Seite der Priester mit den traditionsgemäß zusammengelegten Fingern beider Hände, den Tallis über den Kopf gezogen, die Betenden. Ja, er nahm sogar Trauungen vor, maßte sich Rabbinerrechte an. Er hätte sich wohl gern in hohepriesterlicher Gewandung gesehen, die das Alte Testament so genau beschreibt. Wäre im Auftrage des deutschen Henkers und des jüdischen Herrgotts Priester und Herrscher über sein ein wenig unglückliches und ein wenig unbotmäßiges Volk gewesen.

Je länger er im Getto herrschte, je länger der Krieg dauerte, umso mehr glaubte er an sein Charisma. Er wußte schließlich, wie in den Gaskammern und in den Krematoriumsöfen – aber vielleicht wollte er sich das nicht so genau vorstellen – ein Getto nach dem anderen verschwand. Er wußte, welches Schicksal das größte von ihnen, das Warschauer Getto, ereilt hatte, das in der

Person des stolzen Czerniaków nicht auf seine Ratschläge hatte hören wollen – doch das Getto in Łódź bestand noch immer!

Muß man sich da wundern, daß er immer überzeugter davon war, unfehlbar zu sein? Auf jedem Gebiet, sowohl beim Fassen eigener Beschlüsse, als auch im Befolgen deutscher Forderungen und in der Beurteilung von Menschen. Nur er wußte, was gut und was böse, was lobens- und belohnenswert, und was zu bestrafen war. Er war ein Simpel. Simpel war sein Moralkodex, von dem er sich leiten ließ. Fortwährend änderte sich die Gruppe der Günstlinge. Die Mehrzahl der Speichellecker, die ihn umgaben, verachtete er aus vollem Herzen – nicht nur, weil sie Verachtung verdienten, sondern auch darum, weil er niemandem außer seinem Bruder Vertrauen entgegenbrachte.

Die „Chronik" ist von Januar neunzehnhunderteinundvierzig an geführt worden. Sie umfaßt nicht das Jahr neunzehnhundertvierzig und die ersten Monate des Bestehens des Gettos. Er hatte damals häufig Gelegenheit, mit den engen Mitarbeitern des Vorsitzenden zusammenzukommen. Es wimmelte unter ihnen von Versagertypen. Wie viele waren dabei, die ihre neue Macht auskosteten, sich revanchierten für die Mißerfolge ihres bisherigen Lebens! Wieviele „hausgemachte" Diktatoren, die diese Macht und die Okkupation, wenn es nur nach ihnen gegangen wäre, ins Unendliche verlängert hätten; diese gewöhnlichen Nullen im Schatten des Günstlings der Deutschen.

Es war im April des ersten Jahres der Gettoära. Das Getto war zu dieser Zeit ein Terrain zahlreicher Demonstrationen der hungernden Bewohner. Auf einem weitläufigen Platz, an der damaligen Lutomierska-Straße gelegen, hinter der Rettungsstelle, fand, von den wenigen übriggebliebenen Arbeitergruppierungen organisiert, eine solche Kundgebung statt. Er hatte damals Dienst in der Rettungsstelle, und die Einzelheiten der Ereignisse, deren Zeuge er wurde, haben sich seinem Gedächtnis fest eingeprägt. Es war eine Provokation, deren Folgen hätten verheerend sein können.

Das Lokal der Rettungsstelle hatte sich der Kommissar des Ordnungsdienstes, ein gewisser Hanemann, zum Sitz seines Stabes erkoren. Von hier aus lenkte er die Aktion, die die Versammlung sprengen sollte. Alle paar Minuten informierte er Rumkowski telefonisch über die Lage auf dem Platz – wie Ludendorff Hindenburg über den Verlauf der Schlacht bei Tannenberg …

Nur daß Hanemanns Informationen von Viertelstunde zu Viertelstunde alarmierender wurden und, was noch schlimmer war, erlogen waren.

Als diensthabender Arzt hielt er die Nutzung des Lokals der Rettungsstelle durch Polizei für unzulässig und teilte das Hanemann mit, der sich durch diesen Protest nicht aus der Fassung bringen ließ. Als er sah, daß Hanemann und seine Leute gar nicht daran dachten, das Lokal zu verlassen, wandte er sich an den während all dieser Ereignisse anwesenden leitenden Arzt der Rettungsstelle, Dr. W., damit dieser seiner Pflicht nachkäme. Dr. W., ein unglücklicher Invalide (er hatte ein künstliches Bein), der seinen eigenen Schatten fürchtete, beabsichtigte nicht, sich mit dem einflußreichen Kommissar der Gettopolizei zu überwerfen. Und dieser meldete gerade Rumkowski, die Situation auf dem Platz sei inzwischen dermaßen bedrohlich, daß er allein nicht mehr zurechtkomme und man unbedingt die Gestapo alarmieren müsse.

Unterdessen ging die Kundgebung auf dem Platz zu Ende, und ihre Teilnehmer dachten überhaupt nicht an irgendeine ernsthaftere Aktion. Hanemann aber riegelte in Erwartung des Eintreffens der Gestapo den Platz ab, wie er auch die von der Rettungsstelle auf den Platz führende Hintertür verbarrikadierte.

Viele Male hat er später über die Motive dieses Menschen nachgedacht. Schließlich mußte Hanemann sich darüber klar sein, daß Blut fließen, daß die Gestapo mit Vergnügen ein paar hundert Juden niedermachen würde, um ihrer übergeordneten Behörde und der deutschen Bevölkerung in Łódź Mitteilung davon zu machen, was für eine bedrohliche Gefahr ihr zu beseitigen gelungen war – einen Aufstand der Juden! Vielleicht träumte der ehrgeizige Kommissar davon, auf diese Weise die Gunst der Deutschen zu erlangen und den greisen Rumkowski auf dem Gettothron abzulösen? Oder vielleicht stellte er sich vor, daß er mit seinem Vorgehen so etwas wie eine Interessengemeinschaft beider Polizeien festigte? Auf jeden Fall, unabhängig von den Motiven, durch die sich der Kommissar mit dem gelben Stern und der Armbinde der Gettopolizei hatte leiten lassen, war die Provokation in Gang gekommen. Rumkowski rief die Gestapo zur Hilfe.

Das war zuviel! In Gegenwart des schweigenden Dr. W. sagte er laut, was er von all dem dachte, streifte die Rote-Kreuz-Armbinde ab (die komischen Arztmützen erhielten sie erst später), warf sie Hanemann vor die Füße und verließ die Rettungsstelle, um die Menschen auf dem Platz von der seitens der Gestapo drohenden Gefahr in Kenntnis zu setzen. Übrigens erreichte er sein Ziel. Die Menschen stoben nach allen Seiten auseinander, übersprangen die Mauer, die den Platz umgab, und drängten sich gewaltsam durch die Hintertür der Rettungsstelle auf die Straße. Als nach wenigen Minuten ein Lastwagen mit einigen Dutzend bewaffneter SS-Männern in der Lutomierska-Straße eintraf, war der Platz leer.

Die Begebenheit hatte übrigens ihre Fortsetzung, deren Held er zum Teil war. Am Abend desselben Tages wurde er auf Anweisung Rumkowskis verhaftet. Es war dies der einzige Fall, wo im Getto ein Arzt verhaftet wurde. Nach vierundzwanzig Stunden ließ man ihn wieder frei, dank des damaligen Leiters der Gesundheitsabteilung, einer der wenigen Persönlichkeiten, die über das von den Verhältnissen bestimmte Maß hinauswuchsen. Ein weiterer Effekt dieser Ereignisse war, daß es ihm gelang, Kontakt zu Aktivisten der Linken anzuknüpfen, die in Łódź geblieben waren … Aber das ist schon wieder eine ganz andere Geschichte. Die Geschichte von den ersten Versuchen, im Getto eine Gewerkschaftsbewegung und etwas in der Art einer Widerstandsbewegung zu organisieren … Davon ist in der „Chronik" (außer in der Einleitung) nicht die Rede. Vielleicht wird es sich einmal lohnen, auch auf diese Geschichte zurückzukommen.

Eben mit solchen Leuten wie Hanemann umgab sich Rumkowski. Große Auswahl hatte er nicht, das ist wahr, aber der Instinkt ließ ihn manchmal im Stich wie einen alten Spürhund die Witterung. Wenn er sich in jemandem getäuscht fühlte, warf er ihn weg wie einen nutzlosen alten Putzlappen. Oftmals setzte er selber wie ein gestrenger Vater das Strafmaß fest – mit ein paar Ohrfeigen oder Fußtritten. Er ahnte wohl, daß ein solches Verhalten seiner Popularität nicht förderlich sein mochte, doch war er von seiner Sendung so überzeugt, daß er glaubte, früher oder später würden ihn alle verstehen, ihn liebgewinnen und ihm dankbar sein.

Wie er sich geirrt hat! Für diejenigen, die überlebten, für die, die nach Jahren dem Getto von Łódź und seinem Herrscher Arbeiten oder Bücher widmeten, wurde der Vorsitzende des Ältestenrates der Juden von Łódź eine immer grausigere Gestalt. Er wurde zum personifizierten Bösen – Lady Macbeth und Richard III. in einer Person. Dieses Bild verhindert das Vordringen zu einer anderen Wahrheit. Einer vielleicht viel bedeutsameren und komplizierteren Wahrheit, als es die ist, mit der man bislang operiert hat.

Die amerikanische Ausgabe der „Chronik“ liegt auf dem Tisch und besticht das Auge durch ihr elegantes Äußeres. In der „Chronik“ findet der Leser keine Antwort auf die Frage, die man heute nach Jahren endlich stellen muß. Wenn er diese „Chronik“ zu besprechen hätte, würde er diese Frage mehr oder weniger so formulieren: Welches Vorgehen ist damals, in einer Zeit ungestraften Völkermords, das richtige gewesen? Unter Berücksichtigung der durchgeführten deutschen Pläne und der Aussichtslosigkeit jedweden Widerstandes in einem Getto wie Łódź, das total abgeschlossen, ohne Waffen, von einer überwiegend deutschen Bevölkerung umringt war; unter Berücksichtigung des Hungers, der den Willen lähmte, und der verächtlichen Gleichgültigkeit der Welt. Anders gesagt, wie mußte man vorgehen, um die größtmögliche Anzahl von Juden zu retten? Die so gestellte Frage überlagert in einem gewissen Sinne eine andere, nämlich: Was muß man tun, um ehrenvoll zu sterben? Niemand will sterben. Die Hoffnung auf Rettung – so würde er schreiben – hatten wir alle, sogar in den tragischsten, hoffnungslosesten Momenten. Denn diese Hoffnung wächst aus dem Selbsterhaltungstrieb. Diesen zu besiegen, ist Heldentum, doch heldenhaft pflegen Individuen zu sein, nicht Massen. Die Deutschen wußten, daß bei Massenmord geringerer Widerstand drohte als bei der Ermordung einzelner Menschen, und darum verfuhren sie so, wie sie verfuhren …

Aber die dem Hungertod nahen, im Getto eingeschlossenen, terrorisierten Juden dachten nicht an das Selbstbewußtsein ihrer zukünftigen geistig-religiösen Erben. Sie dachten daran, wie sie sich retten, wie sie überleben konnten, um so mehr, da sie, selbst wenn sie wie Czerniaków oder Rumkowski von den Plänen ihrer Peiniger wußten, dieses Wissen eigentlich nicht zur Kenntnis nehmen wollten. Die Frage also nach dem richtigen Vorgehen damals betrifft weniger einen jeden zur Ausrottung Verdammten. Sie betrifft eben vor allem Menschen wie Czerniaków oder Rumkowski. Wie hätten sie handeln, wie sich verhalten sollen bei dem, was sie wußten? Man muß kein Historiker sein, um zu wissen, daß in der Geschichte der Menschheit wohl noch nie jemand vor einem ähnlichen Dilemma gestanden hat wie die beiden von den Deutschen ernannten Führer der Gettos. Noch niemals hat die Historie einem Menschen eine solche Last aufgebürdet: das Wissen um das Schicksal, das Hunderttausenden von Menschen zuteil werden konnte, für die man verantwortlich war, gepaart mit der praktisch unerfüllbaren moralischen Pflicht, die Verurteilten vor dem ihnen von den Deutschen zugedachten Schicksal zu retten. Leider trennten die Juden der Gettos nur Drähte von ihren Verfolgern, nicht das Meer, das beim Auszug von Ägypten, offen für die Verfolgten, die Verfolger überflutete.

Worauf konnten Czerniaków oder Rumkowski damals zählen? Würde er über die „Chronik" schreiben, diese Frage würde er anders stellen: Worauf durften sie mit Recht zählen? Natürlich auf die Reaktion der zivilisierten Welt, ungeachtet sogar der Tatsache, daß der Nationalsozialismus ihr Hätschelkind war. Sie hatten das Recht, auf die Reaktion der internationalen Institution zu zählen, die sich selbst unter den blonden, blauäugigen Ariern großer Autorität erfreute, des Vatikans. Sie hatten das Recht auf eine solche Reaktion zu zählen, da die zivilisierte Welt und der Vatikan über den Urteilsspruch, der über die Judenheit ergangen war, ausgezeichnet informiert waren. Sie waren auch darüber informiert, daß der Hitlerfaschismus dieses Urteil mit unerbittlicher Konsequenz vollstreckte.

So würde man die Frage stellen können, nur daß das Problem mit dem Moment begann, da sich beide – Czerniaków und Rumkowski – klar darüber wurden, daß keine Reaktion seitens der weltlichen und geistlichen Mächte erfolgen würde. Die hatten andere Probleme, als sich den Kopf darüber zu zerbrechen, wie man ein paar Millionen Juden, mit denen man seit zweitausend Jahren nichts als Ärger hatte, vor dem Tod retten konnte. Von dieser Seite hatten die beiden jüdischen Könige also nichts zu erwarten.

Was blieb ihnen? Die Antwort ist einfach! Und wie einfach! Einer wie der andere konnten sie nur auf ein Wunder zählen ... Ja, genau, so würde er in einer Besprechung der „Chronik" schreiben. Wo das Rechnen mit dem Gewissen der Welt ein Hirngespinst war, wurde das Zählen auf ein Wunder zum realistischen Denken.

Hohes Gericht der Geschichte! Du hast ein Urteil zu fällen über zwei Menschen, Menschen von unterschiedlichem moralischen und intellektuellen Format, die gezwungen waren, mit einem Wunder zu rechnen, wenn sie die ihrer Macht und Obhut anvertrauten Hunderttausende vor der Vernichtung retten wollten. Und möge das Hohe Gericht in Betracht ziehen: Das Wunder konnte heißen, daß die Deutschen es nicht schaffen, ihre Pläne in die Tat umzusetzen. Anders gesagt, daß es den Alliierten gelang, die Nazis früher zur Hölle zu jagen, als es diesen gelang, die Reste der Juden in die Gaskammern zu schicken.

Gegenüber Wundern sind allerdings zwei Haltungen möglich, die, Hohes Gericht, eine alte jüdische Anekdote illustriert: Ein armer Jude lag dem Allmächtigen fortwährend in den Ohren, daß Er kein Wunder tat und ihm nicht half, in der Lotterie zu gewinnen. Die Vorwürfe wurden immer bitterer und immer heftiger, bis der Jude vom Himmel eine Stimme vernahm, die zu ihm sprach: „Gut, ich tue ein Wunder, und du gewinnst in der Lotterie, doch unter der Bedingung, daß auch du mir hilfst. Du kaufst ein Los …“

Czerniaków tat nichts, um dem Wunder nachzuhelfen, oder zumindest tat er nicht viel. Als sich im Juli neunzehnhundertzweiundvierzig herausstellte, daß es kein Wunder geben wird, daß es bis zur Niederlage der Deutschen noch weit, die Niederlage der Juden jedoch längst besiegelt war, wählte er den Tod – den würdigsten Tod. Aber zuvor? Hätte er nicht den Rat des Simpels aus Łódź befolgen sollen? Niemand übrigens, Hohes Gericht, hat auf diese Ratschläge gehört. Keiner weiß, was sich Rumkowski und Czerniaków, als sie sich in Warschau trafen, zu sagen hatten.

Der Simpel aus Łódź beschloß nun seinerseits, dem Wunder nachzuhelfen. Nicht umsonst hatte er schließlich von Kindesbeinen an zu kalkulieren gelernt. Er wußte, was er tat, wenn er um jeden Preis – jeden, das heißt den höchsten – versuchte, das gesamte Getto in ein Arbeitslager zum Vorteil der Besatzungsmacht zu verwandeln. Tausende von Deutschen machten ein Vermögen mit der Ausbeutung der Arbeitssklaven im Getto, und Hunderte anderer retteten sich dank des Gettos vor der Versetzung an die Front.

Die Kalkulation war, wie man sieht, nicht kompliziert. Allerdings, wenn man das Spiel ums Überleben, das Spiel um das Wunder, begann, mußte man es bis zu Ende spielen und durfte nicht vorzeitig aufgeben. Und so, Hohes Gericht der Geschichte, hat wahrscheinlich der jüdische König von Łódź sein Handeln begründet. Wenig scherte ihn Czerniaków's Verachtung. Vielleicht nahm er sich ein wenig mehr die Meinung zu Herzen, die seine Untertanen von ihm hatten. Er war jedoch besessen von seiner Sendung und meinte, daß er, selbst wenn er die gesamte Gettobevölkerung gegen sich hatte, darauf keine Rücksicht nehmen dürfte. Er konnte ja nicht durch alle Straßen des jüdischen Stadtteils fahren und von der Tribüne seiner Kutsche verkünden, daß Gott durch die Vermittlung Adolf Hitlers das Urteil über sein auserwähltes Volk gefällt habe und daß nur er, Mordechaj Rumkowski, die Methode kenne, um den göttlichen Urteilsspruch abzuwenden.

Das alles würde er schreiben, wenn er die Chronik bespräche. Und seinen Appell an das Hohe Gericht der Geschichte würde er durch ein paar Fakten ergänzen. Denn immerhin ist das Getto von Łódź erst im August vierundvierzig liquidiert worden. Der Historiker wird in den Kalender schauen. Vielleicht überlegt er, was passiert wäre, wenn die russische Offensive nicht an der Weichsel zum Stehen gekommen wäre. Falls der Historiker ein Fatalist ist, wird er zur Antwort geben, daß die Deutschen es auch so geschafft hätten, das Getto von Łódź niederzumachen. Nicht ausgeschlossen, daß eine solche fatalistische Ansicht begründet wäre. Doch jener Historiker könnte im Kalender noch ein anderes Datum ausmachen. Im Juli dieses Jahres fand das Attentat auf Hitler statt. Wäre das Attentat gelungen, mit Sicherheit wäre das Getto in Łódź unter seinem Führer Rumkowski das einzige jüdische Lager gewesen, das dem Massenmord entgangen wäre …

Während also – so würde er in seiner Buchbesprechung schreiben – keine Macht der Welt daran dachte, die mit dem Hakenkreuz geschmückte und mit dem Zyklon B bewaffnete Hand aufzuhalten, konnte Rumkowskis Taktik mit einem Erfolg enden. Was wäre dann geschehen? Rumkowski wäre zum Nationalhelden erklärt worden? Nein! Mit Sicherheit nicht! Der unglückliche jüdische König von Łódź wäre aufgehängt oder auf der Stelle in Stücke gerissen worden von denen, die dank seiner Taktik überlebt hatten. Von denen, die in Birkenau so erfreut waren von der Nachricht über sein makabres Ende. Man hätte ihn verantwortlich gemacht für den Tod von über hunderttausend Gettobewohnern – den zum Hungertod Verurteilten, an Epidemien Gestorbenen, in den Gaskammern Chełmnos Erstickten. Hätte ihm die Verantwortung für jeglichen Amtsmißbrauch, die Schmiergelder, Diebstähle seiner Untergebenen zugeschoben. Man hätte ihm alle

Ohrfeigen und Fußtritte vorgehalten, die er nach links und rechts ausgeteilt hat, auch die Lebensmittelgutscheine, mit denen er sich diejenigen kaufte, an denen ihm momentan gelegen war. Und vielleicht hätte man – o Ironie des Schicksals – vor dem Aufhängen auf das Vorbild hingewiesen, dem er hätte nacheifern sollen – Czerniaków …

Mit Sicherheit würde er all das schreiben, wenn er diese Chronik der Gettohölle zu besprechen hätte. Doch er würde auch nicht versäumen, daran zu erinnern, daß das Getto von Łódź das Warschauer Getto um achtzehn oder zwanzig Monate kriegerischer Auseinandersetzungen überlebt hat. Und jeder Tag dieser Kämpfe konnte über das Schicksal jener jüdischen Lager, über Leben und Tod hunderttausender Juden entscheiden. Und er würde noch hinzufügen, daß die Straßen von Bałuty niemals der Ort, nie eine Arena der makabren Konfrontation grauenvollen Elends und verzweifelten Hungers mit dem dicken Geld der Schmuggler und Spekulanten waren, was in Warschau, in Nalewki oder der Dzika-Straße, an der Tagesordnung war. Auch das ist nämlich die Wahrheit des Warschauer Gettos. Der letzte heldenhafte Akkord seiner Geschichte, der Aufstand, ein Akt der Verzweiflung, als sich die Vollstreckung des Urteils an der Warschauer Judenschaft dem Ende näherte, gehört schon in ganz andere Kategorien und erfordert gänzlich andere Erwägungen.

Ah ja, er würde noch schreiben, daß man in der Endabrechnung auch die Tatsache berücksichtigen müßte, daß vom Getto in Łódź einige tausend Juden am Leben geblieben sind, die der Lagertod nicht hat verschlingen können. Vom Warschauer Getto ist fast keiner übriggeblieben. Das ist natürlich eine furchtbare Buchführung. Wenn ihre zweite Position, selbstredend, Czerniaków in nichts belastet, so stellt ihre erste immerhin einen postumen Sieg Rumkowskis dar …

Ja, das ist eine grausige Buchführung. Um so mehr, da sie nicht die Höhe des Einsatzes berücksichtigt, der letztendlich einen so kümmerlichen Gewinn gebracht hat. Nur daß diese grausige Gewinn- und Verlustrechnung ein Werk der NS-Rassenideologie ist, und der Rassismus der ganzen zivilisierten Welt dabei mitrechnete.

Genau so würde er die Besprechung des Buches beenden, in dem die Geschichte von vier Jahren Lodzer Getto und die res gestae seines Königs festgehalten ist …

Vor ihm lagen beide Briefe. Der, den er vor ein paar Wochen erhalten hatte, sowie der zweite, der fertig zum Abschicken seine Antwort enthielt. Immer wieder hatte er sich an die Antwort gesetzt, doch jedesmal hatte ihn irgend etwas gehindert … Verlegenheit? Besorgnis, wie dieser Brief aufgenommen werden würde? Aber da er sich nun einmal entschieden hatte zu schreiben, war eine andere Antwort nicht möglich …

„… Das ist jedoch nicht der Hauptgrund, weshalb ich beschlossen habe, an Dich zu schreiben. Mir ist hier zufällig zu Ohren gekommen, daß Du während des Krieges meinen Bruder gesehen hast, daß Du unter völlig ungewöhnlichen Umständen mit ihm zusammengetroffen bist. Diese Nachricht hat mir einen Schlag versetzt: ich konnte nicht glauben, daß das wahr sein sollte! Du hast doch niemals etwas davon erwähnt, obgleich es dazu viele Gelegenheiten gegeben hat, als ich noch in Warschau wohnte, zumal unsere Kontakte ja doch häufig und herzlich waren. Ich hätte nie geglaubt, Du würdest überhaupt etwas vor mir verbergen. Um was für ein Geheimnis handelt es sich hier? Ich verstehe Dein Schweigen nicht. Und vor allem, ist es die Wahrheit? Hast Du wirklich Jerz getroffen? Warum erfahre ich erst jetzt davon und hier, weit weg von Polen? Warum, warum …?"

Diese Fragen konnte er nicht schweigend übergehen. Schweigen wäre ganz einfach Feigheit. Lügen kam nicht in Frage. Und die Wahrheit?

„Meine Liebe! Wie sehr habe ich mich über Deinen Brief gefreut, den ich wahrhaftig nicht erwartet habe. So viel Zeit ist seit dem Tag vergangen, da sie Dir Deine Arbeit als Ärztin genommen und Dich dann aus dem Land gejagt haben! Als Du damals gehen mußtest, zählte man Dich zu der feindlichen Gattung der ‚Zionisten' oder ‚Kosmopoliten'. Es brauchte zwanzig Jahre, um die durch den Nationalsozialismus kompromittierten antisemitischen Vokabeln durch diese, dem Geist der modernen Zeit entsprechenden zu ersetzen. Hast Du bemerkt, wie genau die beiden Bezeichnungen in ihrem Geist und Sinn der früheren ‚jüdischen Internationale' entsprechen?

Ja, ja. Wieviel Zeit ist vergangen seit jenen Tagen, da wir als Schiffbrüchige, das Schiff unserer Hoffnungen und Träume verlassend, gezwungen waren, jeder für sich den Weg der Rettung zu suchen. Du ließt Dich von den Wellen der Ereignisse weiter und weiter tragen. Ich gelangte, an die Planken des zerschellten Schiffs geklammert, ans nächste Ufer. Mit dem Leben davongekommen? Gerettet? Ich weiß nicht …

Wir fanden keine Gelegenheit, um irgendwann, irgendwo gemeinsam unseren Groll gegenüber der Geschichte auszuschütten. Und auch nicht, um über Dinge zu sprechen, von denen wir uns soviel zu sagen gehabt hätten. Einmal, im Ausland, bekam ich Deine Telefonnummer. Ich rief nicht an. Ich drückte mich aus Furcht vor einer Enttäuschung, die die Reste unserer gemeinsamen Erinnerungen hätte verderben können.

Und jetzt der Brief von Dir! Neben konventionellen Herzlichkeiten enthält er eine Bitte. Gleichsam als Randbemerkung hingeschrieben, doch, wie sich leicht erraten läßt, ist sie der Hauptgrund dafür, daß Du das Schweigen gebrochen hast und versuchst, eine Brücke zu den damaligen Erlebnissen zu schlagen.

Du schreibst, Dir sei etwas von einer Begegnung zwischen mir und Deinem Bruder zu Ohren gekommen, und daß diese Begegnung unter völlig ungewöhnlichen Umständen stattgefunden haben solle. Du fragst, ob das die Wahrheit ist und womit ich mein bisheriges Schweigen rechtfertigen könne.

Ich werde Deiner Bitte nachkommen, wenn ich auch den Entschluß zur restlosen Aufklärung dieser Angelegenheit erst nach langem Überlegen gefaßt habe. Warum ich so lange gezögert habe, wirst Du Dir leicht denken können, wenn Du diesen Brief liest. Andererseits denke ich mir, daß auch Du mehr über Jerz gewußt hast, als man aus Deinem Verhalten schließen konnte, doch wäre es lächerlich, wollten wir uns jetzt solcherart Vorwürfe machen. Das wäre ein bißchen so, als wenn sich Eheleute zwanzig Jahre nach der Scheidung gegenseitig ihre Untreue vorhielten.

Jedenfalls, Deine Bitte um Schilderung der Begegnung mit Jerz hat wie ein Anstoß gewirkt, der eine Kaskade, was sage ich, eine ganze Lawine von Erinnerungen sowohl an die letzte Zeit unseres Vorkriegsaufenthalts in Frankreich wie auch an den Krieg ausgelöst hat.

Als kleiner Junge lauschte ich zu Hause den farbigen Erinnerungen, sei es meines Vaters, sei es meiner Großmutter, an eine

Periode, die sie nostalgisch Vorkriegszeit nannten. Gemeint waren hier natürlich die Jahre vor dem Ersten Weltkrieg, und sie lagen in genauso weiter Ferne wie die Napoleonischen Kriege oder die Entdeckung Amerikas. Ich bin heute um vieles älter als mein Vater, da er den Faden seiner Vorkriegserinnerungen spann, ja sogar älter als meine Großmutter. Während ihre Erinnerungen zwanzig Jahre, na, sagen wir, ein Vierteljahrhundert zurückreichten, umfassen meine, unsere Zeit die Angelegenheiten von einem halben Jahrhundert. Und so denke ich, daß für die jungen Leute, die vielleicht einmal die Erinnerungen zur Hand nehmen, diese in ihrer Problematik ebenso fernliegend und bizarr sein werden wie die Sorgen der Höhlenmenschen.

Wenn ich jedoch über Deinen Bruder schreibe, kann ich mich nicht loslösen von den Jahren unserer Jugend. Um so weniger, da ja wir drei, Du, Dein Bruder und ich, dieselbe Studienrichtung wählten und uns fast zur gleichen Zeit mit unserem ganzen jugendlichen Temperament in der Politik engagierten. Ferment unseres politischen Reifens war der Bürgerkrieg in Spanien, ein Krieg, der noch in seiner kleinsten Episode zu uns drang und uns sensibilisierte für alle wichtigen Probleme der Welt. Wir nahmen uns der Freiwilligen an, die auf dem Weg nach Spanien in Toulouse Station machten, das zu der Zeit die Übergangsbasis für die Pyrenäenhalbinsel war, und später kümmerten wir uns um die Soldaten der Internationalen Brigaden, die nach der Niederlage Zuflucht in Frankreich suchten.

Ich schrieb von politischem Reifen ... Wieviele Male habe ich darüber nachgedacht, ob das wirklich ein Reifen gewesen ist oder vielmehr die Notwendigkeit, unsere Bestrebungen, unsere Hoffnungen auf dasselbe, ideologisch dasselbe Ziel zu richten.

Dein Bruder gehörte zu denjenigen, die am tiefsten in der Politik steckten, zu den, neidvoll sprachen wir davon, Streitbarsten, Kämpferischsten. Mir fallen immer zwei Erlebnisse aus dieser Zeit ein, die charakteristisch sind für die Atmosphäre von Toulouse in jenen Jahren und besonders für Jerz.

Das erste: als ich mit Deinem Bruder, in einem riesigen Kinosaal in Toulouse, nach der Vorführung eines Films über Spanien (oder vielleicht war es die ‚Marseillaise‘ von Renoir?) in das ausgebreitete spanische Banner Hilfsspenden für die Republik sammelte. Mit welcher Leidenschaft rief Dein Bruder zu Opfern für das kämpfende Spanien auf! Mit welchem Feuer überzeugte er von der improvisierten Rednertribüne aus die Zuhörer davon, daß die spanischen Republikaner nicht nur um die eigene Freiheit, sondern um die Befreiung Europas vom Faschismus kämpfen.

Die zweite Episode spielte im Universitätskrankenhaus. Es befanden sich dort viele Soldaten von den Brigaden, die nach dem Sturz der Republik die Überquerung der Pyrenäen (das war während eines strengen Winters) mit schweren Erfrierungen, die nicht selten zur Amputation ganzer Gliedmaßen führten, bezahlt hatten. Diese Soldaten wurden von den Studenten, aber auch von Ärzten ganz miserabel behandelt – mit Verachtung und Feindseligkeit. Einmal während der Chefvisite blieben wir am Bett eines Polen, eines Spanienkämpfers mit schweren Erfrierungen an den Füßen, stehen, dem die Amputation drohte und der darüberhinaus an Schwindsucht litt. Einer der Studenten machte laut eine ironische Bemerkung über lästige Ausländer, die, wenn sie in Not sind, in Frankreich Unterschlupf suchen. Als Jerz das hörte, haute er ihm mit voller Kraft eins in die Fresse. Der Typ war blutüberströmt, und Jerz wurde der Zugang zum Krankenhausgelände verboten. Zum Glück hatte er bereits sämtliche klinischen Examina hinter sich.

Kein Zweifel, Jerz war damals unser geistiger Führer. Alle prophezeiten ihm eine große Zukunft – wenn unsere Zeit kommen sollte ... Das Studium schloß er als einer der meistversprechenden Ärzte der jungen Generation ab. Nach Polen kehrte er jedoch nicht zurück. Er beabsichtigte in Frankreich zu bleiben und sich als Arzt niederzulassen. Er sprach glänzend Französisch, beherrschte die englische und die spanische Sprache, und war überhaupt in seinen Sitten und Gewohnheiten schon ganz zum Franzosen geworden.

Und da war Gabri ... Gabri – seine Frau. Ich glaube, daß sie auf ihn einen viel, viel größeren Einfluß gehabt hat, als Du, seine Schwester, wahrnehmen konntest. Ich erinnere mich, wie erstaunt wir darüber waren, daß Jerz eine echte Libanesin, eine echte Maronitin und eine echte Millionärin heiratet! Ich muß zugeben, daß mir Gabri als Frau sehr gefallen und sogar imponiert hat durch ihren so ganz anderen Lebensstil. Ein nicht minder wichtiger Grund für Jerzs Entscheidung war die Tatsache, daß Gabri die französische Staatsbürgerschaft besaß. Das veranlaßte ihn, ihre Verbindung zu legalisieren. So war das. Für mich ging diese Phase meines Lebens im Juli neunzehnhundertneununddreißig zu Ende. Alle brachtet ihr mich auf den Bahnhof, als ich nach Polen zurückfuhr.

Später kam der Krieg. Du bliebst wie Jerz in Frankreich. Du nahmst am Widerstand teil und hast Dich großartig verhalten. Viele Male habe ich mir später das Foto angesehen, auf dem Du von de Gaulle persönlich mit der Tapferkeitsmedaille dekoriert wirst! Ich denke mir, daß sich Frankreich nicht besonders revanchiert hat, als Du gezwungen warst, Polen zu verlassen, und Du Dich in dem Land, für das Du gekämpft hast, niederlassen und praktizieren wolltest. Man hat kategorisch abgelehnt und Dir dieses Privileg versagt … Übrigens hat das Land, das Du verlassen mußtest, Dich auch nicht allzu dankbar an den Busen gedrückt …

Für mich brachte der Krieg der Reihe nach die Flucht aus Łódź, Arbeit im Hospital während der Belagerung Warschaus, die Rückkehr nach Łódź, die Trennung von den Eltern, das Getto … Im August vierundvierzig wurde das Getto von Łódź liquidiert. Ich fand mich in Auschwitz wieder, oder eigentlich in Birkenau, nachdem ich durch das Sieb der Selektion gerutscht war.

Bildete im Getto jeder Jude wenigstens ein Teilchen der unentgeltlichen Arbeitskraft, die es den Deutschen ermöglichte, aus dieser Ansammlung von Sklaven Riesengewinne zu schöpfen, so wurde hier, in dieser Todesfabrik, jeder von uns zu einem Nichts. Wir waren eine anonyme Masse, aus anonymen Einzelwesen zusammengesetzt, deren Summe beim Appell stimmen mußte. Von dem, was einmal mein Eigentum gewesen war, war mir nur ein Gürtel geblieben. Zum Anziehen erhielt ich abgewetzte Pumphosen und ein verschlissenes Jackett – alles zu eng und zu kurz für mich. Ich erwähne das, weil es durchaus im Zusammenhang steht mit meinem Bericht über Jerz.

In dieser Aufmachung, die man mir verpaßt hatte, sah ich wie eine Witzfigur aus. Wie ein Zirkusclown. Vielleicht ging es ja auch darum, den Häftling lächerlich zu machen. Doch in Kürze überzeugte ich mich davon, daß ein solcher Aufzug in Birkenau ein Unglück war. Auf der Lagerstraße, im Block, beim Brot- oder Suppeanstellen, in der Latrine und beim Appell hielt es jeder Kapo, jeder Blockälteste für angebracht, einen Menschen von solchem Aussehen zu treten, zu schlagen oder wenigstens zu stoßen. Die Erfahrungen der ersten zwei Tage genügten, um mir klarzumachen, daß der äußere Anblick wesentlich dazu beitragen konnte, aus mir einen Muselmann, das heißt einen Kandidaten für ein baldiges Ende im Ofen zu machen. Zum Glück traf ich auf einen Häftling – auch ein Jude aus Łódź –, der Hose und Jacke erhalten hatte, die viel zu groß für ihn waren. Eine Portion Brot, die ich, als ich den Tausch vorschlug, zusätzlich zu meiner Kleidung anbot, entschied. Und ich sah nun, sagen wir mal, anständig aus. Ich war keinen Fußtritten oder Knüffen mehr ausgesetzt, und wenn ich mit schnellem entschlossenem Schritt ging, machte ich den Eindruck eines hohen Lagertiers. Kurz gesagt, ich konnte mich relativ frei bewegen.

Bevor ich jedoch diese für mich so vorteilhafte Transaktion bewerkstelligt hatte, wurde ich gleich zu Anfang, als Einleitung zum Auschwitzkapitel meines Lebenslaufs, einer Probe unterzogen, die mich lehrte, daß die Welt, in der ich mich befand, außer einem bedrohlichen Gesicht auch eine geradezu groteske Fratze zeigen konnte. Diese Sache hat zwar nichts mit Jerz zu tun, ich möchte sie Dir dennoch schildern.

Unseren ganzen Transport, genauer gesagt, das, was nach der Selektion von ihrem männlichen Teil übriggeblieben war, so an die Tausend Häftlinge, hatte man in einer von ein paar Dutzend Baracken in dem Teil von Birkenau zusammengefaßt, der den Namen Zigeunerlager trug. Wir saßen auf dem Steinfußboden, zusammengepreßt wie Sardinen in der Dose. Entlang der Baracke lief das Ofenmauerwerk aus Ziegeln. Auf diesem Ofen saßen einige von der SS sowie irgendein Funktionshäftling von unbestimmbarer Macht. Und eben dieser Häftling trat mit einer Rede auf, deren Zweck es war, uns mit der für uns neuen Situation bekannt zu machen und zu belehren, was uns drohte, wenn wir der Auschwitz-Ordnung nicht Folge leisteten. Dieser Goldmund von einem Redner wanderte während der ganzen Dauer seines Vortrags an dem Ziegelofen entlang, mit der Fertigkeit eines Orators erster Klasse dabei heftig gestikulierend. Vielleicht war er von Beruf Schauspieler? Er redete nicht jiddisch, nicht deutsch – in einem seltsamen Gemisch. Der Inhalt dieser Ansprache war mehr oder minder folgender: ‚Paßt auf, was euch die deutschen Mächtigen zu sagen haben durch meine Vermittlung. Ihr müßt wissen, daß ihr euch im größten Konzentrationslager der Welt befindet, aus dem keiner von euch lebendig rauskommt. Seinen Aufenthalt im Lager ausdehnen und auf die Gunst der leitenden Stellen zählen kann nur der, der sich gut aufführen wird. Was eure Frauen und Kinder betrifft, seht zu den Schornsteinen. Dort verbrennen sie. Nur dieser Rauch ist von ihnen übriggeblieben. In diesen Öfen werdet ihr auch enden. Für jeden Ungehorsam die Todesstrafe. Und darum gibt euch die Obrigkeit jetzt eine letzte Chance. Wenn es jemandem gelungen ist, ins Lager irgendwelchen Schmuck, Gold oder Dollars zu bringen, kann er das jetzt abgeben und es passiert ihm nichts. Im Lager befinden sich außerordentliche Geräte, die auch so alles aufspüren. Und wenn die Geräte was finden, rettet euch nichts mehr vor der Todesstrafe.‘

Das wurde mit großer Beredsamkeit vorgetragen. Auf jeden Fall brachten die letzten Worte der Ansprache den gebührenden Effekt. Einige Häftlinge standen auf, drängten sich zwischen die Sitzenden hindurch und gaben bei dem Redner einzelne Dollarnoten ab. Wie sich jedoch zeigte, befriedigte dieser Effekt des verkündeten Appells die auf dem Ofen sitzende Obrigkeit nicht. Die SS-Männer sagten etwas zu dem Goldmund, und dieser rief mit lauter Stimme: ‚Alle Ärzte aufstehen!‘ Der Zufall wollte es, daß wir in dieser Gruppe wohl an die acht Ärzte waren. Anfangs wollte ich der Aufforderung nicht Folge leisten – schließlich mußte dort auf dem Ofen keiner wissen, wer ich bin. Doch rasch änderte ich meinen Entschluß. Ich sah nämlich den Blick einiger meiner nächsten Nachbarn auf mich gerichtet. Ich begriff, wenn ich mich nicht selber auf diese Aufforderung meldete, würde dieser oder jener mit dem Finger auf mich zeigen … Ich erhob mich. Der Redner forderte uns auf, uns neben ihm auf der Ziegelverkleidung aufzustellen. Als wir der Anweisung nachgekommen waren, musterte er uns aufmerksam, und zu den weiteren Experimenten wählte er mich aus (vielleicht deshalb, weil ich mich als letzter gemeldet hatte). ‚Wo hast du Gold und Dollars?‘ – ‚Ich habe nichts.‘ Faustschlag ins Gesicht. ‚Gib's zu!‘ – ‚Ich hab nichts.‘ – ‚Na, das werden wir gleich sehen …‘ Ich hatte eine aufgeplatzte Lippe und war auf das Schlimmste gefaßt. Es stellte sich heraus, daß das erwähnte Gerät zum Suchen von Gold und Dollars niemand anderes als mein Schinder war. Zunächst befahl er mir, den Mund weit zu öffnen, und er prüfte, ob ich dort keine Goldvorräte hätte. Danach sah er mir ins Ohr. Daraufhin mußte ich die Hose herunterlassen, und er kontrollierte gründlich, eigenhändig den Inhalt meines Afters. Von der Höhe des Ofens herab glänzte ich mit meiner abgemagerten Blöße und spürte dabei den Blick von tausend Unglücklichen auf mich gerichtet, einen Blick, in dem kein Mitgefühl war, sondern eher die Hoffnung, daß man in meinem Hintern etwas finden würde, was die Deutschen zufriedenstellte. Man fand nichts dergleichen. Die anderen Ärzte wurden nicht mehr untersucht. Als wir auf den Steinfußboden zurückkehrten, flüsterte mir einer zu: ‚Siehst du, was für eine gute Meinung sie hier von uns haben …‘

Nach dieser Zusammenkunft, mit mir als Hauptdarsteller, brachte man uns in verschiedenen Baracken des Lagers unter, das das größte auf der Welt war, worauf wir alle, wie man uns zu verstehen gab, stolz zu sein hätten. Es begann der Alltag von Birkenau, von Appell zu Appell, von einer Brotausgabe zur anderen, von einer Flucht vor dem Zur-Arbeit-Eingefangenwerden bis zur nächsten. Es war eine Zeit des Wartens. Für die SS stellten wir eine gewinnträchtige Ware dar, die man bei Arbeitskräftemangel den Fabriken oder Bergwerken des Reichs verkaufte. Vielleicht war das deshalb in der Geschichte des Lagers eine Zeit relativer Ruhe. Das heißt, der normale Hungertod war nicht von fortwährenden Selektionen oder mannigfaltigen Heldentaten der SS oder der Kapos begleitet. Diese relative, wenn auch bloß momentane Ruhe ließ unter den nach Auschwitz zusammengetriebenen Juden bald optimistische Stimmungen wachsen. Kam doch einmal nach dem Morgenappell ein ehemaliger Patient zu mir und sagte ganz ernsthaft: ‚Nicht wahr, Herr Doktor, das Vorgebirgsklima ist gut für die Lunge?‘ Was sollte ich ihm antworten, da man hinter seinem Kopf die schwarze Rauchfahne aus dem Krematoriumsofen aufsteigen sah …

Im Laufe dieser ersten Tage oder Wochen – es fällt mir heute schwer, all das zeitlich zu präzisieren – erwarb ich einige wichtige Fähigkeiten. Ich erlernte zum Beispiel die Kunst der kollektiven Notdurftverrichtung. Als ich zum erstenmal diese Zementlatrinen mit den Dutzenden von Öffnungen sah, fiel mir die Passage aus Celines Buch ein, wo er seine Eindrücke von einer Reise in die Vereinigten Staaten schilderte. Er kam dort zum erstenmal mit offenen, für die Öffentlichkeit bestimmten Mehrpersonenlatrinen in Berührung, wo die Benutzer sich gegenseitig auf die Schulter klopfen, um sich Mut zu machen bei dieser oftmals Anstrengung erfordernden Tätigkeit … Hier war von Schulterklopfen keine Rede. Man konnte höchstens von einem ungeduldigen Häftling vom Zementgehäuse gestoßen werden oder einen Schlag mit dem Gummiknüppel über den Kopf erwischen, von einem Kapo, der meinte, daß die Zeit zur Verrichtung der Notdurft längst verstrichen war. Ich lernte auch, wie man mit vereinten Kräften die durchdringende Kälte der Herbstmorgen und -abende bekämpfte. Eine Reihe von Häftlingen, mit den Rücken einander zugekehrt, bildete so etwas wie eine Schnecke, die in dem Maße anwuchs, wie neue Bereitwillige hinzukamen. Mit der Wärme teilte man sich auch die Läuse. Auch sie mußten es warm haben. Sie wurden dann munter und aggressiv. Ich erfuhr später, daß eine ähnliche Methode, sich der Kälte zu erwehren, die Makaken praktizieren.

Und, wie ich schon sagte, lernte ich erhobenen Hauptes, mit langen, energischen Schritten durch das Lager zu gehen. Im Fall der Fälle stieß ich sogar den einen oder anderen Muselmann an, der mir vor die Füße kam. Das machte Eindruck. Und eben während einer dieser Wanderungen, zu Anfang des zweiten Monats meines Lagerlebens (ich suchte in dem Teil des Lagers, wo sich der Krankenblock befand, meinen Cousin, der dort Pfleger war), traf ich auf Jerz.

Wie Dir sicher bekannt ist, durfte man den Drähten nicht zu nahe kommen. Der SS-Mann auf dem Turm nahm schnell einen solchen Häftling, der die Vorschriften mißachtete, aufs Korn. Ich ging folglich in einem sicheren Abstand von den Drähten, in der Hoffnung, auf der anderen Seite meinen Cousin zu sichten, als ich eine Gruppe Häftlinge bemerkte, die einen Müllwagen zogen, vielleicht auch das mächtige Faß, in das die Lagerlatrinen entleert wurden. Anfangs schenkte ich den vor das Faß gespannten Häftlingen keine Beachtung, aber dann kam mir eine Gestalt bekannt vor. Ich trat ein wenig näher, um sie mir genauer anzusehen. Jener Häftling wurde auch auf mich aufmerksam. Mehr noch – er machte mir irgendwelche Zeichen. Wir waren nicht mehr als acht, zehn Schritte voneinander entfernt, in der Mitte von Drähten getrennt. Nach einer Weile erkannte ich ihn und erstarrte. Es war Jerz! Er rief mir auf französisch seine Blocknummer zu, und bevor ihm einer von den Bewachern einen Fußtritt versetzte, gelang es ihm noch zu schreien, daß ich ihn besuchen solle.

Du mußt verstehen, daß mein Erstaunen auch daraus resultierte, daß ich nicht die geringste Ahnung von den Verhältnissen hatte, die im besetzten Frankreich herrschten. Natürlich wußte ich, daß zu dieser Zeit Frankreich bereits frei war, doch was dort während der vier Jahre Besatzungszeit geschehen war, war mir schleierhaft.

Ich beschloß, noch am selben Tag den von Jerz genannten Block zu suchen. Das war riskant, doch die Kleidung, die ich trug, wirkte ermutigend auf mich.

Den Block fand ich ohne größere Schwierigkeiten. Nicht sofort bemerkte ich, daß es sich um den Block für privilegierte Häftlinge, das sogenannte Kanada, handelte. Diese Häftlinge erfüllten spezielle Funktionen, wie zum Beispiel das Durchsuchen des Gepäcks, das den mit den Transporten Eintreffenden gehörte, das Verbrennen der Leichen aus den Gaskammern u.ä.m.. Hier lebten auch, wie sich zeigte, die Häftlinge, die beim Latrinenreinigen arbeiteten.

Sofern mich heute die Erinnerung nicht trügt und soweit ich nach vierzig Jahren imstande bin, all diese Geschehnisse zu rekonstruieren, war der Zutritt zum Block Kanada den gewöhnlichen Lagerparias verboten. Ich wurde jedenfalls aus irgendeinem Grund nicht aufgehalten, und auf einmal befand ich mich ... um Dir das möglichst genau zu veranschaulichen, sage ich kurz: ich war im Märchenland. Natürlich eines Besatzungs- und Lagermärchens, die Verkörperung aller Wunschträume seit Jahren hungernder Wesen.

Vorspiel zu dieser Märchenverzauberung war ... Duft. Man müßte annehmen, daß es in einem Block, wo Latrinenreiniger lebten, ganz einfach nach Fäkalien stinken würde. Weit gefehlt! Das Blockinnere erfüllten die wundervollsten, für einen Häftling wie mich bezauberndsten Düfte geschmorter Zwiebeln, gebratener Wurst, gebratener Eier, gebratenen Specks. Über jeder Pritsche hing wenigstens ein Ring Wurst, überall hingen Zwiebeln. Auf Leinen unter der Decke trocknete Wäsche, und es hingen auch Teile von Männergarderobe dort. Die Pritschen waren mit richtigen Steppdecken oder Wolldecken bedeckt. All das stammte natürlich von den ständig an der Rampe von Birkenau eintreffenden jüdischen Transporten aus Ungarn, aus Griechenland und selbstverständlich aus Polen, das man in der Zeit von Juden säuberte. Für die Bedingungen eines Konzentrationslagers funkelte das Innere dieser Baracke und betörte durch seinen Reichtum. Ihre Bewohner sahen, für Häftlinge, prächtig aus. Beim Zubereiten der Mahlzeiten lachten sie und rissen Witze wie Rekruten beim Militär, die sich Schlüpfrigkeiten erzählten ...

Ich ging langsam zwischen zwei Reihen Pritschen hindurch. Endlich gewahrte ich ihn. Seine Pritsche befand sich weit hinten.

Wir standen uns gegenüber, ohne recht zu wissen, wie wir uns verhalten sollten. Wir waren sichtlich verlegen, man könnte sagen, wie ein Liebespaar, das sich nach Jahren wiedersieht. Heute, wenn ich über diese Begegnung nachsinne, denke ich, daß uns unbewußt ein Gefühl der Scham quälte. Einer Scham wegen der Pleite unserer Visionen oder Zukunftserwartungen, die doch, wie wir geglaubt hatten, auf das unerschütterliche Fundament der Wissenschaft gestützt waren … Wir befanden uns ja in einer Situation, die die Theorie nicht vorsah und die die Phantasie nicht vorauszuahnen vermochte. Stets hatten wir geglaubt, die Zukunft könne uns nicht enttäuschen, doch sie hatte uns enttäuscht.

Nicht einmal in die Arme fielen wir uns, wie das unter ähnlichen Umständen eigentlich der Fall hätte sein sollen, und wie sich das in der Literatur so schön ausnimmt … Aber vielleicht wäre uns ein solches Verhalten zu pathetisch erschienen?

Später erkannte ich, daß Jerz's Reaktion bei dieser Begegnung in Auschwitz auch von anderen Motiven bestimmt sein mochte. Im übrigen kann ich heute dies alles nicht mit den dazugehörigen Einzelheiten schildern, weil ich vom ersten Augenblick an wie erstickt war von den Wohlgerüchen, die nicht nur meinen Geruchssinn attackierten, sondern auch auf meinen Gaumen, meinen Magen, glaub mir, geradezu lähmend wirkten … Hier in Birkenau verspürte ich bedeutend größeren Hunger als im Getto, wo es trotz allem mehr zu essen gab.

Doch der Reihe nach. Jerz setzte mich neben sich auf die Pritsche. Sofort bewirtete er mich mit Wurst, großen Schnitten Brot, Speckscheiben. Er tat das so diskret wie möglich, damit niemand etwas merkte. Ich machte mich sofort darüber her.

So vergingen still einige Minuten, in denen ich schlang und schlang. Dann fing Jerz an, mich über Łódź auszufragen, über das Getto, den Transport nach Auschwitz. Er fragte hastig. Ihn interessierte alles. Ich antwortete einsilbig, doch er, ohne meine Antwort abzuwarten, stellte mir die nächste Frage, ganz offensichtlich in dem Wunsch (heute verstehe ich das), meine Gegenfragen hinauszuzögern. Nun, aber vermeiden konnte er sie nicht. Ungefragt begann er selber von sich zu erzählen.

Wenn ich Dir, meine Liebe, nicht von dieser Begegnung erzählt habe, wenn ich niemals versucht habe, mich auf Jerz's vertrauliche Mitteilungen damals in Auschwitz zu beziehen, so waren es verschiedene Gründe gleichzeitig, die dafür entscheidend waren. Der wesentlichste war die Überzeugung, daß wir uns in dieser Angelegenheit von einer beidseitig akzeptierten schweigenden Übereinkunft leiten lassen. Ich wußte nicht und wollte nicht wissen, was Dir von Jerz's Kriegsschicksal bekannt war. Ich konnte annehmen, daß Du viel weißt oder vermutest. Schließlich befanden wir uns während des Krieges und der Okkupation nicht an zwei entgegengesetzten Enden der Welt. Den nördlichen Teil Frankreichs trennte vom südlichen zwar eine Grenze, doch es war nicht schwer, sie zu überschreiten, und noch leichter drangen Informationen oder Gerüchte durch. Überdies war Jerz nicht nur einer, mit dem man auf Versammlungen oder zu Kundgebungen ging, sondern er war Dein Bruder, mein Gott, für dessen Angelegenheiten sich zu interessieren Du die Pflicht hattest.

Sofern Du in Deinem Brief bittest, daß ich Dir alles, alles über diese meine Begegnung mit Jerz erzählen soll, darf ich daraus schlußfolgern, daß Du nicht alles weißt. Oder bisher nicht wissen wolltest. Ich verstehe auch, daß Du diesen bitteren Kelch bis zur Neige leeren willst. Du willst zwei Niederlagen besiegeln. Seine und Deine …

Der zweite Grund, weshalb ich diese Begegnung niemals erwähnt habe, ist völlig anderer Natur. Kurz ausgedrückt: In Jerz's Erzählung gab es so viele Lücken, daß es mir zu schwierig erschien, ein Ganzes daraus zusammenzukitten. Heute versuche ich das zum ersten Mal …

Er sprach mit immer größerer Leidenschaft, als habe er Gott weiß was für ein Auditorium vor sich. Ich dagegen schlummerte ein und aß, aß und schlummerte ein. Für ihn, später begriff ich, warum, war es das wichtigste Gespräch seines Lebens. So sagte er auch. ‚Glaub mir, dies ist das wichtigste Gespräch in meinem Leben.' Es war die Beichte, mit der er gewartet hatte. Für mich war es ein kaum bis zu meinem Gehirn vordringender Wortschwall und eine wundervolle, herrliche, einmalige Gelegenheit, den Hunger zu stillen.

Er begann damit, daß er mich von dem Irrtum, er befände sich aufgrund seiner politischen Überzeugungen oder seiner Tätigkeit in der Résistance (damals hörte ich zum erstenmal diesen Begriff) im Konzentrationslager, befreien wollte. Wie ich aus seiner Argumentation verstand, hatten mehrere Fakten dazu beigetragen, daß er ‚desertiert' war (diesen Ausdruck benutzte er, also wiederhole ich ihn). Zu diesen Fakten zählte er meine Abreise nach Polen – ich denke, dieses Argument hatte er sich erst nachträglich zurechtgelegt –, Deine Abreise mit Tadeusz nach Paris, ja, und vor allem das Verbot der Partei und ihre Haltung in den ersten Kriegsmonaten. Waren die beiden ersten Ursachen wohl eher Produkte einer nach Entschuldigungen suchenden Phantasie, so konnte ich die folgenden begreifen. Er beabsichtigte, in Frankreich ansässig zu werden; die Zugehörigkeit eines Polen zur verbotenen kommunistischen Partei machte aber eine Naturalisierung unmöglich.

Was die Haltung der Partei anbelangt, so war er über ihre Politik sehr verbittert. Er war der Ansicht, so wenigstens versuchte er mir das damals im Block Kanada, in den Duftschwaden gebratener Wurst, auseinanderzusetzen, daß sich die Partei nicht so bedingungslos dem Hitler-Stalin-Pakt hätte unterwerfen dürfen. Die bedenkenlose Unterstützung der Politik Stalins – sagte er – habe sogar dazu geführt, daß die Parteiführung nach der Kapitulation Polens den Friedensschluß mit den Deutschen verlangt habe. Und das hieß ja, unser Land, er dachte natürlich an Polen, den Pranken der Deutschen zu überlassen.

Ich unterbrach seinen Monolog nur selten. Ich fühlte mich so wohl, daß ich nichts dagegen gehabt hätte, wenn er sich ins Unendliche hingezogen hätte ... Und er, so als glaube er, sich nicht radikal genug anzuklagen, sich in meinen Augen nicht genug zu kompromittieren, begann davon zu sprechen, daß ihn mit dem Lauf der Zeit immer größere Angst erfaßte. Panische Angst. Er begründete das damit, daß er niemals durch eine politische Schule unter den Bedingungen illegaler Tätigkeit gegangen war. Sein alter Komplex, wie Du Dich erinnern wirst.

Nachdem man für die Teilnahme an einer Versammlung verhaftet werden konnte, das Kleben von Plakaten oder das Weitergeben von Flugblättern strengstens bestraft wurde, so monologisierte er, zog er sich völlig zurück. Nicht nur von der Partei. Er fing an, sich sogar vor den Freunden zu verstecken, von denen die meisten doch seine Kampfgefährten waren. All das untergrub seinen guten Ruf bei denen, an denen ihm lag ...

Obwohl ich während dieser Ergüsse wie benommen war, fiel mir auf, daß darin der Bezug zu Gabri fehlte. Er schien meine Gedanken zu lesen. Auf einmal begann er ausschließlich von ihr zu sprechen. Bald wie über eine gefühlvolle Geliebte, bald wie über eine Megäre, doch immer, so schien es mir wenigstens, mit einer gewissen Zärtlichkeit, wie über die Frau seines Lebens, jemanden, der ihm für immer der liebste Mensch bleiben wird. Dennoch ‚komplizierte sich alles' mit Gabri (genauso drückte er sich aus). Gabri verwandelte sich in eine immer größere Frömmlerin, eine ‚maronitische Betschwester'.

Gabri soll ihn in dieser Zeit gedrängt haben, zum Katholizismus überzutreten, und er fühlte sich, natürlich zum Trotz, immer mehr als Jude. Man kann sich das Zusammenleben der Beiden vorstellen, die sich, woran ich nicht zweifle, noch immer liebten, die einst diese Liebe bei jeder Gelegenheit hervorhoben und mit geradezu exhibitionistischer Ungezwungenheit demonstrierten. Dazu kam, daß er vollständig von ihr ausgehalten wurde ...

Als die Deutschen die Herren Frankreichs geworden waren, und die Franzosen ihr Leben mit Willfährigkeit, fast masochistischem Vergnügen dem Gesetz des Siegers unterwarfen, nahm die Angst vor dem, was ihm drohte, manische Formen an. Er verließ die Wohnung überhaupt nicht mehr, versteckte sich vor Fremden wie vor den eigenen Leuten, dachte sogar an Selbstmord ... Er sprach, sprach, sprach, unterbrach seine Beichte nur, um zu prüfen, ob sie auch zu mir vordrang, ob ich ihm Gesellschaft leistete auf der Ebene, die sich seinem Untergang entgegenneigte ...

Und ich hörte nicht auf zu essen. Selbstverständlich strengte ich mich an, ihn zu verstehen, mir klar zu werden, wer er war, bevor er begonnen hatte, die Kloaken von Auschwitz zu leeren, doch es fiel mir immer schwerer. Er sprach über sich mit selbstanklägerischer Verzweiflung, und ich war glücklich, daß ich mich sattessen konnte ... Ich weiß nicht, ob Du Dir die Situation vorstellen kannst. Weiß nicht, ob überhaupt irgendwer, so viele Jahre nach den Zeiten der Lagerabgründe, in der Lage ist, sie sich vorzustellen.

Anfangs hatte noch dieser oder jener ihn zu beeinflussen versucht, aber bald ließ man ihn in Ruhe. Es gab wichtigere Dinge, als einen Menschen vor sich selber zu retten. Jerz kommentierte das in seinem Monolog mit der Anmerkung, daß die polnisch-jüdischen Emigranten in Frankreich zu jener Zeit keine allzu bequemen Verbündeten für die Partei darstellten. Doch darüber weißt Du ja bedeutend mehr, und es gibt keinen Grund, Dich über etwas zu informieren, das Du selber erfahren hast. Später – sagte Jerz – habe sich die Politik der Partei geändert (das war vermutlich nach dem Juni einundvierzig?), und die Emigranten begannen eine immer größere Rolle in der Résistance zu spielen. Nur daß er in dieser Zeit ohnehin nicht in Toulouse war. Gabri war mit ihn nach Saint Gaudens gezogen. Vermutlich nahm sie an, daß Jerz dort sicherer sein würde. Ich denke, anders als Jerz, daß sie ihn eher von dem großen Zentrum der Parteiaktivitäten fernhalten wollte, das Toulouse damals war.

In dem kleinen Städtchen – Saint Gaudens, wo Jerz niemand kannte, war er Gabri auf Gedeih und Verderb ausgeliefert. Es war ihm klar, daß er ihr immer mehr zur Last fiel. Ein paar Monate fern von Toulouse genügten, um zu begreifen, daß er für Gabri ein Hindernis darstellte in der Erfüllung ihrer Lebenspläne, die sich immer mehr konkretisierten, je mehr sich die Deutschen in Frankreich etablierten. Gabri blühte auf. Sie platzte schier vor Frömmigkeit und Petain'schem Patriotismus. Die Zeit für Menschen wie sie war gekommen! Sie wurde immer schöner, behauptete Jerz, und er fühlte sich als völlig isolierter, verachteter und verächtlich gemachter mieser kleiner Jude, als einer von den Karikaturen, mit denen die französische Presse zu dieser Zeit ihre Leser reichlich bedachte.

Ich kann Dir nicht sagen, wieviel Brot und Wurst ich bis zu diesem Punkt seiner Beichte vertilgt hatte. Jerz unterbrach seinen Monolog, um mir einen Becher heißen Kaffees zu bringen. Er schmeckte mir wie der im Maison du Café in der Rue de Metz, erinnerst Du Dich?

Na, und eines Tages geschah, wie er sagte, was geschehen mußte. Gabri erklärte ihm schlankweg, daß er, Jerz, nicht das Recht habe, ihre Existenz zu gefährden, und daß er ihr – helfen müsse. Helfen! Das heißt ausziehen. Man habe sie schon gefragt, warum sie in ihrem Hause einen Juden und noch dazu Kommunisten verberge. In einer anderen Stadt werde er auch sicherer sein. Kurz gesagt (Jerz sprach bedeutend länger darüber), sie gab ihm Geld und schickte ihn zurück nach Toulouse. In Toulouse trieb er sich ein paar Tage lang in der Stadt umher. Er versteckte sich, weil er niemanden mit seiner Person (und sich selber nicht) in Gefahr bringen wollte. Am Ende ging ihm das Geld aus, und er kehrte nach Saint Gaudens zurück. Als er gerade Gabris Wohnung betreten wollte, kamen zwei deutsche Offiziere heraus. Gabri stand lächelnd in der Tür, und die beiden salutierten elegant. Du kannst Dir vorstellen, welchen Eindruck sein Erscheinen machte. Gabri gewann schnell die Fassung wieder und zog ihn ins Haus. Sie machte ihm eine schreckliche Szene und verlangte, daß er gleich morgen früh die Wohnung wieder verlasse. Die Gestapo – soll sie ihm gesagt haben – sei im Besitz von Beweisen für seine kommunistische Tätigkeit vor dem Krieg … Er schaffte es nicht mehr wegzukommen. Frühmorgens erschien die Polizei und verhaftete ihn. Gabri war gut informiert gewesen …

An diesen Teil des Berichts erinnere ich mich besser. Wahrscheinlich deshalb, weil er sich bei seinem Monolog auf Fakten beschränkte und auf die literarisch-theatralische Selbstanklage verzichtete.

Als man ihn verhaftete, grübelte er natürlich darüber nach, ob ihn nicht Gabri verraten hatte. Er versuchte, sie heftig vor mir in Schutz zu nehmen, obwohl ich gar nicht daran dachte, sie zu beschuldigen. Im Gefängnis (oder im Arrest) begannen die stundenlangen Verhöre. Ob er etwas gewußt hat? Nein, das hat er nicht. Wirklich nicht. Da er sich seit Jahren mit keinem auch nur getroffen hatte … Das dauerte ein paar Wochen. Jerz behauptete, daß zum Schluß zwei Gestapooffiziere an den Verhören teilnahmen. Ich kenne die Situation in der südfranzösischen Zone nicht sehr gut, ich weiß nicht, ob an solchen Verhören tatsächlich Gestapoleute teilnehmen konnten. Auf jeden Fall, wie er mir sagte, lähmte ihn schon ihre bloße Anwesenheit. Man bedrohte ihn mit Prügel und Folter. Einmal zeigte man ihm einen Gefangenen nach einem solchen Verhör … Du kannst Dir vorstellen. Trotzdem konnte er nichts sagen, weil er ja nichts wußte. Zum Glück …

Eines Tages machten sich die Verhörbeamten ans Werk. Und zu prügeln verstanden sie wirkungsvoll. Nun, und hier – diesen Eindruck hatte ich zumindest – begann sich Jerz's Bericht plötzlich zu verwirren. Jedenfalls ging aus dem, was er mir zu sagen versuchte, hervor, daß er die Schläge nicht aushielt und seinen Folterknechten die Adresse eines Mannes hinwarf, den er in Toulouse getroffen und der ihn zu sich eingeladen hatte und von dem er wußte, daß er jeden Tag nach Spanien geschleust werden sollte. Man hörte mit dem Prügeln auf, und nach einigen Tagen gratulierte ihm der Deutsche, der ihn verhört hatte, um nicht zu sagen, er bedankte sich herzlich. ‚Die Information hat den Behörden geholfen, einer wichtigen Gruppe kommunistischer Banditen auf die Spur zu kommen …‘

Diesen Teil des Monologs tränkte Jerz in eine Art metaphysischer Philosophie des Zufalls, der die menschlichen Geschicke regiere: in Betrachtungen zum Thema Unmöglichkeit, der eigenen Bestimmung zu entgehen, und zum Thema freier Wille … Nicht viel ist mir davon in Erinnerung geblieben. Die Welt, sagte er, war über ihm zusammengebrochen, doch trotz allem war er glücklich, daß ihm keine Schläge mehr drohten. Niemanden habe er bewußt verraten, behauptete er. Ganz im Gegenteil, er wollte die Deutschen auf eine falsche Spur führen (das war ein übertriebener Versuch, seine Ehre zu retten), und daß der Zufall es gewollt hat, daß es anders gekommen ist … Du verstehst selber, über eine solche Logik sich den Kopf zu zerbrechen, lohnt nicht. Klar, daß Jerz von mir letztendlich eher als Feigling denn als gemeiner Denunziant oder Verräter angesehen werden wollte. Ich bin mir nämlich nicht sicher, ob er das nicht war …

Er erfuhr später – sie hielten ihn noch vier Monate gefangen –, daß in der Wohnung, die er den Deutschen genannt hatte, unter dem Fußboden irgendwelche Papiere versteckt gewesen waren, die es ihnen ermöglichte, die entsprechende Fährte aufzunehmen. Jerz meinte, daß diejenigen, die den dort befindlichen konspirativen Stützpunkt aufgaben, höchstwahrscheinlich die Papiere vergessen hätten und daß sie auf diese Weise später in die Hände der Gestapo gefallen seien. Auf jeden Fall, in die Freiheit entließ man ihn nicht mehr. Vor dem Abtransport ins Lager zeigte ihm der Deutsche, der ihn verhört hatte, eine Zeitung. Darin stand die Nachricht von der Enthauptung mehrerer Kommunisten aus dem Toulouser Netz …

Du kannst Dir vorstellen, meine Liebe, wieviel Jerz dieses Geständnis gekostet hat. Es könnte scheinen, als habe er in diesem Auschwitz auf mich gewartet, als sei ich ihm vom Himmel geschickt. Die Beichte war vollbracht. Ob die Läuterung folgte? Heute, während ich diese Worte schreibe, kann ich darüber nachdenken, damals war ich auf so komplizierte Gedankengänge nicht eingestellt. Was mich damals interessierte, weißt Du bereits. Er wartete vermutlich auf irgendein Zeichen des Mitleids, wenn auch eines verächtlichen – ich war weder zu dem einen noch zu dem anderen fähig.

Jerz erwähnte noch, daß er, als er sich in Auschwitz befand, an Selbstmord gedacht hat. Wie viele Male hatte er diesen Selbstmord erwogen! Aber er gestand, daß es bei ihm zu einem solchen Schritt nicht mehr gereicht hat … Zum Glück (so sagte er: ‚zum Glück‘) kam er nach ein paar Wochen zum Latrinenkommando.

Obwohl er überlegte, ob das nicht die Belohnung für die Adresse war, mit der er den Deutschen geholfen hatte. Die Arbeit beim Abtransport der Scheiße als Belohnung für Verrat – das ist eine allzu vulgäre Symbolik. ‚Es geht mir jetzt, wie du siehst, nicht schlecht', sagte er zum Schluß …

An dieser Stelle hielt ich es nicht mehr aus. Trennten mich auch von all jenen Dingen, über die er bisher gesprochen hatte, Ewigkeiten und kosmische Räume, und hatte ich seine bisherigen vertraulichen Mitteilungen essend, verdauend und schlummernd mitangehört, so war doch Auschwitz um uns herum, und wir waren in sein Getriebe und in seine Gesetze einbezogen.

Ich sagte ihm, das heißt, ich schrie heraus, was ich, was das ganze Lager über Kanada wüßte. Zu fressen hatte er, soviel er wollte, natürlich im Vergleich zu uns, den gewöhnlichen, lausigen Häftlingen, er lebte wie ein Nabob, doch sein Leben war weniger sicher als das Leben des ersten besten Muselmanns. Heute zog er Fässer mit den Exkrementen aus dem Lager und genoß deshalb Privilegien, mit denen im Lager nur wenige versorgt waren, er aß Speck, trank Kognak, schlief unter einer Steppdecke, aber es war auch bekannt, daß jede Mannschaft des Kanada, eine wie die andere, nach wenigen Monaten im Gas endete.

Jerz hörte sich alles in Ruhe an. Es war keine Neuigkeit für ihn. Er mochte sich höchstens wundern, warum ich auf seine letzten Worte so heftig reagiert hatte. Ich weiß im übrigen selber nicht, warum sie mich so aufregten. Seine Argumentation war erstaunlich einfach. Ich will versuchen, sie Dir so genau wie möglich zu vermitteln, auch wenn sie die für Dich, für uns so wichtige französische Etappe seines Lebens nicht betrifft. Du willst ja alles über Jerz wissen …

‚Daß sie von hier aus direkt ins Gas schicken, ja, und?! Alle wissen das. Bloß, wie soll man sich das erklären, daß alle das wissen und jeder davon träumt, nicht bloß ins Kanada, sondern sogar ins Scheißkommando zu kommen?' Er riet mir, mit jedem x-beliebigen aus diesem Block darüber zu reden. Ein Abwinken mit der Hand würde die einzige Antwort sein. ‚Vielleicht gibt es ja irgendeine gemeinsame Ursache für einen solche Haltung?', sagte Jerz. Seiner Meinung nach lag diese in der Tatsache, daß jeder, wirklich jeder, bevor er ins kanadische Pensionat gelangte, wußte, daß es sich in Auschwitz nicht länger als ein paar Wochen aushalten ließ. Für alle, die sich im Kanada befanden, bedeutete diese Baracke Lebensverlängerung. Um ein paar Monate, ein paar Wochen, ein paar Tage ... Und was konnte alles geschehen in der Zeit, die zwischen dem Tod in einer gewöhnlichen Baracke und dem im Kanada trennte? Passieren konnte viel ... ‚Und außerdem', fügte er hinzu, ‚vergiß nicht, daß sich jeder von seinen eigenen Hoffnungen, seinem Instinkt und kleinem Plan leiten läßt. Die einen wiegen sich in der Illusion, daß die Deutschen es nicht schaffen werden, sie ins Gas zu schicken, andere haben ihre Methoden, um ein würdiges Ende zu finden vor dem Tod in der Gaskammer ...'

Und schließlich sagte Jerz noch etwas. Es klang mehr oder weniger so: ‚Was mich angeht, ich ... ich denke, daß er mir zukommt. Dieser Tod. So ist ganz bestimmt Gottes Wille.'

Kannst Du Dir Deinen Jerz vorstellen, wie er sich auf den Göttlichen Willen beruft? Das war unglaublich. Ich fragte ihn, seit wann er religiöser Fatalist sei. Er erwiderte, daß er an etwas glauben müsse und daß in Auschwitz nur dies übrigbleibe, wenn man weiß, daß man früher oder später zu demselben Dreck wird, den man jetzt im Faß wegfährt.

Wie konnte ich auf das alles reagieren? Hier war nicht das Studentenzimmerchen oder unser Café in Toulouse, wo wir beliebig und über jedes Thema diskutierten und dabei, selten, heftig aneinandergeraten konnten. Alles kam mir unecht vor, wie ein Kapitel aus einem schlechten Roman ... Viele Male nach dieser Begegnung habe ich darüber nachgedacht, wer eigentlich dieser Mensch gewesen ist, den wir, wie wir glaubten, so gut gekannt hatten. War er ein ins Getriebe des Lebens geratener Schwächling oder auch ein Feigling, ein Denunziant und elender kleiner Schauspieler, der für die Vorstellung im Theater eines einzigen Zuschauers, der ich war, die entsprechende Rolle einstudiert hatte? Viel später erst habe ich mir abgewöhnt, die Haltung der Menschen vorschnell in bestimmte Schubladen einzuordnen. Ich überlegte mir, wie ich diesen Part gespielt haben würde, hätte das Schicksal meiner so gespottet. Während des letzten Krieges hat im Prinzip keine Norm die Prüfung bestanden. Und je weiter wir uns von diesen Geschehnissen entfernen, um so mehr versuchen wir zu rehabilitieren, was so leicht, wie sich gezeigt hat, in uns kompromittiert worden ist.

Damals, bei Jerz, schwieg ich natürlich. Ich kehrte in den glückseligen Zustand des Dämmerschlafs zurück. Jerz jedoch wollte unsere Zusammenkunft beenden. Ohne darauf zu achten, daß ich fast schlief, daß ich mich noch immer, wenn jetzt auch bedeutend langsamer, mit Brot vollstopfte, begann er mir zu erklären, warum es so wichtig war, daß er sich alles hatte von der Seele reden können. Er nannte es eine Art psychischer Therapie und dazu merkte er an, daß in jedem von uns etwas von einem Schauspieler ist und in jedem Schauspieler etwas von einem Exhibitionisten …

Das konnte ich mir nicht mehr mit anhören. Es sah ganz so aus, als wollte er mich zum Schluß dieses Gesprächs daran erinnern, wer er in Wirklichkeit ist, was er durch seine Person repräsentiert, wen ich da vor mir habe: einen raffinierten Intellektuellen, einen Dialektiker, einen Mann, der es versteht, sich und andere in jeder Situation emotionslos zu analysieren …

Ich stand auf (nur schwer) und schickte mich an zu gehen. Ich hatte nicht die Absicht, um das letzte Wort zu kämpfen. Ziemlich kühl bedankte ich mich bei ihm für die königliche Bewirtung. Ich war so satt, daß ich fast trunken war. Er sah mich mit seinem halb kindlichen, halb verführerischen Blick an. Er wollte etwas sagen, dann schien er seine Absicht geändert zu haben und mahnte mich nur, beim Hinausgehen aufzupassen. Denn für einen Besuch in diesem Block konnte man ganz schön etwas abbekommen. Außerdem hatte ich eine dicke Scheibe Brot unter der Jacke. Zum Glück erwies sich der Rückweg als genauso gefahrlos wie mein Eindringen in diesen bewachten Palast der Auschwitzer Krösusse.

Ich muß zum Schluß noch hinzufügen, daß ich diesen Ausflug und das Zusammensein mit Jerz teuer bezahlt habe. Kaum war ich zurück in meiner Baracke, aß ich den Rest Brot und das Stück Wurst auf, das mir von der Bewirtung geblieben war. Das war zu viel. In der Nacht erbrach ich mich, bekam grauenvollen Durchfall und sehr hohes Fieber. Als ich halb bewußtlos einschlief, zog mir jemand (sehr bewußt) die Schuhe unter dem Kopf weg. Diese Schuhe, Gettoschuhe, stellten ein überaus wichtiges Element meiner äußeren Erscheinung dar, die, wie ich Dir geschildert habe, eine solche Rolle in Birkenau spielte. Ohne Schuhe, in gewöhnlichen Holzpantoffeln, wurde ich auf der Stelle wieder zu einem durchschnittlichen Paria. Die Suche nach dem Dieb war von vornherein zum Scheitern verurteilt. Als ich am anderen Morgen verzweifelt über den Verlust der Schuhe jammerte, riet mir der Blockschreiber, ein ungarischer Jude, ich solle mich in der Baracke umschauen und feststellen, wer von den sterbenden Häftlingen Schuhe besitzt, die mir passen könnten. Der Rest sollte ausschließlich von meiner Gewitztheit abhängen und, der Schreiber unterstrich das mit Nachdruck, von meiner körperlichen Stärke, da ich nicht der einzige Anwärter auf diese Hinterlassenschaft sein würde. Ich kann Dir nur sagen, daß sich bei diesen Bemühungen um die Schuhe meine Lagererfahrungen enorm bereichert haben. Die zwei folgenden Tage hockte ich buchstäblich auf der Pritsche eines Juden aus Ungarn, in Erwartung seiner endgültigen Niederlage im Kampf mit dem Hungertod. Gegen Ende bemerkte ich, daß ich tatsächlich nicht der einzige Anwärter auf die Hinterlassenschaft war. In der Furcht, ich könnte einem Stärkeren unterliegen, zog ich im nächtlichen Dunkel dem Sterbenden die Schuhe aus. Hätte ich das nicht getan, dann einer meiner Konkurrenten. Am Morgen war der Leichnam nicht mehr auf der Pritsche.

Das hat natürlich mit Jerz's Sache nicht viel zu tun. Da ich Dir jedoch von unserem Zusammentreffen in allen Einzelheiten berichte, ist dieses Finale, trotz der Abwesenheit des Hauptdarstellers, der Erwähnung wert. Wenn Du das alles gelesen hast, wirst Du wohl die Gründe verstehen, die mich abgehalten haben, Dir von dieser Begegnung zu erzählen. Ich habe geglaubt, daß Du über alles Bescheid weißt, und daß folglich keine Notwendigkeit besteht, Dir das Ganze noch einmal in Erinnerung zurückzurufen. Oder auch, wenn Dir Jerz's Kriegsgeschick unbekannt sein sollte, daß keine Notwendigkeit besteht, Dich damit vertraut zu machen. Schließlich war ja auch Dein Leben nicht auf Rosen gebettet. Wozu also hätte ich Deine Erfahrungen vermehren sollen?

Was gäbe es noch hinzuzufügen? Viel später, bereits nach dem Krieg, erfuhr ich, daß in demselben Monat, in dem ich von Auschwitz wegverfrachtet wurde, im Lager eine Revolte der Bedienungsmannschaften der Gaskammern und Krematoriumsöfen stattfand. Eine Revolte, scheint's, überhaupt aller, die zu jener Zeit die Segnungen Kanadas genossen. Derer, die die nächsten Opfer des für sie von den Deutschen geschaffenen arbeitsteiligen Tötungssystems werden sollten … Fast alle Häftlinge kamen ums Leben, doch die Gaskammern und die Öfen waren nicht mehr gebrauchsfähig. Noch immer gebe ich mich der Vorstellung hin, daß unter denen, die die Revolte ausgelöst haben, Jerz gewesen war. Unser Jerz. Bleib gesund."

Er hatte also getan, was die erfahrensten Auschwitzhäftlinge, darunter sein Cousin, Pfleger im Krankenblock, ihm geraten hatten. „Hau ab vor jedem größeren Transport“, hatte der gesagt. „Die großen gehen mit Sicherheit in ebensolche Lager wie Auschwitz. Also in die Vernichtung. Die kleinen Transporte werden fast immer an Fabriken weitergeleitet. Nur dort hast du eine Chance zu überleben …“ Das war ein logisches, wenn auch deprimierendes Argument. Viermal war es ihm gelungen, vor großen Transporten zu fliehen, für die die SS ein Kesseltreiben veranstaltete. Jedes Mal riskierte er Prügel mit dem Gummiknüppel oder sogar noch etwas mehr, doch er hatte Glück. Endlich geriet er in diesen kleinen Transport. Alles in allem achtzig Häftlinge, fast ausschließlich Juden aus Łódź und ein paar ungarische.

Natürlich handelte er auf gut Glück. Er setzte seinen ganzen Besitz, das heißt sein Leben, auf eine Karte. Oder eher – er spielte russisches Roulette, mit dem Unterschied, daß in der Version des deutschen Lagersystems nur eine Kugel im Magazin fehlte.

Eine Fahrt ins Blaue. Du fliehst vor dem Gas und weißt nicht, ob dich nicht Schlimmeres erwartet. Obschon du zugeben mußt, daß der Anfang nicht übel aussah, sogar zu gewissem Optimismus Anlaß gab. Vor dem Einsteigen in den Waggon bekam jeder einen Laib Brot in die Hand! Eine von deutscher Seite ungewohnte Freigiebigkeit. Und davor noch ein unerwarteter Hoffnungsschimmer. Sie marschierten in Kolonne am Frauenlager vorbei, und für einen kurzen Moment sah er dort seine Frau. In irgendwelchen Lumpen, mit geschorenem Kopf, aber lebend …

Sogar der Güterwagen, in dem sie sich befanden, hatte sie mit Komfort in Gestalt eines Eimers zur Verrichtung der Notdurft empfangen. Sie stellten sich neben das mit Brettern vernagelte Fensterchen. Durch die Ritzen drangen die letzten Strahlen der untergehenden Sonne in den Waggon. Er drückte das Brot an die Brust, freute sich über dessen Duft und seine ovale Form. Behutsam brach er ein Stückchen ab und aß es langsam. Er wußte, daß er, obgleich es höllisch lockte, nicht alles auf einmal aufessen durfte. Er hatte schon einmal erleben müssen, was eine solche Unbeherrschtheit für Folgen haben konnte.

Im Waggon waren sie etwa zwanzig, ebenfalls ein Luxus. Darunter drei Ärzte aus dem Getto Łódź. Im Waggon nebenan gab es, wie man hörte, einen vierten. Eine seltsame Auslese, und das völlig zufällig. Von den Gettoärzten hatte nur einer eine seinem Beruf gemäße Arbeit in Auschwitz gefunden. Die übrigen waren entweder nach der Selektion liquidiert oder von der SS ebenfalls zum Verkauf als Arbeitskräfte bestimmt worden.

Er kauerte sich in eine Ecke und schlief sofort ein. Ein paarmal wachte er auf, wenn der Zug, plötzlich quietschend, seine Fahrt verlangsamte oder, ebenfalls plötzlich, Tempo machte. Einmal war ihm, als griffe jemand mit der Hand unter seinen Kopf, wo er sein Brot versteckt hatte. Er wurde hellwach, und zur Sicherheit schob er den Brotlaib unter den Rücken, so daß er ihn jetzt mit seinem ganzen Körper bedeckte. Die Ritzen zwischen den Brettern waren noch immer schwarz. Hin und wieder wurde das Schwarz vom Blitzstrahl einer einzelnen Lampe unterbrochen, die jemand nur mangelhaft abgeblendet hatte. Als er zum vierten oder fünften Mal aufwachte, spürte er ein dringendes Bedürfnis. Er ging zu dem Eimer, doch der war schon voll bis zum Rand. In der dichten Dunkelheit sah er einen Reisegefährten, der sich, von derselben Not gedrängt, einfach bei der Tür postiert hatte und durch einen schmalen Spalt seine Notdurft verrichtete. Er probierte das gleiche Kunststück. Es erwies sich als nicht allzu schwer.

Erneut kauerte er sich in die Ecke. Er aß ein Stück Brot und fiel wieder in Schlaf. Als er erwachte, drang durch die Ritzen der Türen zusammen mit durchdringender Kälte schwaches Morgenlicht. Neben ihm, mit dem Rücken gegen die Wand gelehnt, saß ein Jude aus Berlin – ein Arzt. Auch er schlief nicht.

„Wissen Sie, in welche Richtung wir fahren?“

„Wenn ich mich richtig orientiere, nach Westen, fortwährend nach Westen“, sagte der Angesprochene.

„Wir müssen schon ziemlich weit gekommen sein. Immerhin sind wir seit bestimmt zehn Stunden unterwegs. Mindestens.“

„Wir hatten lange Aufenthalte.“

Er aß noch ein Stück Brot, stand auf und machte unter den erstaunten Blicken seiner Nachbarn ein paar Rumpfbeugen. Unvermutet bremste der Zug und kam schließlich zum Stehen. Zunächst passierte nichts. Nach einigen Minuten vernahmen sie von draußen die gewohnten lauten Zurufe. Rasselnd wurde die

Tür des benachbarten Waggons aufgeschoben, und kurz darauf wurden sie von Tageslicht geblendet. Dieselben SS-Männer, die sie in Auschwitz eskortiert hatten, sahen ins Wageninnere. Sie befahlen, auszusteigen und sich in Fünferreihen aufzustellen, und irgendein SS-Unteroffizier zählte genau durch, um dann zufrieden festzustellen, daß niemand geflohen, niemand gestorben und niemand unterwegs dazugekommen war.

Der Morgen war kühl wie gewöhnlich Ende Oktober. Noch eine halbe Stunde verging, ehe man sie zu einer abmarschbereiten Kolonne formierte. Sie überquerten die Bahngleise, und plötzlich befanden sie sich auf freiem weitem Feld; vor ihnen in der Ferne ein Bergpanorama mit schneebedeckten Gipfeln. Mit Sicherheit nicht die Tatra und nicht die Alpen. Der Arzt aus Berlin befand sich mit ihm in einer Reihe. Der mußte sich hier eigentlich am besten auskennen.

„Wo sind wir hier eigentlich?"

„Das ist das Riesengebirge."

„Riesengebirge? Nie davon gehört. Wo befindet sich dieses Gebirge?"

„In den Sudeten. Wir sind ganz sicher in den Sudeten."

Das sagte der hinter ihm marschierende Emil Vogel, ein Arzt aus Prag. Der aus Berlin hieß Heinz Hirschfeld und war, damit brüstete er sich jedenfalls, ein Neffe von Professor Magnus Hirschfeld, einem Spezialisten auf dem Gebiet der Sexualwissenschaft, dessen populärwissenschaftliche Bücher aus dem Grenzbereich der Pornographie sich kurz nach dem Weltkrieg ziemlicher Beliebtheit erfreuten. Der vierte in dieser Ärztegruppe war Zahnarzt Loewi – auch aus Berlin.

Sie marschierten jetzt über eine Chaussee, und auf der rechten Seite erblickten sie an einem Pfahl eine Tafel mit der Aufschrift „Hirschberg". Sie waren also in Hirschberg, in Jelenia Góra. Dieser Name, ähnlich wie „Riesengebirge", sagte ihm damals nichts.

Sie marschierten schweigend. Allmählich näherten sie sich der Stadt. Er faßte unter die Jacke und brach sich wieder ein Stück Brot ab. Voller Genugtuung bemerkte er, daß andere schon lange kein Brot mehr hatten. Er war stolz, daß er imstande war, sich eine solche Disziplin aufzuerlegen, die umso schwerer einzuhalten war, als ihm der Hunger ununterbrochen zusetzte.

Nach einer gewissen Zeit hallte das ungleichmäßige Geklapper ihrer Schritte – die Mehrzahl der Häftlinge trug Holzschuhe an den Füßen – als immer stärkeres Echo in den blitzsauberen, von farbigen Häusern hübsch gesäumten Straßen wider, Häuser, deren Fenster so klein waren wie in einem Puppenhaus. Die Häuser waren grün oder gelb, seltener rot, und die Fensterläden waren dunkelbraun gestrichen. Man sah keine Spuren des Krieges. Es mußte noch ziemlich früh am Tag sein, denn die Straßen waren fast leer. Auf einmal hörte er Hirschfeld, der rechts von ihm ging, flüstern: „Ich habe eine Bitte. Würden Sie mit mir den Platz tauschen?"

„Bitte sehr", sagte er erstaunt. „Was macht das schon für einen Unterschied?"

Sie wechselten die Plätze, und jetzt marschierte Hirschfeld zu seiner Linken. „Ich bin hier früher oft Ski gefahren. Ich möchte nicht, daß mich irgendein Bekannter sieht ..."

Diese Antwort verblüffte ihn so, daß er stehenblieb. „Schämen Sie sich? Mein Gott! Weshalb denn?"

„Na, wissen Sie! In diesem gestreiften Zeug sehe ich doch aus wie ein Verbrecher. Was sollen die von mir denken!"

Er hätte am liebsten etwas Beleidigendes gesagt, doch er hielt sich zurück. Die Mentalität der deutschen Juden würde er nie ergründen. Und noch weniger ändern. Er prüfte mit einem Seitenblick, ob Hirschfeld sich zum Bürgersteig hin nicht das Gesicht verdeckte ...

Wohl schon eine halbe Stunde lang gingen sie durch das Städtchen. Die ersten Passanten tauchten auf. Hauptsächlich Frauen. Keine verschwendete auch nur einen Blick an sie. Als ob nichts sei. Als wäre die Straße nicht mit einer von bewaffneten SS-Männern eskortierten Häftlingskolonne besetzt. Das war nicht mangelndes Interesse. Das war Angst vor etwas Bedrohlichem, möglicherweise sogar Magischem – die Furcht vor einer bösen Macht, einer Erscheinung, die, wenn man ihr ins Auge sieht, Unglück bringen kann.

„Uns gibt und gab es nicht", knurrte von hinten Vogel, dem das Verhalten der Deutschen ebenfalls nicht entgangen war.

Endlich, nach einer Stunde Marsch, erreichten wir, etliche schon sehr erschöpft, das Tor eines mit Stacheldraht umzäunten Lagers. Wir machten halt, da gerade eine Häftlingskolonne, vermutlich auf dem Weg zur Arbeit, aus dem Tor marschierte. Ihr Anblick stimmte nicht eben optimistisch. Die Gesichter der Häftlinge waren überwiegend abgezehrt, häufig völlig schwarz. Die meisten schlurften mit den Füßen, als wollten sie die Energie für später, wenn es arbeiten hieß, aufsparen. An den Neuen gingen sie gleichgültig vorüber. Die Neuankömmlinge hingegen taxierten neugierig die an ihnen vorbeiziehende Sklavenkolonne, versuchten aus den Gesichtern die eigene Zukunft abzulesen.

Gleich darauf befanden sie sich im Lagerinneren. Wieder Appell. Es stimmte alles. Die Auschwitzer SS-Männer rissen Witze beim Abliefern der Ware an ihre Kameraden hier. Sie wurden in die erste Baracke rechts, eine Art Kantine und zugleich Kanzlei, geführt. Man befahl ihnen, sich an lange Tische zu setzen, auf denen Teller und Becher standen. All das, mußte er zugeben, stimmte eher freundlich und stand im Gegensatz zum Aussehen der Häftlinge, die zur Arbeit gegangen waren. Er setzte sich zwischen Vogel und Hirschfeld. Wieder brach er einen großen Bissen Brot ab. Es war jetzt höchstens noch ein Viertel, das er sich für später aufhob. Zwei Häftlinge kamen mit einem Kessel herein. Jeder der Neuankömmlinge erhielt, mit einer Holzkelle in den Teller geschöpft, eine Portion Suppe. Sie war wässrig und unappetitlich. Rübenstückchen schwammen darin. Aber sie war heiß. Sie aßen mit Andacht. Eine Viertelstunde verging. Nichts geschah. Man erlaubte ihnen offenbar, auszuruhen. Einige machten ein Nickerchen und lächelten im Schlaf … Vielleicht träumten sie von einer wunderbaren Welt, in der jeder soviel Wassersuppe mit Kohlrüben bekommt, wie sein Herz begehrt.

Plötzlich hörten sie Geräusche an der Tür. Fünf SS-Offiziere traten ein. Die Lagerhäftlinge nahmen Habachtstellung ein, die Mützen in der Hand. Einer der SS-Offiziere rief den Häftling zu sich, der zuvor die Suppe gebracht hatte. Der wiederum wandte sich an die Neuankömmlinge und sagte, daß man aufzustehen und die Mütze abzunehmen habe, wenn Repräsentanten der deutschen Macht den Raum beträten.

Schnell, wie auf Befehl, standen sie auf. Einer von den SS-Offizieren erlaubte ihnen großmütig, sich wieder zu setzen. Zusammen mit den übrigen schritt er langsam durch den Saal, wobei er jeden prüfend ansah, als wollte er sich alle grauen, ausgemergelten Gesichter genau einprägen. Als die Musterung beendet war, sagte er laut: „Alle Ärzte aufstehen!“

Er mußte gleich an Auschwitz denken.

Es erhoben sich vier. Vogel, Hirschfeld, Loewi und er.

„Ist hier noch jemand mit dem Doktortitel?“

Für diese Situation eine reichlich merkwürdige Frage. Aber er hatte keine Zeit, sich darüber den Kopf zu zerbrechen. Auf die Frage meldete sich ein kleiner, korpulenter, nicht mehr junger Mann. Es zeigte sich, daß er aus Prag stammte, Doktor der Rechte war und Joachim hieß.

Die SS-Offiziere tauschten untereinander irgendwelche Bemerkungen aus. Dann ging jeweils einer von ihnen zu einem der Doktoren und befahl ihm zu folgen. Vogel, der an einen kahlgeschorenen Don Quijote erinnerte, sah wohl am Bedeutendsten aus. Ihn nahm der Oberscharführer persönlich mit.

Zu ihm selber trat ein Unteroffizier im Rang eines Unterscharführers. Er war niedrigen Wuchses, hatte lange Arme, was er durch zu kurze Beine gleichsam wieder wettmachte. Überhaupt sah er wenig diensteifrig, eher komisch aus.

„Komm mit mir mit", sagte er.

Er führte ihn aus der Kantine. Sie gingen zu der Baracke nebenan. Die Baracke war von außen sauberer als alle übrigen. Das frische Grün der Farbe stach einem in die Augen. Es gab mehrere Eingänge. Das Barackeninnere war in viele Räume unterteilt. Der SS-Mann öffnete die Tür zu einem der Zimmer und ließ ihn vorangehen. In dem Raum standen ein kleiner Tisch, ein paar Stühle, ein Schränkchen für Papiere, das war eigentlich alles. Auf dem Tischchen eine Schreibmaschine, dichte Gardinen verhüllten das Innere vor indiskreten Blicken. Unruhig sah er sich um: er suchte die Instrumente, von denen die Gestapo bei Verhören jeglicher Art normalerweise Gebrauch machte. Nichts dergleichen war vorhanden, was ihn noch mehr beunruhigte.

Der SS-Mann setzte sich an das Tischchen und schnallte sein Koppel ab. Er zog einen zweiten Stuhl heran und befahl ihm, sich gegenüber hinzusetzen. Gleich darauf zog er eine Schachtel Zigaretten heraus.

„Rauchen Sie?"

Er war starr vor Staunen. Schon allein die Geste war ungewöhnlich. Und zudem war der Deutsche zum „Sie" übergegangen: der Krieg dauerte nun bereits das sechste Jahr, mit wievielen SS-Männern war er in Kontakt gekommen, aber noch nie war es passiert, daß sich einer an ihn gewandt hätte, ohne ihn zu duzen. Mit vor Aufregung zitternder Hand griff er nach der Zigarette. Er machte das so ungeschickt, daß ihm der zwischen Mantel und Jacke untergebrachte Brotrest zu Boden fiel. Er bückte sich, hob ihn rasch auf und noch rascher sammelte er die Krümel zusammen, die die Sauberkeit dieses Zimmers beeinträchtigten. Die Krümel steckte er in den Mund. Er blickte leicht beschämt auf sein Gegenüber. Der SS-Mann verzog keine Miene, zündete seine Zigarette an, danach hielt er ihm das brennende Streichholz hin. Er machte einen tiefen Zug und natürlich mußte er husten, doch die Zigarette, die erste seit vier Monaten, schmeckte ihm sehr. Er nahm noch einen Zug und blickte fragend, eher erwartungsvoll, zu dem SS-Mann. Dieser saß eine Zeitlang wie in Gedanken versunken, ließ den Blick im Zimmer umherschweifen. Endlich sah er ihn an.

„Ich wollte Sie etwas fragen", sagte er, und in seiner Stimme lag nichts Drohendes; nicht einmal der Versuch, Angst einzujagen, typisch sonst für die Deutschen, die sich schreiend selbst anfeuerten und Mut machten. Der nächste Satz wurde langsam ausgesprochen, nachdenklich, als wisse der SS-Mann bis zum letzten Augenblick nicht, wie er sich ausdrücken sollte.

„Ich wollte Sie fragen, ob es wahr ist … das heißt, ob das alles die Wahrheit ist, was man sich über Auschwitz erzählt."

Pause. Und dann: „Sie können Polnisch antworten, wenn das für Sie einfacher ist. Ich verstehe …"

Er traute seinen eigenen Ohren nicht. Zuerst machte er noch einen Zug, dann hielt er den Atem an und schließlich rutschte er unbeholfen auf dem Stühlchen hin und her. Bevor er etwas herausbringen konnte, setzte der SS-Mann hinzu: „Ich verstehe, daß Sie Angst haben, Angst haben, die Wahrheit zu sagen. Doch Sie wissen ganz genau, daß ich, wenn ich nach so etwas frage, nicht vorhabe, Sie, abhängig von Ihrer Antwort, aufzuhängen oder zu erschießen. Das könnte ich auch so. Ich bitte nur darum, daß Sie mir die Wahrheit sagen …"

Wieder erstarrte er, den Zigarettenrauch in den Lungen. Abermals mußte er husten. Er versuchte, seine Antwort hinauszuzögern und Zeit zum Überlegen zu gewinnen. Trotz der Versicherungen seines Gegenübers war er keineswegs davon überzeugt, daß er die ganze Wahrheit sagen sollte.

Anfangs versuchte er, sich in Gedanken irgendeine ausweichende Antwort zurechtzulegen, doch dann wurde ihm klar, daß ihm die Konzentration fehlte, um ein paar nichtssagende Sätze auf deutsch formulieren zu können. Denn er hatte beschlossen, deutsch zu sprechen. Noch ein vorgetäuschter Hustenanfall …

Nach einer Weile kam er zu dem Schluß, daß die Argumente des Deutschen logisch waren. Der konnte ihn in der Tat jeden Augenblick ins Jenseits befördern, ganz gleich, was er von ihm zu hören bekam.

„Was … eh … was wollen Sie wissen?"

„Ich möchte wissen, ob es stimmt, daß in Auschwitz Gaskammern in Betrieb sind und daß man in diesen Kammern mit einem Spezialgas, Zyklon, Juden tötet."

Die Stimme klang gleichgültig. So als beträfe der Inhalt der Frage die Lektüre eines Buchs oder den letzten Gesellschaftsklatsch.

„Das ist wahr."

„Woher wissen Sie das?"

„In Auschwitz wissen das alle. Schon am Bahnhof, an der Rampe, führen eure …" Er hielt inne und formulierte um. „Schon auf dem Bahnhof wird eine Selektion durchgeführt. Ins Lager kommen nur die Juden, die noch körperlich arbeiten können. Erst jetzt ist das so. Vorher hat man alle Juden vergast. Jetzt werden nur ältere Leute, Kranke, Frauen mit Kindern und Kinder selbst in die Gaskammern geschickt. Die Leichen werden später in Krematoriumsöfen verbrannt. Manchmal werden sie auch auf Scheiterhaufen verbrannt …"

Der SS-Mann hörte auf, ihn anzusehen. Langsam senkte er den Kopf und trommelte rhythmisch mit den Fingern auf der Tischplatte.

„Diese Gaskammern befinden sich in Räumlichkeiten, die wie Bäder aussehen", er redete schneller und schneller in der Furcht, der Deutsche könne ihn jeden Moment unterbrechen. „Sogar Wasserhähne sind vorhanden, damit diese Kammern aussehen wie richtige … In Auschwitz macht niemand ein Geheimnis daraus …"

Er hätte am Ende seines Berichts am liebsten gefragt, ob sie hier in Hirschberg wirklich nichts wissen, aber er hielt sich zurück. Es hätte sonst so aussehen können, als wenn er das Gespräch an sich reißen und in gewisser Weise sogar seine Überlegenheit ausnutzen wollte, die Überlegenheit eines Menschen, der dort war. Das hätte ihm der Deutsche möglicherweise nicht verziehen … Er sagte nichts. Im übrigen … wenn der tatsächlich nichts gewußt hat, dann weiß er's jetzt. Eine Weile beunruhigte ihn der Gedanke, daß ja wahrscheinlich nicht nur er allein einem solchen Verhör unterzogen wird. Und wenn die anderen aus Angst alles abstreiten?

„Gibt es noch immer Transporte, die Juden nach Auschwitz bringen?“

„Na ja. In Polen gibt's ja wohl keine mehr. Das Getto Litzmannstadt wurde als letztes liquidiert ... Es kommen, scheint es, noch immer Züge mit ungarischen Juden, doch das weiß ich nicht mit Sicherheit.“

Er hätte ihm noch sagen können, wie das Sträflingsleben in Auschwitz aussah, daß andauernd Selektionen im Lager selber durchgeführt wurden, wie dieses Vernichtungssystem von oben nach unten funktionierte, aber auch das behielt er für sich. Vor allem deshalb, weil eine Fortsetzung den Eindruck des ersten kurzen Berichts nur noch abschwächen konnte. Das übrige zu erzählen hätte denselben Sinn, wie die Pointe eines Witzes zu erklären.

Außerdem hatte er ja keine blasse Ahnung, was für Bedingungen hier herrschten. Die hiesige SS-Belegschaft konnte durchaus nicht wissen, was in Auschwitz vor sich geht, aber trotzdem hundertmal schlimmer sein als ihre Kameraden dort.

Stille herrschte im Raum. Der SS-Mann saß in Gedanken versunken da. Nach einer Weile zündete er sich eine weitere Zigarette an.

„Ich danke Ihnen“, sagte er kurz und erhob sich vom Tisch. Er stand ebenfalls auf. Bevor er die Baracke verließ, machte er seine Zigarette aus. Das Rauchen in Gesellschaft eines Deutschen konnte als Wunsch, sich allzu sehr anzubiedern, verstanden werden ...

In der Baracke traf er bereits Vogel und Loewi an. Beide waren kreidebleich. Vogel wischte sich den Schweiß von der Stirn. Bestimmt sehe ich so aus wie sie, dachte er. Wortlos setzte er sich an den Tisch. Prüfend sah er bald zu dem einen, bald zu dem anderen, um vielleicht aus ihren Gesichtern zu lesen, welchen Verlauf das Verhör bei ihnen genommen hatte.

Noch immer beunruhigte ihn der Gedanke, ob auch jeder dasselbe gesagt oder einer sich feige gezeigt hatte. Schließlich hielt er es nicht länger aus, und er fragte Vogel: „Wollte er was über Auschwitz wissen?“

Vogel nickte bloß.

„Was hast du ihm gesagt?“

„Was schon … so wie es ist."

Nach einer Weile kam Joachim und ein paar Sekunden später Hirschfeld. Es stellte sich heraus, daß alle das gleiche gesagt hatten wie er. Diese Tatsache beruhigte ihn, als ob der Umstand, daß ihre Aussagen übereinstimmend gewesen waren, irgendwie Einfluß auf die Situation jedes einzelnen von ihnen haben würde.

Joachim, der bislang geschwiegen hatte, warf eine Bemerkung hin, die ihm sehr treffend schien und die ihrem Bedürfnis, Vertrauen in die Zukunft haben zu können, entsprach.

„Wäre so etwas vor ein paar Jahren, sogar vor einem Jahr noch denkbar gewesen? Sie wissen, daß das das Ende ist."

Vogel, der Realist war, fuhr auf, sagte aber nichts.

Später brachte man sie in verschiedenen Baracken unter. Zum Glück wurde ihm und Emil dieselbe zugeteilt. In dieser Baracke waren diejenigen Häftlinge einquartiert, die beim Kohlen ein- und -ausladen arbeiteten.

Als abends in der Baracke das Licht gelöscht wurde, setzte er sich zu Vogel auf die Pritsche. Er mußte ihn unbedingt einiges fragen. „Hat dein Deutscher etwas von Geheimhaltungspflicht gesagt?"

„Nein, woher denn?"

„Meiner auch nicht. Und weißt du, warum? Weil wir für sie, ganz gleich, wie und was, gewöhnliche Wanzen sind. Mit Wanzen braucht man nicht zu rechnen. Wanzen bittet man nicht um Geheimhaltung …"

Vogel nickte mit dem Kopf. „Und zwar Wanzen, die in ein, zwei Monaten verreckt sind, bevor der ganze Spaß zu Ende ist."

Anderntags, als sie sich anschickten, zum ersten Mal auf den Kohlenplatz zu gehen, sagte Vogel, als rekapituliere er die ganze Begebenheit: „Ich hab' so gedacht … vielleicht ist es diesen SS-Männern noch um etwas anderes gegangen? Stimmt, daß sie von uns erfahren wollten, wie es dort wirklich ist … Aber vielleicht wollten sie uns auch damit zu verstehen geben, daß sie die ganze Wahrheit über Auschwitz nicht kennen? Ich sag' dir was. Sollte ich irgendwann einmal vor einem Gericht stehen, das SS-Verbrechen untersucht, sage ich von dieser Unterredung, die irgendwem als mildernder Umstand dienen könnte, keinen Ton, auch wenn man das für unnormal halten könnte … Ich geb dir darauf mein Wort …"

Sie begannen mit der Arbeit auf dem Kohlenplatz …

Im März des letzten Kriegsjahres, als er sich zusammen mit Emil Vogel schon anderswo befand, im Lager Bad Warmbrunn (wohin sie schon vorher Joachim geschickt hatten), wurde das Hirschfelder Lager ins Innere Deutschlands evakuiert. Die Mehrzahl der Häftlinge kam um. Ein Teil wegen des Hungers und der Kälte, ein Teil wurde von SS-Männern erschossen, unter denen vielleicht auch ihre Gesprächspartner waren. Während dieser Evakuierung kamen Hirschfeld und Loewi ums Leben. Joachim starb bei der Evakuierung des Lagers aus Bad Warmbrunn.

Überlebt haben nur Vogel und er.

Doktor Emil Vogel starb einige Jahre nach dem Krieg. Vogel konnte nicht leben, nachdem er erfahren hatte, daß seine Frau, die er vergöttert hatte, in einem Frauenlager auf deutschem Gebiet lebendig verbrannt worden war …

Und er? Ihn bestellte niemand als Zeuge vor ein Gericht. Er beschloß jedoch, irgendwann einmal über dieses Verhör im Hirschberger Lager zu schreiben. Nicht darum, weil vier Jahrzehnte nach dem Krieg das Feuer des Hasses erloschen war. O nein! Sondern darum, weil er der Ansicht war, daß man selbst die winzigsten Tatsachen, die das Wissen über die Zeiten der Gaskammern und Krematoriumsöfen vervollständigen, nicht mit ins Grab nehmen durfte. Und daß sich irgendwer seiner als Argument in einem Fall bedienen könnte, wo es nichts zu verteidigen gibt? Nun ja.

Das kleine Lagerspital, genannt das Revier, bildete zusammen mit dem Verbandszimmer sowie dem Raum, den der Arzt in Anspruch nahm, einen Teil der Holzbaracke. Den restlichen Teil nahmen Magazine ein, die ständig den gräßlichen Gestank von verfaulendem Gemüse ausströmten. In der Baracke gab es noch zwei weitere Kammern, die als Totenkammern dienten.

Er lag im Revier schon die zweite Woche. Seit dem Moment, da er hier aufgetaucht war, in der Hand seine ganze Habe, einen zerbrochenen Zinnlöffel, überlegte er, was den Lagerarzt bewogen haben mochte, so zu tun, als durchschaue er sein Simulieren nicht, und ihn ins Spital zur Beobachtung aufzunehmen. Immerhin war er für Neumann zweifellos ein möglicher Konkurrent, bloß bedeutend jünger, was seine Chancen allerdings entschieden verringerte. Das Dritte Reich brauchte junge Leute wie ihn zu schwerer körperlicher Arbeit, nicht zum Heilen von Juden. Die ärztliche Behandlung von jüdischen Häftlingen war schon zu Zeiten des Sieges ein Luxus gewesen, wieviel mehr erst jetzt, angesichts der Niederlagen.

Tatsache aber war, daß er sich hier befand und seit Tagen nicht mehr auf den Kohlenplatz mußte. Neumann konnte sich offenbar diese Großzügigkeit erlauben. Dafür hatte er in ihm einen Sanitäter, eine Hilfsschwester, eine Reinigungskraft und einen Boten in einer Person gewonnen.

Vier mit dreckigem roten Kreppapier umwickelte Glühbirnen an den vier Ecken der Decke tauchten den Saal in düsteres Licht. Das Revier lag im Halbdunkel. Stöhnen, Ächzen, schwere, keuchende, von Husten unterbrochene Atemzüge verschmolzen zu einem beinah homogenen Geräusch. Nacht für Nacht wiederholte sich dasselbe. Nacht für Nacht versuchte er wegzutauchen von dieser Atmosphäre des Leidens und des Sterbens, indem er sich in sich selbst zurückzog. Schon seit langem hatte er begriffen, daß ohne Flucht in die Vergangenheit und ohne Zukunftsträume die Gegenwart nicht auszuhalten war.

Der neben ihm auf der Pritsche liegende Kranke stöhnte kläglich, wimmernd fast wie ein kleines, die mütterliche Wärme suchendes Äffchen. Sacht schob er die Zudecke des Kranken beiseite und betrachtete das gräulich bräunliche Gesicht. Schon seit gestern wußte er, daß das, was er da sah, eher an Sterben denken ließ als an Schlaf.

Als er vor zwölf Tagen in der Tür des Reviers stand, waren sämtliche Plätze auf den zwanzig Zwei-Personen-Pritschen belegt. Bis auf einen einzigen. Bevor er zu der Pritsche ging und noch ehe er den Platz einnahm, ahnte er – ahnte? Nein, wußte er mit absoluter Sicherheit, mit wem er den mit Hobelspänen gefüllten Sack teilen durfte, wer der Kranke war, mit dem er die nächsten Tage und Nächte in einer Weise zu verbringen hatte, die an die intime Nähe von Verliebten erinnerte. Es erstaunte ihn daher nicht, daß er, als er näher herankam, Maks Bajgelmans vorstehende Augen durch eine dünne Brillenfassung auf sich gerichtet sah und seine melodische Stimme sagen hörte: „Guten Tag, Doktor!" Eine vertraute Begrüßung. Also wieder Maks Bajgelman. Die Leute nennen das verschieden: Zufall, Schicksal, Bestimmung.

Maks Bajgelman kannte er noch aus Łódź. Dem alten Vorkriegs-Łódź. Schöngefärbt durch die eigene Jugend, heute so unwirklich wie ein Mythos oder eine Legende. Maksens Vater war ein bekannter jüdischer Musiker, Komponist vieler musikalischer Werke der heiteren und ernsten Muse, die durch Vermittlung kleiner Theater wie das „Azazel" oder das „Ararat" oder auch gelegentlich zusammengewürfelter Kapellen in die traurigen, grauen, von Schneidern, Schustern, Straßenhändlern, Krämern aus der Nowomiejska, Gemüsehändlern aus der Wschodnia bewohnten Wohnungen und Kammern drang, ihnen jüdische Musik in unverfälschter Gestalt bot. Im Getto gründete Dawid Bajgelman ein Sinfonieorchester. Jedes seiner Konzerte war ein kulturelles, gesellschaftliches Ereignis und – Gott sei's geklagt – ein politisches, weil es für gewöhnlich mit einer Ansprache des Ältesten endete.

Er ging mit Maks in dasselbe Gymnasium. Nur daß Maks fünf Jahre älter als er und also fünf Klassen über ihm war. Maks ging auf das Abitur zu, als er noch ein zwölfjähriger Rotzjunge aus der zweiten Gymnasialklasse war. Ihre erste, zufällige Begegnung fand im dritten Stock der Schule statt. Auf dem Flur rechter Hand. Dort war die Schülertoilette.

Schon in der Schule gab sich Maks ungewöhnlich elegant. Er benahm sich distinguiert, drückte sich gewählt aus und selbst die

Hosen knöpfte er mit Grazie zu. Diese Eleganz und Vornehmheit charakterisierten ihn das ganze Leben …

Das ganze Leben? Unwillkürlich schaute er zu der in eine Decke gehüllten Gestalt neben sich. Eleganz und Vornehmheit zeichneten Maks so lange aus, wie sich seine Welt nicht im Griff von Wahnsinnigen befand und er, aus der Bahn geworfen, in den Abgrund stürzte.

… Dort auf dem Klo im dritten Stock begann ihre Freundschaft. Maks imponierte ihm – das ist verständlich. Womit er die Sympathie dieses vortrefflichen jungen Mannes eroberte, hatte er nie ergründen können. Auf jeden Fall führte ihn Maks über die Schwelle der ersten für einen Zwölfjährigen unentbehrlichen Erfahrungen, vor allem aber brachte er ihm das Rauchen bei. Den ersten Zug aus einer Zigarette und das damit verbundene Übelsein verdankte er ihm. Dank Maks eignete er sich auch die theoretischen Grundlagen außerschulischer Sexualerziehung an und vor allem die Kenntnis der wichtigsten Methode, sich vor venerischen Krankheiten zu schützen, indem man es nämlich vermied, gegen den Wind zu pinkeln.

Das Rauchen auf dem Schulgelände wurde mit außergewöhnlich rigorosen Mitteln bestraft … Und er, ein Zwölfjähriger, rauchte in der Schule! Er rauchte auf dem Klo im dritten Stock, indem er nach herkömmlicher Methode den Rauch ins Toilettenbecken blies. Er konnte folglich sagen, daß Maks, indem er ihm das Rauchen beibrachte, irgendwelche Vorräte an Mut in ihm freisetzte, die unter anderen Umständen vielleicht nicht entdeckt worden wären. Dieser Mut wurde zwar nicht auf die passendste Weise genutzt, aber man sucht sich die Art und Weise, seine Männlichkeit unter Beweis zu stellen, nicht aus, wenn man zwölf Lenze zählt. Am wichtigsten ist immer dieser erste Versuch …

Er hörte, wie einer der Kranken sich von der Pritsche schob und zum Eimer wankte … Man würde ihn ausgießen müssen. Um diese Zeit war er bestimmt schon voll. Das gehörte übrigens zu seinen Pflichten, damit bezahlte er das Recht auf Befreiung von Arbeit auf dem Kohlenplatz. Als er zu seinem Lager zurückkehren wollte, stolperte der Kranke und fiel hin. Der durch den Sturz hervorgerufene Lärm unterbrach für einen kurzen Moment die eintönige Melodie von Stöhnen und Ächzen, die den ungleichen Kampf zwischen den Engeln des Lebens und denen des Todes begleitete.

... Der Zufall wollte es, daß ungefähr zu dieser Zeit Maksens Familie die Wohnung wechselte, und ein paar Monate lang gingen sie zusammen zur Schule. Ihr Weg führte sie durch die Narutowicza-Straße, über den Dąbrowski-Platz, die Nowotargowa-, später Sterling-Straße genannt, und die Południowa entlang. Wie stolz blickte er in Maksens Gesellschaft auf die Altersgenossen herab! Doch kurz darauf bestand Maks das Abitur, und für die nächsten Jahre verschwand er aus seinem Leben.

Es kam die Zeit auch für sein Abitur. Was den weiteren Lebensweg anging, so hatte er keine Zweifel. Er war in dieser Phase fasziniert von den Möglichkeiten der Medizin und träumte von Erfolgen bei der Verlängerung menschlichen Lebens. Ungereimtes Zeug ... Er sah sich schon in der Rolle des Nobelpreisträgers ... Doch von einem Studium im eigenen Land war keine Rede. Zwar hatte Polen zu jener Zeit mit am wenigsten Ärzte im Vergleich zu anderen europäischen Ländern, doch man brauchte ungewöhnliches Glück, ungewöhnliche Protektion oder ungewöhnlich viel Geld, um als Jude an irgendeine medizinische Fakultät im Land zu kommen. Die jungen Leute reisten daher nach Frankreich, Italien, Jugoslawien, Österreich, weil für sie kein Platz an den heimischen Lehranstalten war, die sich vor ungebetenen Kandidaten mit dem Numerus clausus oder nullus verbarrikadierten oder in den Hörsälen jüdische Studenten nur auf extra gekennzeichneten Plätzen zuließen (den sogenannten Bank-Gettos), was sich des Segens des Klerus und der Professorenschaft erfreute ... Beim Familienrat rechnete der Vater genau seine finanziellen Möglichkeiten durch und kam zu dem Ergebnis, daß er doch in der Lage sein würde, seinem einzigen Sohn einen Studienaufenthalt im Ausland zu bezahlen.

Er wählte Frankreich. Und auf den Rat von Kennern wählte er in Frankreich die Hauptstadt der Normandie, Rouen. Für Paris reichten die väterlichen Finanzen nicht aus. Von Rouen wußte er nur so viel, daß hier die Jungfrau von Orléans auf dem Scheiterhaufen verbrannt worden war. Im Jahr zuvor hatte die gesamte Presse ausführlich über den Jahrestag dieses bedauernswerten Justizirrtums geschrieben.

Dort angekommen, brachte er über diese Stadt immer neue Dinge in Erfahrung. Daß sie eine herrliche Kathedrale besitzt, eine der größten in Europa, daß hier Flaubert geboren wurde und daß der Schriftsteller in den Straßen dieser Stadt Madame Bovary promenieren ließ, daß sich hier der größte Handelshafen Europas befindet und die größten Ratten Europas darin herumspringen, daß man hier die größte Niederschlagsmenge verzeichnet, was der Stadt den Spottnamen „Frankreichs Nachttopf" eingebracht hat und – daß hier Maks Bajgelman Medizin studiert …

Im Laufe dieser fünf Jahre, die seit seinem Abitur vergangen waren, hatte Maks es mal gerade geschafft – beim dritten Anlauf – die Examina des Vorbereitungsjahres zu bestehen. In Rouen studierten damals viele Juden aus Polen. Auf hundertzehn Studenten des ersten Jahres kamen an der Medizinischen Fakultät vierzig aus Polen, rund dreißig aus Rumänien, ein gutes Dutzend aus Südamerika, und den kleinen Rest bildeten Franzosen.

Und wie wenige von diesen polnischen Juden, die in der Fremde studierten, beendeten ihr Studium. Die Schicksale vieler sind wahre Epen von Strapazen und eines Kampfes, der häufiger mit einer Niederlage als mit einem Sieg endete. Und es war gut, wenn man diese Niederlage bloß mit dem Verlust von Illusionen und einigen Lebensjahren bezahlte. Denn oft genug zahlte man dafür einen höheren Preis. Wieviele hat es gegeben, die zu schwach waren, um den Versuchungen, mit denen die große Welt lockte, zu widerstehen. Plötzlich stand ja die Welt jungen Leuten offen, die noch nicht mal den Staub der Kleinstädte abgeschüttelt hatten. Die verloren am schnellsten den Boden unter den Füßen, und das Leben, das rasante Leben der zwanziger und dreißiger Jahre, deckte diese Abstürze zu wie Treibsand seine Opfer. In Frankreich kam die Blüte der jüdischen jugendlichen Intelligenz an – aus Galizien, dem ehemaligen Kongreßpolen, den Grenzgebieten. Manche, das ist wahr, erschienen hier ausschließlich aufgrund der dicken Brieftaschen und aufgeblähten Ambitionen ihrer Eltern, doch es gab auch viele wirklich blendend begabte, talentierte junge Leute, auf die jedes Land stolz gewesen wäre.

Maks erfuhr schnell von seiner Ankunft in Rouen. Und sofort umgab er ihn mit fürsorglicher Zuneigung. Es war allerdings nicht die Art von Fürsorge, die ein junger, unerfahrener Mensch braucht, der sich allein und fern der Heimat befand. Es handelte sich vielmehr um eine Fürsorge spezieller Art. Maks war der Ansicht, daß, wenn es um so unwesentliche und nebensächliche Dinge ging wie sich zum Studium einzuschreiben, Lehrbücher zu kaufen, die Bibliothek zu benutzen und eine ansprechende Behausung zu finden, der Ankömmling aus Polen auch ohne ihn zurechtkam. Maksens Fürsorge konzentrierte sich vielmehr auf Dinge, in denen seine Kompetenz unersetzlich war.

In sämtlichen Cafés, größeren oder mittleren, in den kleinen Hafenbars oder -kneipen war Maks eine bekannte und beliebte Persönlichkeit. Das Kaffeehausleben verband sich mit einer anderen Vorliebe. Dort nämlich konzentrierte sich damals das, was mit dem grünen Tisch, mit den Karten zusammenhing. Und Maks Bajgelman war in jedem Spiel ein As. Er machte ihn mit den Regeln des Belot vertraut, führte ihn in die Feinheiten des Bridge ein, lehrte ihn Siebzehnundvier, Bakkarat, vor allem aber infizierte er ihn mit seiner Pokerleidenschaft, seiner Vergötterung des Pokerspiels. Was war Maks für ein Pokerspieler!

Dort in Frankreich traf er später noch so ein As wie Maks eines war, Bimba Dowbór, Sohn des ruhmvollen Generals Dowbór-Muśnicki, eine Persönlichkeit, die im studentischen Toulouse wohlbekannt war. Er war in der Stadt um die Mitte der zwanziger Jahre aufgetaucht. Als der Vater die Geldzufuhr aus der Heimat stoppte, Geld, das der Sohn Zwecken zugeführt hatte, die sämtlich nichts mit dem Studium gemein hatten, widmete sich Bimba der Not gehorchend einer Erwerbstätigkeit. Und die sah so aus, daß er alljährlich für immer neue Studenten Examina in Mathematik, Physik und Chemie an allen möglichen Instituten und Lehranstalten von Toulouse bestand. Gegen ein üppiges Entgelt, versteht sich. Für andere pokerte er auch, gegen entsprechende Gewinnbeteiligung. Niemals fiel er bei einem Examen durch. Niemals verlor er beim Pokern.

Aber auch Maks war nicht irgendwer. Aus diesem Grunde folgte er seinen Lektionen und praktischen wie theoretischen Ratschlägen gern, zumal Maks sie ihm auf so bezaubernde Weise vermittelte.

Glücklicherweise war er in der Lage, während dieses Vorbereitungsjahres seine beiden Studienbereiche voneinander zu trennen. Maksens Akademie also von der Pariser Akademie, der die Hochschule in Rouen unterstand, die Karten vom Studium.

Sein eigenes Studium hatte Maks längst in den Wind geschrieben. Doch wenn er bei diesem Thema abwinkte, geschah das so anmutig, daß jeder Versuch, den verlorenen Sohn auf den rechten Weg zu bringen, deplaziert gewirkt hätte. Der rechte Weg? Welcher war für Maks der rechte Weg?

Er kleidete sich nach wie vor elegant, hatte auch seinen Geschmack nicht geändert. Stets trug er einen dunkelblauen Zweireiher sowie graue Gamaschen auf schwarzen Schuhen. Er mußte wohl viel Geld vom Vater erhalten, daß er sich diesen Lebensstil erlauben konnte. Denn dieser Sohn eines jüdischen Musikers aus Łódź war tatsächlich einer der letzten wirklichen Dandys. Französisch sprach er exzellent und, wie man hörte, wurde er in den exklusivsten Häusern von Rouen empfangen.

Maks respektierte voll und ganz die seiner Ansicht nach ungewöhnliche Haltung des jüngeren Freundes zum Studium. Wenn der so ein wunderlicher Kauz war und zu lernen beschlossen hatte – was sollte man machen, man mußte es akzeptieren. Auf der anderen Seite geizte er keineswegs mit Lob für die Fortschritte, die er in den verschiedenen Spezialitäten des grünen Tisches erreichte.

Gegen Ende des akademischen Jahres konnte er Maks und seinen Zerstreuungen immer weniger Zeit widmen. Er bestand die Prüfung des Vorbereitungsjahres und kehrte in den Ferien nach Polen zurück. Und Maks Bajgelman entschwand abermals seinem Leben, weil der in Rouen zurückblieb und er selber fürs nächste Studienjahr nach Toulouse zog …

Den Kübel wird man doch ausleeren müssen. Um diese Zeit floß er mit Sicherheit schon über. Schwerfällig rutschte er vom Strohsack, zog die Holzpantoffeln an und zwängte sich zwischen den Pritschen hindurch bis zu der Ecke, wo auf einem niedrigen Schemel der Eimer für Urin stand. Er diente den Kranken auch zu ernsteren Bedürfnissen, trotz Neumanns strengem Verbot. Doch nur wenige hatten die Kraft, die Lagerlatrine in der Baracke nebenan zu benutzen. Der Eimer war tatsächlich bis obenhin voll. Der Fußboden rund um den Schemel war überschwemmt. Das Hinaustragen des Eimers war kein leichtes Unterfangen. Erstens war er schwer und zweitens setzte sich der Träger, wenn er die Baracke verließ, nicht nur dem eisigen Wind von den Bergen aus, sondern er konnte auch leicht ausrutschen. Die Stufen vor dem Revier waren stark vereist, und in Holzpantoffeln über sie hinunterzugehen, stellte keine geringe Leistung dar. In der ersten Nacht war er, sich der Gefahr nicht bewußt, ausgerutscht und hingestürzt, und der ganze Kübelinhalt über ihn weg …

Inzwischen hatte er bereits Erfahrungen gesammelt. Nacht für Nacht leerte er wenigstens zweimal den Eimer aus, und am Tage versorgte er mehrmals das Revier und das Verbandszimmer mit frischem Wasser. Auch diesmal passierte er glücklich das Hindernis, goß und wusch den Eimer aus und kehrte aufs Revier zurück. Mit Papier wischte er den Fußboden auf und kroch schnell wieder unter die Decke, ganz erstarrt vor Kälte. Sein Nachbar rührte sich nicht einmal. Seit vielen Stunden hatte er seine Lage nicht verändert.

… Ungefähr ein Jahr vor Kriegsausbruch, also fünf Jahre, nachdem er sich von Maks in Rouen getrennt hatte, brachte sie der Zufall erneut zusammen. Es war eine groteske Begegnung wie aus einer schlechten Filmkomödie. Er war auf der Rückreise ins heimatliche Łódź, wo er nach den bestandenen Examina des fünften Jahres die Ferien verbringen wollte. Wie immer führte ihn der Weg über Paris. Und irgendwo in Belgien erfuhr er zufällig, daß in einem benachbarten Waggon ein Student aus Polen sitze, der mit der Begründung, sein Geld für die Rückfahrkarte verloren zu haben, Spenden unter den Mitreisenden einsammelte. Er mußte diesen Studenten nicht lange suchen … Übrigens erkannte er ihn von weitem. Am dunkelblauen Anzug und den grauen Gamaschen. Als Maks ihn erblickte, war er anfangs konsterniert, doch rasch wurde ihm klar, daß ihm hier der Himmel einen Beistand schickte. Er nahm ihn zum Zeugen, daß er ein Mensch von untadeliger Rechtschaffenheit sei, der die Hilfe verdiene. Die Situation hat ihn damals sehr amüsiert. Tatsächlich gelang es Maks dank seiner Fürsprache nicht nur eine Fahrkarte nach Łódź zu kaufen, sondern so viel zusammenzubringen, daß er ihn im Speisewagen zum Mittagessen einladen konnte. Dort gestand er, daß er letztens eine Pechsträhne gehabt habe. Wenn man ein paarmal mit der Farbe auf ein Carree trifft, kann man nicht nur das vom Vater geschickte Reisegeld verspielen, sondern das gesamte Familienvermögen …

Auf dem Bahnhof in Łódź trennten sie sich. Erneut verlor er Maks aus den Augen. Das nächste Jahr sollte sein letztes Studienjahr sein. Und war es auch. Die Geschichte legte den vierten Gang ein. Krieg hing in der Luft. Knapp schaffte er es, in die

Heimat zurückzukehren. Wenige Wochen später begann das Ende der Welt. Er steckte im Räderwerk des Krieges, wenn auch nicht ganz so, wie er sich das vorgestellt hatte. Flucht zu Fuß von Łódź nach Warschau. Arbeit in dortigen Krankenhäusern während der Belagerung. Rückkehr nach Łódź. Flucht der Eltern nach Warschau, da dem Vater die Verhaftung drohte. Arbeit in der Rettungsstelle. Getto … Die Welt drehte sich um Jahrhunderte zurück.

Im Getto hatte er wieder Gelegenheit, sich für Maksens weiteren Weg zu interessieren. Dessen Vater sah er ein paarmal hinter dem Dirigentenpult. Konzerte von Verurteilten für Verurteilte. Damals hatte er das natürlich nicht so gesehen … Er wurde Leiter des Ambulatoriums in der Brzezińska-Straße.

Und da tauchte Maks auf. Im dunkelblauen Anzug, doch schon ohne Gamaschen, die irgendwo im Gettodreck steckengeblieben sein mochten. Ohne Gamaschen, aber dafür mit einer Bescheinigung, daß er ausgebildeter Pfleger sei, und mit einem Köfferchen, das alles enthielt, was zur Ausstattung eines ausgebildeten Pflegers gehörte. Er hatte eine Arbeitszuweisung. Eben zu ihm, in der Brzezińska-Straße. Vermutlich väterliche Protektion, aber was hatte das schließlich für eine Bedeutung? Es gab im Getto nie zuviel Pfleger. So also kreuzten sich von neuem ihre Wege. Aber auch diesmal nicht für lange. Maks arbeitete sehr gut. Alle lobten ihn – sowohl die Ärzte als auch die Patienten. Bald wurde er ins Krankenhaus versetzt. Übrigens war er selber ebenfalls nicht lange Ambulatoriumsleiter. Er erkrankte an Bauchtyphus. Zahlreiche Komplikationen schlossen sich an …

Ihm war, als habe der neben ihm Liegende etwas gesagt. Er beugte sich über ihn und schob die Decke ein wenig zurück. Maks hatte die Augen weit geöffnet und versuchte tatsächlich, Worte hervorzubringen. Doch aus seinem Mund kam nur ein lallendes Flüstern – lautlose Klage oder vielleicht Bitte? Er ging rasch den noch sauberen Kübel holen und stellte ihn so an die Pritsche, daß der Kranke seine Notdurft verrichten könnte. Doch Maks schüttelte den Kopf. Es war deutlich, daß er ihm etwas übermitteln wollte. Er stellte deshalb den Kübel wieder zurück. Als er wiederkam, drehte Maks ihm den Rücken zu, die Decke hatte er sich über den Kopf geworfen. Maks schien kaum noch zu atmen.

Er legte sich auf den Strohsack zurück.

… Als das Getto liquidiert worden war, konnte er nur vermuten, daß auch Maks sich im Lager befand. Sie trafen sich erst, als er mit der Gruppe von achtzig Häftlingen ins Innere des Reichs geschickt wurde. Und siehe da, in dieser Gruppe stieß er auf Maks. Das war um so erstaunlicher, da er selber riskante Fluchten und geradezu halsbrecherische Kunststücke vollbracht hatte, um sich nicht für einen größeren Transport einfangen zu lassen. Eine so kleine Gruppe zu finden, hatte er für das große Los in der Lagerlotterie gehalten. Und hier, in dieser selben Gruppe, befand sich Maks, der ihn freundlich begrüßte: „Habe die Ehre, Herr Doktor!“, ganz so, als träfen sie sich in einem Kaffeehaus in Łódź … Vom dunkelblauen Anzug war natürlich keine Rede mehr. Höchstens ließen sich, mit einiger Phantasie, Spuren einstigen Dunkelblaus in den Häftlingsstreifen wahrnehmen …

Dieses Mal kreuzten sich ihre Wege nur für einen Augenblick. In Hirschberg, wohin ihr Transport gelenkt worden war, kamen sie in verschiedene Kommandos. Wenn sein Kommando am Tag arbeitete, arbeitete Maksens in der Nacht. So verlor er wieder einmal den Kontakt zu ihm.

Auf dem Kohlenplatz wurde an frostigen Tagen die Arbeit zu einer immer größeren Tortur. Zum erstenmal während dieses Krieges wurde ihm bewußt, daß er völlig abbaut und zugrundegeht und daß nichts diesen endgültigen Zusammenbruch aufzuhalten imstande ist. Und da kam ihm der Einfall mit dem Simulieren. Er hatte nichts zu verlieren. Er gab vor, an diffusen Nierenbeschwerden zu leiden. Er fand sich im Revier wieder. Und da hatte er sich wirklich nicht gewundert, als er im Spital neben dem einzigen freien Platz Maks erblickte. So mußte es sein. Ob er sich gefreut hat? Auf jeden Fall war es besser, Maks neben sich zu haben als jemanden, dem gegenüber er nicht den Mund aufmachen konnte, auch wenn die Zeiten und Umstände unterhaltsame Plaudereien nicht gerade begünstigten.

Er hatte Maks gegenüber voraus, daß er sich im Revier frei bewegen konnte. Und da er dort etwas tat und Neumann sich von Zeit zu Zeit sogar von ihm vertreten ließ, fielen auch für den armen Maks gewisse Vorteile ab.

Ja, der arme Maks … Kaum hatte er ihn im Revier gesehen, war ihm klar, daß es mit Maks zuende ging. Er hatte eine schwere Entzündung der Füße. Aus Erfahrung wußte er, wie solche Fälle unter Lagerbedingungen endeten. Wenn auch sämtliche

Zeichen am Himmel und auf der Erde darauf hindeuteten, daß sich der Krieg mit schnellen Schritten seinem Ende näherte, so stellte aber kein einziges Zeichen in Aussicht, daß Maks Bajgelman eine Chance hätte, diese endgültige Niederlage der Deutschen mitzuerleben. Er wurde mit jedem Tag schwächer. Er fieberte. Es entwickelten sich faszinierende Veränderungen in seinem Verhalten. Man gewann den Eindruck, als sei infolge der Temperatursprünge eine Art Störung in der Zentrale seines Gehirns eingetreten. Das äußerte sich nicht in Realitätsverlust oder Fieberphantasien. Vielmehr war es eine Fixierung sämtlicher geistiger Funktionen auf einen einzigen Komplex der Vergangenheit. Wenn abends das Fieber stieg, begann sich aus Maksens Mund ein Schwall von Worten zu ergießen, die ausnahmslos mit dem Kartenspiel zusammenhingen. Seine ganze Spielervergangenheit brach sich Bahn, vielleicht auch die irgendwo codierte Kartenspielervergangenheit vieler seiner Vorfahren. Immerhin sind Fälle bekannt, wo plötzlich ein Kranker, im Fieber oder bei Bewußtseinsverlust, in einer fremden, unbekannten Sprache zu reden beginnt, die, wie sich dann später herausstellt, die Sprache eines fernen Vorfahren gewesen ist.

Nur daß für Maks diese Kartenspielersprache nicht fremd war. O nein! Wovon er erzählte, waren ungewöhnliche Bakkaratspielzüge, außergewöhnliche Bridgekombinationen und ganz sonderbare und dramatische Pokerrunden. All das rotierte, expandierte, nahm kosmische Dimensionen an. Natürlich schwer zu sagen, wieviel krankhafte Phantasie, wieviel eigene oder fremde Niederlagen und Erfolge waren …

Eine immer größere Rolle begann in Maks' Erzählungen er, sein Kartenschüler, zu spielen, den das Schicksal auf dieselbe Pritsche und denselben Strohsack geworfen hatte, damit ihm der große Maks in den letzten Augenblicken seines Lebens all die Fehler vorhalten konnte, die er sich im Spiel geleistet hatte. Maks erinnerte sich an sie. Erinnerte sich oder erschuf sie in seiner kranken Phantasie. Er erfand eine Kartenspielerwelt, in deren Mittelpunkt sich nur sie beide befanden.

Nach Serien von Vorhaltungen oder Vorwürfen verwandelte er sich unvermutet, wie ein gewandter Schauspieler, der die Skala seiner Fähigkeiten vorführt, vom Ankläger in einen Angeklagten. Er bat um Vergebung. Er fühlte sich schuldig, ihm das Rauchen beigebracht und seinen Schulbesuch damit aufs Spiel gesetzt zu haben. Er warf sich vor, daß er ihn zum Hasardeur gemacht, und fast sein Leben zerstört hätte … Selbstverständlich war es zwecklos, Maks überzeugen zu wollen, daß letzten Endes nichts dergleichen passiert, daß es ihm gelungen war, den Gefahren zu entgehen, deren er sich durch Maksens Lektionen aussetzte. In dem Zustand, in dem Maks sich befand, drang nichts an ihn heran.

Je schlechter es Maks ging, je mehr ihn die Kräfte verließen, um so größeren Respekt erwies er ihm und um so mehr zelebrierte er seine eigene Würde. Als wollte er hier, in diesem Lagerrevier, allen zeigen, welch gute Manieren ihn auszeichneten und daß er selbst unter diesen Bedingungen seinen Stolz behielt. Er konnte nicht von der Pritsche steigen, man mußte ihm folglich alle paar Stunden den Kübel bringen, und wenn Maks sich draufsetzte, war es nötig, daß man ihn festhielt. Jedes Mal dankte ihm Maks so elegant, um nicht zu sagen charmant, als spiele sich das alles in einem englischen Club unter standesbewußten Gentlemen ab …

Das Revier war erfüllt von leisen Klagen, schweren Atemgeräuschen. Leidende, kraftlose, von Hunger aufgedunsene, malträtierte, stinkende Leiber klammerten sich krampfhaft an das beschissene Leben. Kämpften darum, kämpften um das letzte Gut, das ihnen in dieser SS-Welt geblieben war. Zumal nichts darauf hindeutete, daß die andere Welt sie für ihr irdisches Leiden entschädigen würde. Alles ließ darauf schließen, daß die Pranke der SS, die Hitlermacht auch dorthin reichte, und daß den letzten Appell Satan und Gott gemeinsam – in Uniformen mit Totenschädel – abnehmen würden …

Maks lag reglos. Er prüfte Puls und Atem … Es war geschehen. Wie oft hatten sich ihre Wege gekreuzt, bis er Maks Bajgelman ans Ende dieses letzten Weges begleitet hatte.

Er deckte ihn sorgfältig mit der Decke zu. Zog sie ihm bis über den Kopf. Dann legte er sich daneben und schlief ein.

Morgens verhielt er sich so, als ob nichts geschehen wäre. Bevor der Lagerarzt kam, goß er noch einmal den Kübel aus. Er fegte und wischte den Fußboden auf. Bei einigen Kranken maß er Temperatur, als wenn das irgendeine Bedeutung gehabt hätte. Er überlegte einen Moment und schob auch Maks das Thermometer unter die Decke. Als der Lagerarzt kam, erstattete er ihm Bericht von der Nacht, ohne ein Wort über den Tod des Häftlings Bajgelman, Nummer so und so, zu verlieren. Ostentativ schob er den Eimer an die Pritsche, auf der Maks lag, wie er das für gewöhnlich ein paarmal täglich tat. Und er gab sich sogar den Anschein, als helfe er dem Kranken … Später unterhielt er sich mit ihm, das heißt, er redete vielmehr zu ihm, tat so, als antworte er auf seine Fragen. Als das Brot ausgegeben wurde, nahm er sich auch seine Portion. An diesem Tag war das Brot mit einer Zulage in Gestalt einer kleinen Scheibe Wurst verziert. Mittags nahm er für Maks die Suppe, die er im Verbandszimmer aß, damit keiner es merkte.

Ansonsten ging der Tag friedlich dahin. Kein SS-Mann zeigte sich im Revier, und Neumann verzichtete wie üblich auf den Rundgang. Abends sorgte er wieder für Maks. Mit einem nassen Lappen rieb er ihm die Stirn ab. Danach legte er sich neben ihn, wobei er sich fortwährend mit ihm unterhielt.

Am anderen Morgen mußte er einen Entschluß fassen. Sollte er das Spiel fortsetzen oder abbrechen? Der Verstand befahl, es abzubrechen. Der Hunger – ein sehr schlechter Ratgeber – redete ihm zu, es zu wiederholen. Als Neumann kam, sagte er bei seinem Bericht wieder nichts von Maks. Mit leichtem Schaudern nahm er noch einmal Maksens Brotration. Zulage gab es diesmal keine … Automatisch wiederholte er sein Verhalten vom Tag zuvor. Eigentlich machte er alles automatisch, weil ihm klar war, daß, wenn ein SS-Mann unter die Decke sah … Im übrigen wäre es durchaus nicht besser gewesen, wenn Neumann die Sache entdeckt hätte. Er riskierte sein Leben für eine Brotration … und Suppe, setzte er in Gedanken hinzu, als suchte er noch eine weitere Rechtfertigung für das Risiko.

Der Tag zog sich unendlich in die Länge. Der Frost außerhalb der Baracke und die Kälte innerhalb halfen ihm. Am Spätnachmittag erschien der kleine Unterscharführer in der Tür zum Revier. Zum Glück hatte er nur irgendetwas mit Neumann zu besprechen.

In der Nacht schaffte er mit Hilfe eines etwas gesünderen Häftlings Maksens Leiche in die Kammer neben dem Revier. Morgens meldete er Neumann, daß Häftling Bajgelman um die und die Stunde gestorben sei. Neumann schrieb ein Zettelchen aus, das den Totenschein ersetzte. Es war eine Formalität, doch die Deutschen hielten sie gewissenhaft ein. Zwei Stunden später legten Maksens sterbliche Überreste mit dem Lagerkarren ihren letzten Weg zum Kesselhaus der Fabrik zurück.

Als er den Teil des Strohsacks in Ordnung brachte, den Maks eingenommen hatte, fand er dort noch drei Stückchen vertrockne- tes und verschimmeltes Brot. In die Suppe getunkt, hatten sie ei- nen ganz anständigen Geschmack.

Für ihn war dies eine postume Prämie, von Maks gestiftet für den Einsatz, den er riskiert hatte.

Als er verhältnismäßig satt einschlief, phantasierte sein Hirn noch kurz über die Relativität moralischer Urteile und die Vorzü- ge des Hasardspiels …

Bevor sich die Welt in eine Jauchegrube verwandelte, bevor diesen Teil Europas Gettos und Lager bedeckten, gehörten zu den Werten, vor denen er wie jeder Mensch seines Schlages die Stirn beugte, die er achtete, weil er in ihnen den Beweis für den Sonderstatus der Gattung Mensch erblickte, die Ethik und die ärztliche Berufung. Er war überzeugt davon, noch ehe er sich entschloß, Mediziner zu werden, er glaubte daran, felsenfest, während seines Studiums, hatte er doch nie Gelegenheit, etwas Gegenteiliges zu erfahren. Bald jedoch sollte ihm die Geschichte diese Gelegenheiten zur Genüge bieten. Der Sturmwind der Okkupation wirbelte Haufen von Abfall empor. In diese Haufen verwandelten sich menschliche Gewissen, der Lagerprüfung ausgesetzt, wo das Leben nur ein bei der Selektion ausgestellter Passierschein auf Zeit war. Die Angehörigen der SS wußten instinktiv, wen man jeweils zur Ausführung sadistischer Pläne benutzen konnte. Übrigens zweifelten sie niemals daran, daß sowohl diejenigen, die momentan am Leben blieben, wie auch die, die nicht durch das Selektionssieb gerutscht waren, derselbe Nebel und dieselbe Nacht verschlucken würden. Nacht und Nebel.

… Das, was ihm eben dieser Neumann vorgeschlagen hatte, verblüffte ihn zunächst, später war er entsetzt. Wenn mit einem ähnlichen Vorschlag ein deutscher Arzt gekommen wäre, hätte er das für begreiflich gehalten. Von der Seite konnte ihn nichts mehr in Erstaunen versetzen. Aber Neumann, ein Arzt aus Sosnowiec, war doch genauso ein verwesender jüdischer Häftling wie die tausendfünfhundert anderen Häftlinge dieses Lagers. Die Deutschen – ganz gleich, ob in Uniformen oder ohne – riefen in ihm eine Reaktion ähnlich jener hervor, die bakterielle Erkrankungen produzieren konnten. Sie konnten den Tod bringen, zugrunde richten, beschmutzen – beleidigen konnten sie ihn nicht. Diese Kreatur hingegen, die sich mit ihrem weißen Kittel großtat, hatte es erreicht, ihn mit einem unerhörten Vorschlag zu beleidigen und zu erniedrigen.

Neumann war hier in Hirschberg Lagerarzt. Er hatte keinen Grund und schon gar keine Lust, mit irgendwem die Privilegien zu teilen, die mit dieser Stellung verbunden waren. In der Gruppe der Juden, die von Auschwitz als Arbeitskräfte hierher geschickt worden waren, um die Ausfälle zu ersetzen, gab es vier Ärzte. Alle wurden sofort zu der schweren Arbeit auf dem Kohlenplatz beordert. Neumann, der sich schon über ein Jahr im Lager befand, mußte nicht Tag für Tag zur Arbeit gehen, mußte nicht zwölf Stunden beim Be- und Entladen schuften, mußte keinen Kohlenstaub einatmen. Statt dessen kam er in den Genuß zusätzlicher Verpflegung, dank Gütertausch mit dem Küchenchef, und auch die SS-Männer ließen ihm von Zeit zu Zeit einen Bissen zukommen, ein paar Kartoffeln oder Brotreste.

Er überlegte, ob der Nährboden, auf dem sich sein Verhältnis zu dem Arzt aus Sosnowiec entwickelte, nicht Mißgunst war. Er mußte jedoch zugeben, daß sich ausgerechnet ihm gegenüber Neumann bisher loyal verhalten hatte, ja vielleicht sogar anständig. Weil er in der Gruppe aus Auschwitz von den vier Ärzten der einzige war, der aus Polen stammte? Eigentlich lag es fern, den Lagerarzt eines solchen Gefühls zu verdächtigen.

Es begann damit, daß ihn die Arbeit auf dem Kohlenplatz in kurzer Zeit vollständig erschöpft hatte. Schnell machten sich die Folgen des Bauchtyphus bemerkbar, an dem er schwer, mit zahlreichen Komplikationen, im Getto Łódź erkrankt war. Er begriff, daß ihn nur noch ein Schritt von der Grenze trennte, hinter der man ein Muselmann war und zwei Wege vor sich hatte. Entweder man wurde zurück nach Auschwitz geschickt und dann – bei der nächsten Selektion – ins Gas, oder man verreckte im Lagerspital. Er sah schon seine nackten Beine vom Karren baumeln, der Tag für Tag zu den Feuerlöchern der Kessel in der Zellwollfabrik die Ernte des Todes transportierte.

Er beschloß sich zu wehren. Das einzige, was ihm blieb, war, eine gewisse Zeit im Revier zuzubringen, als reparaturtaugliche Arbeitskraft. Er simulierte folglich einen Anfall von Nierenschmerzen. Ob Neumann ihn als Simulant durchschaut hatte oder nicht, er nahm ihn tatsächlich ins Revier und seit einigen Wochen verlängerte er ihm diesen Aufenthalt. Er hatte also die Möglichkeit, für eine gewisse Zeit in der Wärme der Baracke zu bleiben. Statt bei der Kohle zu schuften, beschäftigte er sich mit Reinemachen, Instrumente-Säubern, hatte sogar die Apotheke unter sich, die die Deutschen nicht schlecht versorgten. Bis plötzlich der Fall dieses Angeschossenen auftauchte.

Am Tag zuvor hatten SS-Männer, die die Häftlinge bei der Arbeit bewachten, einen ungarischen Juden aufs Revier gebracht, der von einem der Gendarmen angeschossen worden war. Abends fragte ihn Neumann unvermutet, ob er schon einmal eine Narkose gegeben habe.

„Ja. Habe ich. Während der Belagerung Warschaus, aber ...“

„Das ist sehr gut, ich werde Sie brauchen können.“

„Für eine Narkose?“

„Ja, für eine Narkose. Wir werden den Angeschossenen operieren.“

„Wo hat er den Schuß abbekommen?“

„Eine Kugel ist durch den Schenkel gegangen, die andere hat den Ellbogen zertrümmert.“

„Was ist denn da zu operieren?“

„Man wird das Ellbogengelenk operieren müssen. Die Knochen richten und überhaupt ...“

„Meinen Sie das im Ernst?“

„Ganz ernst.“

„Sie beabsichtigen, in dieser Baracke, unter diesen Bedingungen, ohne Instrumente, ohne die Möglichkeit, alles steril zu halten, ein offenes Gelenk zu operieren?“

„Das Gelenk ist zertrümmert.“

„Dann operieren Sie doch nicht.“

„Ich werde operieren.“

„Haben Sie schon einmal eine Gelenkoperation durchgeführt?“

„Ich gebe zu, nein. Niemals. Aber zweimal habe ich eine solche Operation im Krankenhaus gesehen.“

„Lieber Gott! Und Sie wollen etwas Derartiges unter diesen Umständen unternehmen?“

„Die SS-Männer haben mich gefragt, ob ich das operieren könnte.“

„Und was haben Sie ihnen gesagt?“

„Ich habe gesagt, ja ... Es hat sie sehr gefreut.“

„Was hat sie daran so sehr gefreut?“

„Daß sie endlich eine richtige Operation zu sehen kriegen. Sie haben so was noch nie gesehen.“

„Sie beabsichtigen, das in deren Beisein zu tun?“

„Wir werden das in ihrem Beisein tun. Sie und ich.“

„Sie sind wohl verrückt geworden! Mit mir brauchen Sie nicht zu rechnen! Ich weiß nicht, ob Sie sich klar darüber sind, aber für so etwas können Sie nach dem Krieg zur Verantwortung gezogen werden."

Neumann lachte auf. „Nach dem Krieg? Wann wird das sein? Für mich gibt es nur den heutigen Tag und den morgigen. Und morgen wird der Krieg noch nicht aus sein. Und ich rate Ihnen, sich von einer ähnlichen Philosophie leiten zu lassen."

„Machen Sie, was Sie wollen. Ich werde keine Narkose geben."

„Wie Sie wünschen. Möchten Sie lieber zur Arbeit auf den Kohlenplatz zurück? Wenn Sie mir nicht helfen, schreibe ich Sie arbeitsfähig. Das ist das eine. Und das andere – ich werde ohne Narkose operieren."

„Was?!"

„Wie ich gesagt habe. Und jetzt hören Sie mich bitte an. Das Gelenk ist zertrümmert. Wenn ich nicht versuche, unverzüglich zu operieren, wird dieser Mann nach Auschwitz geschickt. Oder nach Groß-Rosen. Und dort machen sie ihn natürlich fertig. Das heißt, verurteilt ist er ohnehin. Und ich werde versuchen, ihn zu operieren, verlängere ihm so den Aufenthalt im Revier und zusätzlich bereite ich den SS-Leuten, die bei uns nicht die schlimmsten sind, ein Vergnügen. Vielleicht zeigen sie sich uns gegenüber erkenntlich?"

Er konnte das nicht länger mitanhören. Je länger er darüber nachdachte, um so irrealer kam ihm der Gedankengang des Lagerarztes vor – als Ausgeburt einer kranken Phantasie. Obschon ihn die Erfahrungen der Kriegsjahre längst gelehrt hatten, daß Ethik ein Luxus normaler Zeiten ist wie Austern, Parfüms von Coty oder ein Appartement im Ritz – von ärztlicher Ethik ganz zu schweigen. In Lagern, wo sich das Leben mit dem Tod verknäulte wie ein Liebespaar – wie oft wurde diese Ethik zum Jeton ohne Deckung!

Ihm fiel das kleine Spital im sogenannten Zigeunerlager in Birkenau ein. Geleitet wurde es von zwei Ärzten aus Frankreich. Die hatten die Regel eingeführt, nach der jeder neu ins Spital aufgenommene Kranke am ersten Tag seines Aufenthalts nichts zu essen bekam. Er hungerte ganz einfach. Das sollte die Diagnose erleichtern ... Dessen Portion Brot oder Suppe nahmen sich, selbstredend, die Ärzte. Eine solche diagnostische Methode beschleunigte den Exitus. Und genau darum ging es. Die Rotation funktionierte schneller, und den Platz auf der Pritsche nahm der nächste Lieferant von Brot und Suppe ein, die in Auschwitz ja nicht bloß Nahrung waren, sondern ein höher geschätztes Zahlungsmittel als Gold. Na, und jetzt dieser Arzt hier …

Wenigstens wußte er, woran er war. Man konnte natürlich Neumanns Standpunkt eine gewisse Logik nicht absprechen, nur daß es zynische Logik war. Und gemeine Erpressung. Zurück auf den Kohlenplatz? Mit seiner kranken Wirbelsäule und bei seinem Gesundheitszustand wäre dies der sichere Tod im Laufe weniger Wochen. Sieben Tage lang zwölf Stunden von sechs Uhr morgens bis sechs Uhr abends, sieben Tage zwölf Stunden Nachtarbeit – immer im Wechsel. Fünf Häftlinge auf dem Kohlenwagen, beladen mit fünfzehn Tonnen feuchter, meist gefrorener Kohle. Drei Kohlenwagen in einer Schicht. Das machte – leicht auszurechnen – neun Tonnen pro Häftling … Mit einer anderen Arbeit konnte er nicht rechnen. Übrigens war andere Arbeit auch keineswegs leichter. Diejenigen, die nicht auf dem Kohlenplatz arbeiteten, waren als Arbeiter in den geschlossenen und geheizten Hallen der Fabrik Schlesische Zellwolle komfortabel untergebracht. Nur, daß auch dort Arbeit nicht gleich Arbeit war. Zwar gab es in der Fabrik auch Arbeiter anderer Nationalitäten, das ist wahr, doch nur Juden arbeiteten im Betrieb für chemische Holzbearbeitung. Es genügten nämlich zwei, drei Monate Arbeit in diesem Betrieb, um sich infolge des ständigen Kontakts mit irgendwelchen giftigen Säuren verschiedenerlei Erkrankungen und Gebrechen zuzuziehen – am häufigsten Polyneuritis. Diese Form der Nervenentzündung führte zu dauernden Lähmungen, die aus den Häftlingen Krüppel machten. Meist endete das mit der Verschickung nach Auschwitz.

Um zu einem endgültigen Entschluß zu kommen, hatte er einen Tag Zeit. Und der konnte über sein Schicksal entscheiden. Elendig verrecken, wo alles darauf hindeutete, daß sich der Krieg dem Ende näherte? Nur daß so ein Gedankengang zu Schlußfolgerungen und Entscheidungen führen konnte, deren er sich würde schämen müssen … Aber vielleicht war eine solche Entscheidung gar nicht so verdammenswert? Letztendlich war es nicht seine Schuld, daß die Gesetze des Lagerlebens ihn vor eine solche Alternative stellten. Das war ein Leben im Lager und kein Roman, dessen Held Entschlüsse fassen konnte, wie sie ihm die Einbildungskraft des Autors vorschrieb. Er zeichnete sich nicht durch allzu großen Mut aus, andererseits wollte er vor sich selbst nicht als Schwein dastehen. Am schlimmsten war, daß er allein entscheiden mußte. Niemand konnte ihm helfen.

Obgleich – da war noch Emil. Emil Vogel – der Arzt aus Prag, ein Mensch von vorbildlicher Rechtschaffenheit, dessen Meinung er sehr schätzte. Vogel kannte das Leben und kannte die Deutschen. Er war über fünfzig, und die Arbeit auf dem Kohlenplatz hätte er mit Sicherheit nicht durchgehalten, wenn er nicht so etwas wie ein Gehilfe des Meisters geworden wäre, folglich eine etwas leichtere Beschäftigung gehabt hätte. Das Kohlenkommando arbeitete, soweit er sich erinnern konnte, in dieser Woche nachts. Emil mußte eigentlich um diese Zeit schlafen. Tatsächlich fand er ihn in der Baracke. In der Baracke, in die er zurückkehren sollte, wenn er sich nicht entschloß, Neumanns Vorschlag anzunehmen. Es war kalt hier und es stank nach ungewaschenen Menschenleibern. Auf den Pritschen schliefen, schwer schnarchend, die Häftlinge der Nachtschicht. Emil tat ihm leid, aber er wußte sich anders nicht zu helfen – er mußte ihn wecken. Er setzte sich zu ihm und erzählte ihm alles in wenigen Worten.

„Das ist vielleicht ein Schweinehund!“, kommentierte Emil auf Polnisch seinen Bericht. Er war nicht der Typ für schnelle Entschlüsse. Er dachte längere Zeit nach. „Es ist nicht leicht, in diesem Fall etwas Vernünftiges zu raten. Das muß durchdacht werden. Ich komme auf einen Sprung zu dir, abends vor der Arbeit oder gleich, wenn ich vom Platz zurück bin …“

Er kehrte zum Revier zurück. Neumann verband einem der Häftlinge das Bein. „Na, und? Haben Sie sich entschlossen, die Narkose zu geben?“, fragte er.

„Ich weiß nicht. Ich weiß nicht. Ich sage Ihnen abends oder morgen früh Bescheid.“

„Früh operieren wir, Sie müssen sich beeilen.“

„Ja, ja … Ich möchte mir aber die Wunde ansehen, wenn Sie erlauben.“

Neumann sah diese Bitte offenbar als günstiges Omen für seine Teilnahme an der Operation an.

„Bitte sehr. Er ist immer noch bewußtlos. Der kleine Henio sitzt bei ihm.“

Er betrat den Raum, der einmal ein Magazin gewesen sein mochte. Neumann war es gelungen, ihn wie ein Krankenhauszimmerchen aussehen zu lassen. In der Mitte stand eine Pritsche, und darauf lag der Verwundete, in der Tat noch immer bewußtlos. Er schaute sich das graue Gesicht genauer an, das sich kaum von der mit Holzwolle gefüllten Filzrolle unter seinem Nacken abhob. Er kannte diesen Menschen, das war ihm sofort klar. Nur daß er unter Tausenden ähnlich abgezehrter Gesichter dieses Gesicht, das er jetzt vor sich hatte, nicht identifizieren konnte. Beim Patienten saß der kleine Henio, ein sechzehnjähriger Junge aus Dąbrowa. Henios Hände waren gelähmt – ein Resultat der Fabrikarbeit. Der Junge wartete auf den Abtransport nach Auschwitz und er machte sich hinsichtlich des Schicksals, das ihn erwartete, keinerlei Illusionen. Die Lagerleitung wollte eine größere Anzahl von solchen Produktionsergebnissen sammeln, um nicht die Transportkosten für einen einzigen Juden tragen zu müssen.

„Wer ist das?", fragte er Henio.

„Das wissen Sie nicht? Das ist doch Moros. Ferenc Moros."

„Moros?"

„Moros, der Torhüter."

Moros – der Torhüter …

Der Häftlingstransport aus Auschwitz kam Ende Oktober ins Lager. Der Herbst war warm dieses Jahr, er spürte gar nicht den scharfen Wind von den Bergen, und die neue Häftlingskleidung aus Zellwolle schützte noch vor der Kühle der Herbstabende und -morgen. Die erste Woche gingen sie nachts zur Arbeit. Der Zufall wollte es, daß ihre Tagschicht am Montag begann, sie den ersten Sonntag also ausnahmsweise frei hatten. Er beschloß, diese Gelegenheit zu nutzen, um sich im neuen Lager umzusehen. An die tausendfünfhundert Juden hatten die Deutschen hier angesammelt, hauptsächlich aus Ungarn. Ein Teil der Häftlinge stammte aus Zagłębie, na und jetzt aus dem Getto in Łódź. Ein gutes Dutzend Baracken war ohne System aufgestellt worden. Es waren die typischen Baracken, genau solche, wie er sie aus Birkenau kannte. Die Sonne schien warm und heiter, als wollte sie für den kommenden Winter einen guten Eindruck hinterlassen. Er atmete tief. Wenigstens hatte er hier nicht ständig den Alptraum unablässig rauchender Schornsteine vor Augen, und kein beißender, dichter Geruch fraß sich in die Lunge. Noch spürte er die schwere Arbeit nicht in den Knochen. All das vermittelte ihm das täuschende Gefühl von dauerhafter Sicherheit. Er hatte sogar eine nebelhafte Vision von einem friedlichen Abwarten des Kriegsendes in dieser Vorgebirgslandschaft. Sofern keine Selektion drohte und keine sofortige Verschickung ins Gas. Wie er sich schon hatte überzeugen können, war aber auch hier alles darauf eingestellt, die Häftlinge ständig daran zu erinnern, daß sie zur Gattung Untermensch gehörten, mit der das Herrenvolk machen konnte, was es wollte. Am Tag zuvor hatte man sie nach der Arbeit ins Bad geführt. Die Möglichkeit, sich zu baden und aus sämtlichen Hautfalten, den Mundwinkeln, unter den Fingernägeln die schwarzen Kohlenstaubreste zu entfernen, hatte sie alle sehr gefreut. Sie hatten bloß vergessen, daß die „Badediener" Deutsche waren. Aus den Hähnen kam entweder eiskaltes oder kochend heißes Wasser. Die SS-Männer und das Personal im Badehaus brüllten vor Lachen beim Anblick der possierlichen Tänze, die die nackten, abgezehrten Gestalten vollführten, um den schmerzhaften Wasserstrahlen auszuweichen. Während sie sich im Bad befanden, gingen die Häftlingskleider durch die Desinfektion. Die Maßnahme an sich war sehr nötig, nur, daß sie nach dem Bad, das eine Kette von Unannehmlichkeiten war, auf die nassen Körper die noch nassen Kleider ziehen mußten. Zitternd vor Kälte kehrten sie ins Lager zurück. Aber das alles war gestern gewesen …

Jetzt konnte er im bereits getrockneten und momentan sauberen Häftlingsanzug über den Lagerplatz spazieren. Er hoffte, Bekannte vom Gettotransport wiederzufinden. Vorläufig hatte er noch niemanden getroffen. Bei der Gelegenheit konnte er sich davon überzeugen, wie schlecht die ungarischen Juden, die ohne Gettoerfahrung plötzlich dem Hunger und der mörderisch schweren Arbeit ausgesetzt waren, das Lagerleben ertrugen. Als er sich so umsah, bemerkte er ein gutes Dutzend Häftlinge, die mit einer seltsamen Tätigkeit beschäftigt waren. Mit einem dicken Seil zäunten sie die Mitte des Platzes ein. Der umzäunte Teil war sogar ziemlich groß. Vier in die Erde gerammte Pfähle steckten an den vier Ecken ein großes Rechteck ab – so an die siebzig, achtzig Meter mal dreißig, vielleicht vierzig. Rings um dieses Rechteck bildeten Stricke so etwas wie eine Barriere. Im Innenraum hatten einige Häftlinge mit Hilfe zerbröckelter Kreide Linien markiert, darunter eine, die das Rechteck in zwei gleiche Teile trennte. Inmitten der Schmalseiten des Rechtecks hatte man – er glaubte seinen Augen nicht zu trauen – zwei waschechte Tore aufgestellt. Ja, es bestand kein Zweifel.

Er sah schweigend den Vorbereitungen zu, schließlich fragte er einen Häftling, was das alles bedeuten sollte. Der Häftling, ein

Jude aus Sosnowiec, was die Verständigung erleichterte, antwortete kurz: „Das sind Vorbereitungen für einen Wettkampf."

„Ein Wettkampf? Im Fußball?"

Der Häftling blickte ihn lange an. „Juden spielen gegen Deutsche …"

Die Antwort war so verblüffend, daß es ihm die Sprache verschlug. Sein Gesprächspartner war irgendwohin verschwunden, er schob sich näher an die Seile heran und schaute mit immer größerem Interesse den Vorbereitungen zu, die die Platzmitte in ein echtes Fußballfeld verwandelten.

Unterdessen begannen aus allen Baracken Zuschauer herbeizuströmen, eine lebhafte Menge, wogend in verschlissenen weißblauen Streifen. Aufs Spielfeld liefen (ja, liefen!) die zwei Mannschaften. Häftlinge in Häftlingskleidung, doch ohne ihre Holzpantoffeln, die sie sonst alle Tage trugen, sondern in Lederschuhen, die sie offenbar eigens für den Wettkampf erhalten hatten. Die Hosenbeine hatten sie mit Strippen zusammengebunden und in die Stiefel gestopft. Die SS-Männer – in weißen Unterhemden und den grünen Breeches ihrer Uniformen. Jede Mannschaft setzte sich aus acht Spielern zusammen. Nach einer Weile erschien der Schiedsrichter. Dieser trug eine komplette Uniform. Es war Oberscharführer Handtke oder Hanke persönlich, in der Lagermannschaft der höchstrangige Offizier. Nach einem kurzen Einspielen gaben sich die Kapitäne beider Mannschaften die Hand – sie gaben sich tatsächlich die Hand! Ein Pfiff des Schiedsrichters, und das Spiel begann.

Was jetzt passierte auf dem Rechteck des Spielfeldes und außerhalb, in der Zuschauermenge, war ein ebenso surrealistisches wie tragikomisches Spektakel. Die Häftlingsmannschaft setzte sich aus ungarischen Juden zusammen. Wie man ihm später erzählte, befand sich darunter aber auch ein Jude aus Polen, einer aus Będzin. Diese halb verhungerten, erschöpften, geprügelten und unausgeschlafenen Häftlinge, denen auch der größte Optimist nicht mehr als ein paar Monate Leben vorausgesagt hätte, bewegten sich geradezu elegant auf dem Spielfeld, Es fiel auf, daß viele von ihnen erfahrene Fußballer waren, die wußten, was Fußball heißt. Nicht nur, daß sie aufopferungsvoll spielten, sie verfügten auch über eine gar nicht üble Technik. Dank dieser Technik bewegten sie sich sparsam und effizient. Während die SS-Männer dem Ball von einem Ende des Spielfeldes zum anderen hinterherrannten, eroberten die Häftlinge mit ein paar kurzen Pässen das Terrain, teilten ihre Kräfte klug ein.

Die Geschichte dieser allwöchentlichen Wettkämpfe reichte bis zum Sommer zurück. Das Lager bei der Schlesischen Zellwolle bestand bereits einige Monate, als eben vom Sommer an Juden aus Ungarn hier zusammengezogen wurden. Die SS-Angehörigen kannten sich offenbar im europäischen Fußball aus und hatten von den ausgezeichneten ungarischen Mannschaften wie Ferencvaros, Ujpesti oder MTK, in denen viele Juden spielten, gehört. Daher beschlossen sie, diesen Zustrom von Sklavenarbeitern aus Ungarn zu nutzen, um durch sportlichen Zeitvertreib etwas Abwechslung in ihre langweilige Alltagsroutine beim Eskortieren und Bewachen der Häftlinge zu bringen. Ein, wie sich herausstellte, glücklicher Einfall, wenn auch vom Standpunkt der Rasselehre unzulässig.

Bei der Gründung einer Mannschaft aus ungarischen Juden hatten sich die SS-Männer vielleicht ausgerechnet, daß sich, sofern man ihnen nur die stärksten und gesündesten gab, gute Fußballer darunter sein müßten. Und so war es auch. Ungewöhnlich? Es war bereits das fünfte Kriegsjahr. Vor den Augen Europas dauerte das Inquisitionsschauspiel, ein Autodafé unter der Beteiligung von Tausenden von Henkern und Millionen Opfern, an. Eine der Regieanweisungen sah offenbar Zwischenakte, Pausen vor, in denen die Mörder mit ihren Opfern eine Zigarette rauchten. Die zündeten sie mit Glut aus den Krematoriumsöfen an. Der Regisseur konnte sich eine solche Variante erlauben …

Auf dem Spielfeld dauerte der hitzige Kampf an. Die gestreiften Jacken flatterten wie Flügel häßlicher, exotischer Vögel. Von Zeit zu Zeit wagten Spieler der Häftlingsmannschaft Spurts das ganze Spielfeld entlang, als könnten diese Flügel sie über die Drahtverhaue, über die Deutschen hinweg in die erträumte Freiheit tragen. Oft imponierten sie dem Publikum, ihrem Publikum, mit Ballkunststückchen, die um so artistischer, weil in Stiefeln vorgeführt waren, die man ihnen nur zum Wettkampf gegeben hatte. Diese Stiefel waren übrigens so unbequem, daß zwei der Ungarn sie während des Spiels gegen die eigenen primitiven Holzschuhe austauschten, die nun dumpf über den harten Boden des Lagerplatzes klapperten.

Die Spieler beider Mannschaften lächelten beim Spiel, und es war durchaus kein aufgesetztes Lächeln wie beim Fotografen.

Die SS-Männer lächelten nachsichtig, wissend, daß diese momentane Unterbrechung der üblichen Beziehungen zwischen Häftlingen und Bewachern früher oder später ein Ende finden würde. Das Lächeln bei den Juden entstand aus der Freude gedemütigter Menschen, die ihre Überlegenheit für einen Moment ausspielen konnten. Die SS-Männer rissen die ganze Zeit über Witze, und wenn sie den Ball verloren, lachten sie laut, um auf diese Weise die erlittene Schlappe zu kaschieren. Wenn einer der Juden den Ball verlor oder schlecht spielte, setzte er sich bitteren Vorwürfen seitens der Kameraden und, natürlich, der Zuschauer aus. Für sie steckte hinter dem Kampf auf dem Spielfeld etwas bedeutend Wichtigeres: etwas, das ihnen erlaubte, vermittelt durch „ihre" Mannschaft, die Illusion einer Rache auszukosten, einen trügerischen Triumph.

Vielleicht vierhundert, vielleicht fünfhundert Zuschauer hatten sich eingefunden. Einträchtig feuerten sie die Ihren an, einträchtig protestierten sie gegen ihrer Meinung nach ungerechte Entscheidungen des Schiedsrichters. Sie pfiffen, erregten sich, schlugen die Hände zusammen oder freuten sich, als handelte es sich hier nicht bloß um eine kurze Pause in ihrem tragischen alltäglichen Dasein, sondern um eine radikale Veränderung ihrer Lebensumstände. Als ob von einem gut angenommenen Ball oder einem Treffer die Beseitigung der Drahtverhaue hinter ihnen abhing.

Die Anfeuerung der Zuschauer, die der Häftlingsmannschaft zugute kam, war um so auffallender, als natürlich die SS-Männer niemand anfeuerte, wie sich leicht denken läßt. Die Mehrzahl der SS-Besatzung befand sich auf dem Spielfeld, ein Teil nutzte den freien Sonntag, und ein Teil machte ganz normal am Lagertor und an den Drahtverhauen Dienst.

Dicht vor ihm kämpften zwei SS-Männer mit einem Häftling verbissen um den Ball. Schließlich brachten sie ihn in ihren Besitz. Während dieses Geplänkels ging der Spieler im gestreiften Anzug zu Boden. Der Schiedsrichter erkannte nicht auf Foul, was es übrigens auch nicht war. Sofort reagierte die Zuschauertribüne mit Pfiffen auf dieses ihrer Meinung nach unsaubere Spiel des Gegners. Der Protest war so heftig, als ginge es nicht um ein Foul auf dem Fußballfeld, sondern um die Benachteiligung der ganzen Judenschaft, die ja seit Jahrhunderten gefoult wurde, mit der stummen Billigung der Geschichte und ihrer Richter.

Diese Pfiffe bedeuteten einen kurzen Moment der Vergeltung, um so kostbarer, als er ungestraft ausgekostet werden durfte. Und das war das Erstaunlichste. Die SS-Männer akzeptierten voll und ganz die Regeln des Fußballspiels, als fände es nicht auf dem Lagergelände, sondern im Stadion des Nachbarstädtchens statt.

Während er diesem Spiel zusah, schien es ihm in manchen Augenblicken undenkbar, daß diese selben Spieler, sofern sie nur ihre grünen Uniformjacken mit den Rangabzeichen wieder anlegten und vom Spielfeld gingen, sich in diejenigen zurückverwandeln würden, die sie in Wirklichkeit waren. Er begriff auch, warum die SS-Männer keine gewöhnlichen Turnhosen angezogen hatten, die mit Sicherheit ein freieres Agieren auf dem Spielfeld erleichtert hätten. Vermutlich dachten sie, daß dieser Teil der Uniform, den sie anbehalten hatten, die Häftlingsmannschaft ständig daran erinnerte, daß auch während des Matchs nicht alle sonstigen Regeln außer Kraft seien. Wahrscheinlich darum mußten die Juden in Häftlingskleidung spielen. Wer weiß, wie diese Fußballbegegnung verlaufen wäre, wenn die eine wie die andere Mannschaft ganz ohne ihre Uniformen angetreten wäre. Und wer weiß, wie sich die Zuschauer verhalten hätten, wenn ihre Erregung nicht von dem übers Spielfeld sausenden Grün ihrer Aufseher im Zaum gehalten worden wäre.

Inzwischen zeichnete sich auf dem Spielfeld trotz allem ein Übergewicht der Gutgenährten über die Hungernden ab. Die SS-Männer machten Druck, die Häftlinge wehrten sich verzweifelt. Eigentlich wäre das Spiel längst entschieden gewesen, wenn es nicht den Torwart der Häftlingsmannschaft gegeben hätte, der gleichzeitig ihr Kapitän war und der vor dem Wettkampf dem Kapitän der deutschen Mannschaft die Hand gedrückt hatte. Das war ein wirklich begeisternder Fußballer, ein Torhüter von Gottes Gnaden, dessen Namen das Publikum die ganze Zeit skandierte. Laute Rufe: „Moros! Moros!" schallten über das Lager und sicher weit über seine Grenzen hinaus.

Dieser Spieler hatte ihn damals interessiert. In der Spielpause befriedigte ein ungarischer Jude seine Neugier. Moros hieß mit Vornamen Ferenc, stammte aus einem kleinen Städtchen unweit von Budapest und versprach von Kind auf ein großartiger Fußballer zu werden. Er besaß alle Voraussetzungen eines guten Torwarts. Er war hochgewachsen, ungewöhnlich geschmeidig, hatte lange Arme. Womit er sich hervortat, konnte den verwöhntesten

Fußballkenner in Bewunderung versetzen. Er meisterte die unwahrscheinlichsten Situationen. Lief aus dem Tor, wenn man hinauslaufen mußte. Baute sich immer dort auf, wo der Ball hinkam. Wenn es bis zur Pause nur 1:0 für die SS-Männer stand, war das vor allem sein Verdienst. Ein paarmal erhielt er sogar die Anerkennung der Deutschen: sie klopften ihm gönnerhaft auf die Schulter, wenn er wie durch ein Wunder in die Ecke flog oder im letzten Augenblick auf der Torlinie parierte.

Die Pause dauerte zehn Minuten, und beide Mannschaften lagerten auf dem Spielfeld. Die Häftlinge stärkten sich mit einer warmen Brühe, die ein hochherziger Küchenkapo spendierte, die SS-Männer selbstverständlich mit Bier.

Alles wies darauf hin, daß die zweite Halbzeit einen ähnlichen Verlauf nehmen würde wie die erste, das heißt, daß die Häftlinge durch Technik bestachen, die Deutschen dies durch Kraft, Energie und körperliche Kondition wettmachten. Es zeigte sich jedoch, daß Mumm in den Knochen nicht alles ist. Die Häftlingsmannschaft zeigte in taktischer Hinsicht ein äußerst klug angelegtes Spiel. Was die Zuschauer, in der ersten Halbzeit der Begegnung für Schwäche bei der Häftlingsmannschaft halten konnten, erwies sich in der zweiten als schlaue Taktik. Die Häftlinge wußten, vermutlich von den früheren Spielen her, daß die SS-Männer ihre Kräfte nicht vernünftig einteilten. Aber vielleicht wirkte auch das Bier von der Pause? Wie auch immer, gegen Ende des Spiels beherrschte die Mannschaft der Juden fast vollkommen das Feld. Mochte die Krafteinbuße bei den Deutschen noch begreiflich sein, für das Durchhaltevermögen und den Ehrgeiz der Häftlinge ließ sich partout keine rationale Erklärung finden. Es ging so weit, daß einige Spielzüge auf deutscher Seite so kläglich endeten, daß sie unter den Zuschauern Heiterkeitsausbrüche hervorriefen.

Gegen Ende des Spiels erhitzten zwei Vorfälle die Zuschauer. Das erste war das Ausgleichstor, das der Schlingel aus Będzin schoß. Und das zweite ein problematischer Strafstoß, den der Schiedsrichter gegen die Häftlingsmannschaft verfügte. Diese Entscheidung rief heftige Reaktionen der Häftlinge außerhalb des Spielfelds hervor. Es sah ganz so aus, als wollten sie den Platz stürmen und den Übeltäter verprügeln. Zu seinem Glück trug dieser Übeltäter nicht nur die entsprechenden Hosen, sondern eine komplette SS-Uniform. An Schimpfworten jedenfalls, sowohl in

Polnisch wie in Ungarisch, fehlte es nicht. Hier und da rief auch einer auf Deutsch die passenden Ausdrücke. Alle verstummten, als der Deutsche den Ball zurechtlegte, um den Strafstoß auszuführen, und alle tobten, als Moros den Elfmeter abwehrte. Es war die letzte Spielminute. Der Schiedsrichter hatte noch nicht das Spiel abgepfiffen, als einige Zuschauer bereits die Seile übersprangen oder unter ihnen hindurchkrochen und auf Moros zustürmten, ihn umarmten und abküßten.

Die SS-Angehörigen sahen sich diesen Begeisterungsausbruch ohne Ärger mit an, sie schmunzelten sogar nachsichtig, ein bißchen so, wie der Besitzer eines über die Wiese tollenden Bullenkalbs lächeln mag, bevor er es ins Schlachthaus schickt.

Dieses Fußballspiel blieb das einzige, das er hat miterleben können. Es war überhaupt das letzte, weil sich nach dem ersten großen Herbstregen der Lagerplatz in einen einzigen Sumpf verwandelte.

Außerdem begannen alle Häftlinge auch am Sonntag zu arbeiten. Ein Spieler aus der Häftlingsmannschaft, jener Jude aus Będzin, starb an der Vergiftung, die er sich durch die Säuren in der Fabrik zugezogen hatte.

Das Spiel selber wurde noch lange kommentiert, vornehmlich von den Ungarn, die Moros zum Nationalhelden gleich zweier Völker – des ungarischen und des jüdischen – ernannt hatten.

Und jetzt liegt Moros auf dem Revier. Angeschossen. Einfacher gesagt – bereits verurteilt.

Der Vorfall selber hatte eher banalen Charakter, obwohl sich solche Fälle im allgemeinen selten ereigneten. Nur bisher hatten die Wachen immer getroffen, und der Arzt hatte ihretwegen nie Ärger gehabt. Mit Moros soll das so gewesen sein: Er belud kleine Wagen mit Holz, die ins Fabrikinnere transportiert wurden. Die Arbeit hier war leichter als bei der Kohle, wo bereits zum drittenmal im Laufe eines Jahres die gesamte Häftlingsgruppe ausgewechselt wurde.

Während der Arbeit bekam Moros Darmkrämpfe, so erzählte man sich, was bei der Qualität der Suppe mehr als begreiflich war. Moros bat also den Meister, den aus Brettern zusammengenagelten Abtritt zwischen Kohle- und Holzplatz aufsuchen zu dürfen. Der Meister erlaubte es nicht. Moros bat ihn noch ein paarmal, doch jedesmal schlug der Meister die Bitte aus. Moros blieb nichts anderes übrig, als sich hinter einen Haufen Holzklötze zu hocken und die Hose herunterzulassen. Der Meister sah dies als Verhöhnung deutscher Befehle an und zeigte Moros einem der Gendarmen, wobei er schrie, daß der Häftling zu fliehen beabsichtige. Ohne lange zu überlegen, schoß der Deutsche ein paarmal, obschon ein kurzes Nachdenken hätte erkennen lassen, daß man nicht die Hose runterläßt, wenn man fliehen will.

Für Moros wäre es besser gewesen, wenn der deutsche Gendarm ein genaueres Auge gehabt hätte. Nicht ein Schuß erwies sich als tödlich.

Nur daß es dann nicht dieses neue Schauspiel gegeben hätte. Statt eines Fußballwettkampfes – eine Operation. Mit Moros in der Rolle des Patienten. Wenigstens zwei Worte wollte er mit ihm wechseln, doch der Ungar war immer noch bewußtlos.

Die ganze Nacht tat er kein Auge zu. Ihn quälte die unbegreifliche Überzeugung, daß er nicht so handelte oder handeln würde, wie er sollte, daß er im voraus eine Rechtfertigung für sich suchte für den Fall, daß er Neumanns Vorschlag annahm. Als er endlich doch einschlief, hatte er einen Alptraum: Er sah den Karabiner eines SS-Mannes auf sich gerichtet, der auf ihn schoß und dabei lautlos zählte: eins – null, zwei – null …

Entsetzt fuhr er auf, zitternd vor Kälte. Bei ihm stand Emil und rüttelte ihn an der Schulter.

„Was? Was ist los? Ihr seid schon zurück von der Arbeit?“, fragte er.

„Es waren keine Kohlenwagen da. Mit Oberschlesien soll keine Verbindung bestehen … Hör mal, bring mich zu diesem Verwundeten.“

„Neumann erlaubt es nicht …“

„Erlaubt es oder erlaubt es nicht. Übrigens schläft er um diese Zeit. Gehen wir.“

Er zögerte; unnötig wollte er sich die Gunst des Lagerarztes nicht verscherzen. Doch schließlich war auch Emil Arzt.

In dem Raum, wo Moros lag, war niemand. Selbst der kleine Henio hatte sich irgendwohin verdrückt. Der Verwundete war nach wie vor bewußtlos. Mit Sicherheit hatte er hohes Fieber. Emil beugte sich über den Verband am Arm und nahm mit ein paar Handgriffen Binde und Verbandsmull ab. Beide besahen sich jetzt wortlos die hoffnungslos aussehende Wunde.

„Hier richtet selbst der beste Chirurg nichts aus.“

„Ja, nur daß Neumann das für die Deutschen macht …"

Emil überlegte einen Moment lang, dann sagte er: „Wenn Neumann operieren will, dann soll er amputieren. Sag ihm das."

Das war der Ausweg. Emil Vogel hatte einst in der Chirurgie gearbeitet und wußte, was er sagte. Zwar verhieß unter den gegebenen Umständen selbst eine Amputation nichts Gutes, doch war es immerhin eine vernünftigere Operation als die, die Neumann durchzuführen beabsichtigte. Nur daß Neumann nicht auf ihn hören würde. Er war zu jung, um solche Ratschläge zu erteilen.

Emil schien Gedanken lesen zu können. „Ich werde versuchen, ihm das selber zu sagen. Keine Bange, ich verrate nicht, daß ich hier war. Und außerdem … an deiner Stelle würde ich die Narkose geben."

„Aber …"

„Unterbrich nicht. Ich hoffe, daß nach dem Krieg Neumann auch so für das alles geradestehen wird … Und er wird operieren, unabhängig davon, wie du dich entscheidest. Doch wenn davon abhängt, wieviel der unglückliche Moros wird leiden müssen, dann begreifst du selber …"

Neumann erschien kurz, nachdem Emil gegangen war, im Revier.

„Na? Haben Sie sich entschieden?"

„Ja. Ich mache die Narkose."

„Freut mich sehr. Ich habe gewußt, daß Sie zustimmen werden." Neumann strahlte.

„Wissen Sie, ich verachte mich für diese Zustimmung."

„Das schadet nichts. Jeder sollte sich von Zeit zu Zeit verachten. Dann gäbe es weniger vom eigenen Edelmut Entzückte auf der Welt. Und außerdem sind Sie ein guter Komödiant."

„Wieso?"

„Sie spielen ausgezeichnet die verführte Unschuld. Sie wissen genau, daß es keinen anderen Ausweg gibt. Nur daß Ihnen meine, sagen wir mal, Ehrlichkeit nicht gefällt. Sie halten mich wohl für einen Zyniker – ich nutze fremdes Unglück aus … Sie sind noch nicht lange im Lager …"

„Ich bin wirklich davon überzeugt, daß wir beide uns einmal dafür werden verantworten müssen."

„Sie sind ein unverbesserlicher Optimist! Um sich für etwas nach dem Krieg zu verantworten, muß man ihn überleben. Übrigens versichere ich Sie, nach dem Krieg werden größere, schwerwiegendere Verstöße gegen die ärztliche Ethik in Vergessenheit geraten."

Es war ein quälendes und nutzloses Wortgefecht. Er winkte ab und ging erneut in das Zimmer, wo Moros lag. Hier hatte sich nichts verändert. Der Verwundete war schweißüberströmt und atmete schwer. Bei seinem Anblick spürte er würgendes Bedauern, einen tiefen Schmerz in der Brust. Er war den Tränen nahe. Und er wußte nicht mehr, wen er mehr bedauerte – Moros oder sich selbst …

Unterdessen hatte Neumann das Verbandszimmer in einen Operationssaal verwandelt. Er sammelte alle Instrumente zusammen, über die das Revier verfügte, häufte Verbandsmaterial in imponierender Menge an. Vermutlich hatten ihm die Deutschen noch etwas zugesteckt, nie zuvor hatte es hier soviel Verbandsmull und Watte gegeben. Nichtsdestotrotz erinnerte das alles eher an einen Stich aus der Zeit des Dreißigjährigen Krieges als an moderne Zeiten. Neumann war jedoch sehr zufrieden mit sich.

Er wollte Neumann von Emils Vorschlag erzählen, aber er schaffte es nicht mehr. Der Oberscharführer persönlich (der Schiedsrichter des Fußballspiels) erschien, um mit Neumann irgendwelche Dinge zu besprechen. Auch später fand er nicht die Gelegenheit, um die Möglichkeit einer Amputation zu erwähnen. Gegen Mittag brachte man den bewußtlosen Moros und legte ihn auf den langen Holztisch, der als Operationstisch dienen sollte. Ein weiterer Gehilfe fand sich ein – ein ungarischer Jude, der Pfleger war.

Bevor er daran ging, die Narkose zu geben, fanden sich in dem Zimmerchen etwa zehn Deutsche ein. Und Neumann übernahm mit der zunehmenden Zuschauerzahl immer mehr die Rolle des Hauptdarstellers in dem von ihm inszenierten Spektakel.

Moros war anfänglich sehr unruhig, doch es genügten ein paar Tropfen Äther auf die Maske, um ihn einzuschläfern. Neumann machte sich hurtig an die Arbeit. Bald mit dem Skalpell, bald mit der Pinzette zeigte er den Deutschen die Fragmente des zerschmetterten Ellbogens.

„Hier der Oberarmknochen, und hier die Unterarmknochen: Elle und Speiche … Und hier die Gelenkkapsel. Hier haben wir die beschädigten Gefäße und den abgerissenen Nerv …"

Er sprach langsam, ein überaus korrektes Deutsch. Er wollte deutlich machen, daß er die ganze düstere Farce zugunsten des

SS-Publikums ernst nahm. Vielleicht dachte er an das Gemälde von Rembrandt und träumte jetzt davon, Doktor Tulpe nachzuahmen? Obwohl das Ganze eher an die Vorstellung eines Grand Guignol aus der Provinz erinnerte …

Die Deutschen beugten sich über Neumann und verfolgten aufmerksam seine Handgriffe. Hin und wieder tauschten sie Bemerkungen aus, wobei sie anerkennend nickten. Vermutlich waren sie der Ansicht, daß nach diesem Vortrag das Ellbogengelenk keinerlei Geheimnisse mehr für sie haben würde …

An einem bestimmten Punkt unterbrach Neumann seine Vorführung. Er schloß die Augen und dachte eine längere Zeit intensiv über etwas nach. Dann sagte er, jedes Wort mit Nachdruck akzentuierend, nicht zu den Zuschauern hin, sondern zu ihm: „Sie sehen selber, hier läßt sich nicht mehr viel machen. Leider bleibt uns nichts anderes übrig, als zu amputieren."

Dieser Mann hatte entschieden den Beruf verfehlt. Schauspieler sollte der sein, dachte er, ohne zu überlegen, daß der Lagerarzt unlängst dasselbe von ihm gesagt hatte. Jetzt sprach Neumann nur noch zum SS-Publikum, erklärte, warum er während der Operation plötzlich die Konzeption geändert habe. Die Deutschen lauschten den Ausführungen und nickten mit noch größerer Anerkennung. Was er sagte, klang überzeugend …

Gleich darauf begriff er, daß er, als er in Gedanken Neumanns Schauspielertalent lobte, ihn unterschätzt hatte. Dieser hatte nämlich beschlossen, seinen Zuschauern statt einem zwei Spektakel zu bieten. Zwei Vorstellungen für ein Billett. Offensichtlich hatte er irgendwann schon einmal eine Amputation durchgeführt, da er, während er jeden Handgriff erklärte, die Operation geschickt zu Ende führte. Der Stumpf sah gar nicht schlecht aus. Die Deutschen waren aufrichtig begeistert; es fehlte nicht viel, und sie hätten nach Beendigung der Operation Hauptdarsteller und Regisseur mit Applaus bedacht.

Die SS-Männer waren gegangen. Der Puls des Operierten war kaum mehr zu fühlen.

„Sie haben gesehen, wie gut das ging. Ein Tor hüten wird dieser Moros nicht mehr, aber vielleicht kommt er durch?"

„Die Deutschen schicken ihn doch ohnedies nach Auschwitz zurück, und da …"

„Vorläufig behalten wir ihn noch hier, und später werden wir sehen. Vielleicht gelingt es, ihn im Lager zu behalten."

Er konnte jetzt nicht einmal mehr die Hoffnung hegen, daß sich für all das Neumann einmal würde verantworten müssen. Schließlich war eine Amputation in dieser Situation der einzige Ausweg. Interessant, ob Emil Vogel ihm diese Lösung vorgeschlagen hatte. Wahrscheinlich nicht. Allmählich begann er zu vermuten, daß Neumann von Anfang an gewußt hatte, daß eine Amputation unvermeidbar war.

Doch hatte er keine Lust, über dieses Thema weiter zu spekulieren. Im Laufe zweier Tage hatte dieser Mensch ihn dazu gebracht, daß er nicht nur ihn verachtete, sondern auch sich selbst. Er trat vor die Baracke. Dort standen noch einige SS-Männer herum und tauschten Eindrücke aus. Er verstand nicht viel von dem, was sie sagten. Nur die letzte Bemerkung des Oberscharführers drang an sein Ohr: „Der Bursche war ein wunderbarer Torwart ..."

Als man anderntags Moros' Körper auf den Wagen hob, auf dem er seinen letzten Weg Richtung Kesselhaus antreten sollte, war nur er dabei. Selbst Neumann war mit irgendetwas beschäftigt. Der letzte Akt mit Moros als Helden zog niemanden an. Er begleitete den Wagen bis zum Lagertor. Ihm ging durch den Kopf, daß die gestrige Bemerkung des Oberscharführers wohl die einzige Grabrede gewesen war, die im SS-Lagersystem je einem toten Juden gehalten wurde.

Wovon lebte im Lager ein Häftling der untersten Kategorie, also ein Jude? Er lebte, unverbesserlicher Optimist, von der Hoffnung. Was konnte der Hoffnung Nahrung geben in einem von der Welt abgeschnittenen Lager? Ganz allgemein gesagt: Gerüchte, Informationsfetzen, die man bei der Arbeit mitbekam, vor allem aber Deutungen der unterschiedlichsten Zeichen wie Mienen, Worte oder Gesten von SS-Leuten.

In der zweiten Januarhälfte des Jahres neunzehnhundertfünfundvierzig ging unter den Häftlingen des Hirschberger Lagers, die auf dem Kohlenplatz der Fabrik Schlesische Zellwolle arbeiteten, das Gerücht um, daß die russische Offensive begonnen habe. Er arbeitete damals gemeinsam mit Emil Vogel auf dem Kohlenplatz. Die Arbeitsbedingungen waren furchtbar. Zwar arbeiteten in der Fabrik auch Arbeiter aus Frankreich, Belgien, Holland oder Polen, doch keiner von ihnen auf dem Kohlenplatz. Hier konnten nur Sklaven arbeiten. Die jüdischen Häftlinge waren unterernährt und trugen nichts weiter als ihre Häftlingskleidung aus Zellwolle, die keinen Schutz gegen die Kälte bot. Die Arbeit selbst war äußerst schwer, da die Lieferung der für die Fabrik unentbehrlichen Kohle keinen Moment unterbrochen werden durfte.

Der einzige Lichtblick in dieser finsteren Plackerei war der die Häftlingsarbeit leitende deutsche Meister namens Müller. Man konnte diesen Müller sogar einen „menschlichen Menschen“ nennen, mit dem Zusatz freilich: „für einen Deutschen“. Müller war Mitglied der Nazi-Partei, wovon das Abzeichen zeugte, das er am Aufschlag seiner dicken Filzjoppe trug. Zwar schrie Meister Müller, regte sich auf, wenn sie die gefrorene Kohle aus den Kohlenwagen auf die Transporter mehr schoben als schippten, doch er war mit Sicherheit kein Sadist wie die meisten Deutschen, mit denen sie zu tun hatten, und er quälte die ihm anvertraute Gruppe jüdischer Sklaven nicht.

Und dieser Müller hatte besonders an zweien von ihnen Gefallen gefunden – an Emil und ihm. Man muß sagen, daß er sie nicht ein einziges Mal angeschrien und ihnen sogar einige Male mit Margarine bestrichene Brote mitgebracht hatte. Das war etwas absolut Ungewöhnliches. Emil und er kamen zu dem Schluß, daß es für Müller eine merkwürdige Genugtuung bedeuten mußte, daß in der ihm unterstellten Häftlingsgruppe zwei Ärzte arbeiteten. Darin wurden sie bestätigt, als er eines Sonntags die Gemahlin und eine erwachsene Tochter auf den Kohlenplatz führte und mit dem Finger auf sie beide zeigte, wie ein Zoodirektor, der einer Besuchergrupe besonders kostbare und interessante Exemplare zeigt.

Doch selbst Müllers Wohlwollen konnte sie, die von Hunger und Kälte Niedergedrückten, nicht aufrichten. Ja, und da begannen unter den Häftlingen Gerüchte über die russische Offensive und die Erfolge dieser Offensive zu kursieren. Genauer gesagt: Es handelte sich um sichere Informationen über den Beginn der Offensive, unklar hingegen war die genaue Situation an der Ostfront. Hier trieben die mannigfaltigsten Gerüchte ein erbärmliches Spiel mit ihren Hoffnungen. Einmal hieß es, die russischen Truppen rückten blitzschnell vor. Dann wieder, die Offensive sei zusammengebrochen.

An die letzte Version klammerten sich alle „hohen Tiere“ im Lager. Ausgerechnet jetzt kehrten selbst die zum Saubermachen der SS-Quartiere Abgestellten, die ständigen Lieferanten von Zeitungsfetzen, mit leeren Händen zurück, und die polnischen Eisenbahner, die sonst immer mal eine Nachricht von der Front mitbrachten, tauchten in letzter Zeit überhaupt nicht mehr auf. Selbst Emil, der die Deutschen am besten einschätzen konnte, vermochte aus ihrem Verhalten keinerlei Schlußfolgerungen auf die Kriegslage zu ziehen.

An jenem Tag waren neue Kohlentransporte eingetroffen, und alle Kommandos arbeiteten auf vollen Touren, sofern eine solche Formulierung überhaupt erlaubt ist angesichts der Plackerei von zu Tode erschöpften jüdischen Häftlingen. Das Wetter war frostig und schön, der Himmel blendete geradezu die Augen mit seinem grellen, durch nichts getrübten Blau. Der Kohlenplatz lag unterhalb der Schneekoppe, deren Abhänge in einen seidigen weißen Mantel gehüllt waren. Marode von der vielstündigen Arbeit, die keine Pause zuließ (der Transporter mußte ständig gefüllt sein), verschnaufte er einen Moment und erfreute sich an dem Sonnenstrahlgeflimmer in den Eisbrillanten, die den Schneemantel schmückten. Schweratmend auf die Schaufel gestützt, winkte er Emil zu, der einige Meter entfernt arbeitete. Auf einmal sah er neben sich Müller stehen. Wie gewöhnlich sagte er dem Meister „Guten Tag“. Der schien seine Bewunderung für den schneebedeckten Berghang zu teilen, denn er sagte unvermutet: „Schön ist die Welt …“

„O ja, sehr schön …“

Und darauf Müller: „Aber die Menschen, die Menschen sind schlecht!“

Und zur Untermalung seiner Worte schlug er ihm einmal und dann ein zweites Mal mit der Faust ins Gesicht. Als er wegen dieser unerwarteten Fausthiebe zu Boden stürzte, begann Müller ihn wütend zu treten, wurde immer rasender … Auf der Erde liegend, hielt er die Arme vors Gesicht, um es vor den Stiefeln des wutschnaubenden Deutschen zu schützen. Gleichzeitig drehte er sich auf den Bauch, weil ihm einfiel – soweit reichte noch seine Geistesgegenwart –, daß die von den Deutschen bevorzugte Art, einen Liegenden zu treten, ein Stoß mit dem Absatz in die Herzgegend war.

Das Ganze dauerte einige Minuten. Plötzlich ließ Müller von ihm ab, als habe er sich nun genügend abreagiert, sagte etwas, das keiner verstand, und ging.

Alle ringsum hatten wie entgeistert diese Szene beobachtet. Wäre das ein Gendarm aus der Wachmannschaft gewesen, … aber Müller? Dieser menschliche Müller?

Er lag halb bewußtlos da. Aus eigener Kraft konnte er sich nicht erheben. Der ganze Körper tat ihm weh, Mund und Gesicht waren geschwollen, die Nase blutete.

Wie durch einen Nebelschleier sah er Emil vor sich, der ihn mit Hilfe einiger Häftlinge auf einen der Holzklötze setzte, die den Kohlenplatz vom Fabrikhof trennten. Irgend jemand brachte etwas warmes Wasser, irgend jemand wusch ihm das Gesicht, irgend jemand hüllte ihn in eine Decke ein, die man irgendwo aufgetrieben hatte.

Allmählich kam er wieder zu sich. Er zitterte nur – vor Kälte und Aufregung. Emil, der ihn mit der Decke einhüllte, sagte leise zu ihm: „Gratuliere!“

Geistesabwesend starrte er Emil an. Er konnte nicht einmal fragen, was dieser gemeint habe. Und Emil, noch immer über ihn gebeugt, beendete seine Gedanken: „Durch dich wissen wir jetzt mit Sicherheit … mit Sicherheit wissen wir …“

Er rang sich ein einziges Wort ab: „Was?“

„Begreifst du nicht? Du begreifst noch immer nicht? Wir wollten wissen, wie die Lage an der Front ist. Wie's mit der russischen Offensive steht. Und nun wissen wir's."

Und als er abends schmerzgeplagt auf der Pritsche lag, bilanzierte Emil, der bei ihm stand, das Ereignis des Tages: „Dieser Müller! Wer hätte erwartet, daß er ein so erstklassiges Barometer ist!"

Eine nette Wohnung in einem Kurort

Es wälzte sich durch Polen hin und her, das denkwürdige Jahr neunzehnhunderteinundachtzig. Das Land erschütterten Stürme und Gewitter. Die Probleme eines mittelgroßen Staates zwischen Tatra und Ostsee nahmen Ausmaße an, die den Frieden des ganzen Erdballs bedrohten. Das verhinderte jedoch nicht, daß auch andere Dinge außer denen, die die Titelseiten der Zeitungen füllten, die Gemüter der Menschen beschäftigten. Das Leben nahm seinen Lauf, was ebenso ermutigend war wie der Anblick eines Bauern, der inmitten von Kriegswirren hinter dem Pflug geht.

Im Frühjahr des Jahres hatte man ihn nach Cieplice (er kannte es noch unter dem Namen Bad Warmbrunn) eingeladen, um dort einen Vortrag zu halten zu bestimmten wissenschaftlichen Themen, für die sich viele Menschen lebhaft interessierten, die jedoch vorsichtigere Publizisten oder Wissenschaftler mit Argwohn betrachteten. Von Warschau nach Cieplice ist ein weiter Weg. Er hatte jedoch beschlossen, die Einladung anzunehmen. Diese sich bietende Gelegenheit zu nutzen, nach Jahren an einen Ort zurückzukehren, der einst in seinem Leben eine wichtige Rolle gespielt und den er aus Gründen, die er sich nicht erklären konnte, bislang gemieden hatte. Bewußt? Unbewußt? Er hätte lange überlegen müssen, um sein bisheriges Verhalten rational zu deuten.

Der Frühling war sonnig und warm. Durch das Abteilfenster wirkte das Land wie ein Bollwerk des Friedens; die Reise ließ ihn den täglichen Streß vergessen, wirkte besänftigend und wurde ihm durchaus nicht lang, obgleich der von Wrocław an sich nur gemächlich fortbewegende Zug eher an ein altmodisches Dampfroß erinnerte als an ein Verkehrsmittel des späten zwanzigsten Jahrhunderts.

Er war ein wenig aufgeregt, als er in Jelenia Góra (er kannte es noch unter dem Namen Hirschberg) den Bahnhof verließ. Siebenunddreißig Jahre waren seit dem Tag verflossen, da er fast genau denselben Weg ging. Andere Reisen kann man vergessen – jene würde er niemals vergessen.

Die Erfahrung lehrte, vor einem Bahnhof auf ein Taxi zu warten, verlängert die Reise für gewöhnlich um eine Stunde – falls das Fahrziel überhaupt im Bereich des guten Willens des Taxifahrers lag. Tatsächlich. Ungefähr eine Stunde verging, ehe er in ein Taxi steigen konnte, das ihn zum Hotel von Cieplice bringen sollte.

Der Fahrer verriet durch seine singende Sprechweise, daß, wenn nicht er selber, so doch seine Familie irgendwo aus den östlichen Grenzgebieten des Zwischenkriegspolen stammte. Übrigens ein außergewöhnlich freundlicher Mensch, der den Finger am Puls der Zeit hatte. Dem Gast aus Warschau (das hatte er vorher in Erfahrung gebracht) mußte man unterwegs all die beachtenswerten Orte zeigen, die sich jüngst dem Gedächtnis eingeprägt hatten: durch Streiks oder schon unterschriebene Vereinbarungen oder auch durch noch immer andauernde, unlösbare Konflikte. Er machte das außerordentlich genau. Es gab ja auch genug zum Zeigen.

In ihm fand er jedoch keinen dankbaren Zuhörer. Den Fahrgast interessierte mehr die Stadt selber. Sie fuhren durch graue schäbige Straßen, die polnische Namen trugen. Über polnischen Läden hingen polnische Schilder. Hier und da versuchte er, eine Spur ausfindig zu machen, einen Schatten, der den heutigen Tag mit jenem verband, da er zum ersten Mal mit dieser Stadt in Berührung gekommen war. Seine Versuche, die Vergangenheit aufzuspüren, blieben jedoch vergeblich. Eine neue Ära war in der Geschichte der Stadt angebrochen, und nur auf dem Grund seines Gedächtnisses fand er die verschwommenen Umrisse der alten Bilder wieder. „Wohnen Sie schon lange hier?“, fragte er plötzlich den Taxifahrer.

„Fünfunddreißig Jahre, ich bin hier geboren.“

„Die Eltern stammen bestimmt aus Lwów?“

„Nein, aus Stryj.“

„Ich möchte Sie etwas fragen … Haben Sie mal etwas von einem Lager, einem Nazi-Lager in Jelenia Góra gehört?“

„Die Leute haben erzählte, daß hier so etwas gewesen sein soll …“

„Von dem Lager ist nichts geblieben?“

„Wohl nicht, sonst wüßte ich's ja.“

„Dieses Lager befand sich unweit der Zellwollfabrik …“

„In dieser Sache kann ich Ihnen wirklich nichts sagen.“

„Aber vielleicht haben Sie etwas von dem Lager in Cieplice gehört?“

Der Fahrer lebte auf. „O ja, in Cieplice ist ganz sicher ein Lager gewesen. Alle wissen davon. Dort hat man sogar vor ein paar Jahren anläßlich eines Jahrestages oder so eine Gedenktafel oder so etwas Ähnliches angebracht oder aufgestellt."

Er wunderte sich. „In Cieplice gibt es die Spuren vom Lager noch und in Jelenia Góra nicht? Es ist gar nichts geblieben?"

„Sieht so aus …"

„In Anbetracht dessen habe ich eine Bitte an Sie. Bevor Sie mich zum Hotel bringen, fahren wir bei diesem Lager in Cieplice vorbei."

Taxichauffeure wundert eigentlich gar nichts. Auch diesen erstaunte die seltsame Bitte seines Fahrgastes keineswegs. Schließlich machte er dadurch eine längere Tour.

Sie verließen Jelenia Góra, wobei sie an der Fabrik vorbeifuhren, die zu deutscher Zeit den Namen Schlesische Zellwolle getragen hatte. Hier fand er mehr Bezugspunkte auf das, was er noch in Erinnerung behalten hatte. Dort oben links war der Kohlenplatz, und daneben die Gleise, auf den die Kohlenwagen ankamen. Hinter dem Kohlenplatz befand sich ein zweiter Platz, auf dem das Holz gelagert wurde, das die Fabrik zu Zellwolle verarbeitete.

Das Taxi ließ die Fabrik hinter sich und bog nach fünf Minuten nach rechts ab, gleich darauf nach links und hielt zwischen irgendwelchen Gebäuden.

„Hier ist es", sagte der Fahrer.

„Schon?" Er war ehrlich erstaunt.

Er stieg aus dem Wagen und blickte um sich – der Ort sagte ihm nichts. Damals war die Landschaft schneebedeckt. Er machte ein paar Schritte auf den scheinbar nichtssagenden Komplex einstöckiger Häuser zu und plötzlich … Plötzlich befand er sich auf dem Gelände des ehemaligen Lagers. Unter seinen Füßen hatte er die sandige Lagerstraße, auf der die ersten Sonnenstrahlen des letzten Kriegsfrühlings eine pulvrige Schneedecke wegtauten. Neben dieser kleinen Straße standen damals wie heute einstöckige, aus Hohlziegeln errichtete Häuser. Damals waren die Häuser unverputzt gewesen, heute bedeckte sie grauer Mörtel. Vor Jahren hatten sie den Eindruck großer Depots erweckt, heute sahen sie wie Kasernen aus. Das war eigentlich der einzige Unterschied. Ein Unterschied, den man auf den ersten Blick wahrnehmen konnte. Erst jetzt begriff er, warum dieses Lager erhalten geblieben war und das andere in Jelenia Góra nicht. Das hatte ausschließlich aus Holzbaracken bestanden. Und Holz bildete nach dem Krieg einen zu kostbaren Rohstoff, als daß man die Baracken zur Veranschaulichung des nazideutschen Lagersystems hätte stehen lassen. Hier in Cieplice waren die Blöcke aus Stein …

Längere Zeit stand er gedankenverloren inmitten dieser einstöckigen Gebäude. Eine idiotische Entrüstung übermannte ihn, daß nicht auch sie verschwunden waren, zusammen mit dem System, das sie errichtet hatte. Er ging zu dem Fahrer zurück, der vor dem Auto stand.

„Was ist jetzt in diesen Gebäuden untergebracht?"

Der Mann war verwundert. „Wie meinen Sie … da wohnen Leute … normal, das heißt, sie wohnen halt …"

… Normale Leute wohnen normal …

Seine Bekanntschaft mit Bad Warmbrunn begann Anfang Februar fünfundvierzig, vor sechsunddreißig Jahren also, als die Hitlerwelt sich ihrem Ende zuneigte. Diese Welt starb in krampfhaften Zuckungen und riß Hunderttausende von Häftlingen mit sich, die vor Hunger und Erschöpfung, vor Kälte und von SS-Kugeln getroffen in den Lagern und während der Evakuierung zugrunde gingen.

Es waren in diesen Gegenden sehr viele Lager. Sie dienten dazu, aus den noch lebenden jüdischen Häftlingen, die aus ganz Europa hierher geschickt wurden, das Letzte zur Rettung des untergehenden Reiches herauszupressen.

Das Lager im damaligen Hirschberg, dem heutigen Jelenia Góra, lag weitab von der Front, und obwohl von Osten und Westen das Krachen zu hören war, mit dem das Rückgrat des Dritten Reiches zu Bruch ging, änderte sich hier nichts. Im Gegenteil! Vor zwei, drei Monaten war das Lager sogar noch angewachsen, als hätte es Knospen getrieben.

Noch im November des vorangegangenen Jahres hatten die auf dem Kohlenplatz neben der Rampe Arbeitenden mehr als ein Dutzend Kolonnen gesehen, die unter SS-Eskorte den Weg von Hirschberg nach Bad Warmbrunn zogen. Es waren Judentransporte, wovon die an den Mänteln befestigten gelben Sterne zeugten. Die Häftlinge waren nämlich noch zivil gekleidet, hatten es noch nicht geschafft, die Lagerstreifen anzulegen. Manche von ihnen trugen Handgepäck.

Bald zeigte sich, daß es sich um Juden aus dem Westen handelte. Aus Belgien, Holland. Im Osten gab es ja zu dieser Zeit schon keine Juden mehr, schon gar keine so elegant gekleideten. Im Vergleich zu den Menschentrümmern, die die hier arbeitenden polnischen, ungarischen, griechischen Juden darstellten, wirkten sie, wenn man einmal von der SS-Bewachung absah, wie Touristen, die sich zu Fuß auf den Weg machen, ein interessantes Land zu besichtigen.

In Bad Warmbrunn gab es damals noch kein Lager. Für die Neuankömmlinge wurden die entsprechenden Blöcke errichtet, und den Rest der Organisation übernahm das Stammlager in Hirschberg. Man schickte also von dort die unentbehrlichen Fachleute nach Bad Warmbrunn – einige Kapos, ein paar Blockälteste, einen Zahnarzt, einen Koch. Medizinische Hilfe hatten jener Zahnarzt sowie zwei Pfleger zu gewährleisten. Der Zahnarzt war Ausdruck der besonderen Sorge um das Gebiß jüdischer Häftlinge. Nach Ansicht der Deutschen konnte das Gold von jüdischen Zähnen eine wesentliche Unterstützung im Kampf gegen die Alliierten sein. Daher wurde sowohl in Hirschberg als auch in Bad Warmbrunn jeder neue Häftling in einer besonderen Kartei erfaßt, die die Zahl der Goldkronen verzeichnete, die er in der Mundhöhle zu verbergen sich erdreistete. Wenn er starb, war der Zahnarzt verpflichtet, bevor die Leiche ins Kesselhaus wanderte, einen Teil des Unter- und des Oberkiefers mitsamt dem daran befestigten Gold herauszubrechen, was er mit Hilfe einer gewöhnlichen Zange tat. Dank der Kartei wußte die SS, was jeder Häftling ihr schuldig war. Merkwürdig nur, daß sie die Goldkronen nicht den noch lebenden Häftlingen entfernen ließ. Natürlich boten die belgischen, holländischen oder französischen Juden eine bedeutend ergiebigere Goldquelle als die Juden aus Polen oder Ungarn. Darum wurde ein Zahnarzt in Bad Warmbrunn wirklich gebraucht und deshalb avancierte er auch zum Lagerarzt.

Trotz der geringen Entfernung zwischen Hirschberg und Bad Warmbrunn trafen Nachrichten über das neue Lager im Stammlager äußerst spärlich ein. Auf der anderen Seite war das Interesse an diesem neuen Lager auch nicht so groß. Die Hirschberger Häftlinge hatten genug eigene Sorgen. Den ganzen November, Dezember und Januar wußte man über das Lager Bad Warmbrunn nichts. Dann plötzlich traf die Nachricht ein, daß jener Zahnarzt, der Goldsucher der SS, gestorben war, daß auch ein

Pfleger gestorben war und die Leute dort überhaupt wie die Fliegen starben, infolge irgendeiner Epidemie. Und daß im Grunde genommen niemand da war, um eine Behandlung durchzuführen.

Zu eben dieser Zeit arbeitete er im Hirschberger Lager auf dem Kohlenplatz. Er arbeitete zusammen mit seinem Freund Emil Vogel, dem Arzt aus Prag. Für ihn wie für Emil war es eine klare Sache, daß sie wie viele andere im Kesselhaus landen würden, wenn der Krieg noch einen oder zwei Monate dauerte.

Als sie die Nachrichten aus Bad Warmbrunn erreichten, beschlossen sie etwas zu tun, was die Lagerchronik bislang wohl noch nicht zu verzeichnen hatte. Ausgehend von der Überlegung, daß es besser sei, beim Behandeln von Kranken zu sterben als beim Kohlenverladen zu verrecken, wandten sie sich an die Lagerverwaltung mit der Bitte, sie als Ärzte nach Bad Warmbrunn zu schicken. Dieses Projekt schien geradezu verrückt. Der Kapo des Kohlenplatzes versicherte ihnen, daß sie sich glücklich schätzen könnten, wenn die Geschichte mit fünfundzwanzig Stockschlägen ausginge, und er versprach, daß er selbst noch ein bißchen dazulegen würde, als Prämie für Faulpelze, die keine Lust zum Arbeiten hätten.

Dennoch geschah das Unerwartete. Die SS-Männer waren vermutlich zu dem Schluß gekommen, daß der Einfall zwar von Untermenschen stammte, doch gesunden Menschenverstand nicht vermissen ließ. Irgendwer verständigte sich irgendwo mit irgendwem, und drei Tage, nachdem sie sich beim Oberscharführer persönlich gemeldet hatten, in der ersten Februarhälfte, machten sie sich, angetan mit neuem Streifenzeug und neuen Mänteln, unter Bewachung eines bewaffneten Gendarmen auf den Weg von Hirschberg nach Bad Warmbrunn.

Den Weg legten sie natürlich zu Fuß zurück. Es waren an die fünfundzwanzig Grad Kälte. An den bloßen Füßen trugen sie Holzschuhe. Wäre die Entfernung zwischen Hirschberg und Bad Warmbrunn auch nur einen Kilometer länger gewesen, sie wären wahrscheinlich nicht lebend ans Ziel gelangt. Den ganzen Weg über gingen sie eng aneinandergepreßt, und der einzige Trost bestand für sie im Anblick ihres Wächters, der trotz Wollkapuze, Filzstiefel und eines dicken Tuchmantels die Kälte schlechter ertrug als die von ihm bewachten Häftlinge.

Nach einer Stunde übergab sie der SS-Mann erleichtert seinen Kameraden in Bad Warmbrunn.

Genau an dieser Stelle, wo er jetzt stand, waren sie vor sechsunddreißig Jahren angekommen. Die Blöcke aus Stein, die sie sahen, so wie er sie in diesem Augenblick sah, schienen ihnen damals nach den Hirschberger Holzbaracken als gutes Omen.

Es sollte sich jedoch erst noch herausstellen, wer von ihnen, Emil oder er, das Glückslos gezogen hatte. Soweit sie das einschätzen konnten, grassierte im Lager Bad Warmbrunn entweder Fleck- oder Bauchtyphus. Hatte man eine dieser Krankheiten – oder auch beide – überstanden, war ein erneutes Erkranken fast unmöglich. Er hatte im Getto Bauchtyphus gehabt. Vogel hingegen hatte zehn Tage lang im Zigeunerlager beim Getto in Łódź gearbeitet und sich dort mit Flecktyphus infiziert. Wurde in Bad Warmbrunn die Epidemie durch Bauchtyphus hervorgerufen, hatte er gewonnen, bei Flecktyphus war Emil der Glückliche.

Die eigentliche Begegnung mit Bad Warmbrunn begann damit, daß die dortigen SS-Männer sie an den Chef, das heißt den Kapo der Küche, Dawidek, weiterreichten. Dawidek war zuvor Koch in Hirschberg gewesen. Wenn er den Mund aufmachte, funkelte es so golden, daß es ringsum hell wurde. Die Herkunft dieses Goldes war unklar. Emil kam zu dem Schluß, daß die SS-Männer, hätte sich das Gold in Dawideks Mundhöhle schon vor dem Krieg dort befunden, das Schicksal seines Besitzers so gelenkt hätten, daß all diese Kronen schon längst die Schatzkammer des Dritten Reiches gefüllt hätten. Als Kapo der Lagerküche verstand es Dawidek mit Sicherheit, geschickt eigene Interessen wahrzunehmen. Vermutlich tauschte er den Häftlingen gestohlene Lebensmittel gegen das höherwertige Metall ein, woran den SS-Männern ein Anteil zufiel. Im übrigen war das ein sehr lieber Mensch, und daß er auf Kosten der Häftlinge ein Vermögen in seinem Mund anhäufte, – ehrlich gesagt – erregte mehr Bewunderung für seine Geschäftstüchtigkeit als Empörung wegen des Bestehlens von Häftlingen …

Dawidek bewirtete sie zur Begrüßung mit zwei Margarinebroten sowie einem Teller dicker Suppe. In der Küche brutzelten zwei feiste Schnitzel in der Pfanne, die sie so anstarrten, wie das Archäologen mit den ersten von ihnen entdeckten Tontafeln aus Mesopotamien getan haben mußten. Leider waren die Schnitzel für die SS-Männer bestimmt, und selbst Dawidek wagte nicht, sie anzurühren.

Ihr anfänglicher Optimismus wurde sehr bald getrübt. Dawidek, der alles wußte, machte sie mit der Situation im Lager und den Zukunftsperspektiven vertraut.

Die einzig günstige Information, deren Richtigkeit sie später mehrfach überprüfen konnten, war, daß die SS-Angehörigen wie die Pest fürchteten, an die Front geschickt zu werden. Darum würden sie auch alles unternehmen, um das Lager zu erhalten. Alles – das bedeutete selbst das, was der Disziplin oder den Dienstpflichten total zuwiderlief, ja sogar dem gesunden Menschenverstand. Dawidek war der Ansicht, daß in der gegenwärtigen Kriegslage das gesamte Lagersystem nur darum weiter bestand, um Tausende von SS-Männern vor dieser für sie so schrecklichen Alternative Front, Ostfront selbstverständlich, zu retten. Das war tröstlich. Leider waren das Dawideks sonstige Informationen viel weniger.

Die Häftlinge des Lagers in Bad Warmbrunn arbeiteten in einer Papiermaschinenfabrik. Es waren hier an die siebenhundert. Zur Arbeit gingen nicht mehr als dreihundert. Der Rest war entweder krank oder befand sich nach überstandener Krankheit in einem solchen Schwächezustand, daß an Arbeiten nicht zu denken war. Schon die Tatsache allein, daß ein paar Hundert Häftlinge trotz der im Lager grassierenden Seuche zur Arbeit in die Fabrik gingen, bewies, daß die SS-Männer, um die eigene Haut zu retten, bereit waren, die Epidemie übers ganze Städtchen ausbreiten zu lassen, denn in der Fabrik selber war ein Kontakt zwischen Juden und Deutschen unvermeidlich. Am schlimmsten jedoch erschien ihnen, was Dawidek von den Plänen der Deutschen für die nächste Zukunft zu erzählen wußte. Sie beabsichtigten nämlich, im Lager eine Art Quarantäne durchzuführen. Diese Quarantäneabteilung sollte vom Rest des Lagers mit Stacheldraht abgetrennt werden. Hier sollten alle Kranken beziehungsweise der Krankheit Verdächtigen untergebracht werden und auch die beiden Ärzte, also er und Emil, sowie der Pfleger, der den Typhus überlebt hatte. Eine düstere Perspektive! Es bestand kein Zweifel, daß für die in Quarantäne Eingesperrten die ohnehin schon minimalen Lebensmittelrationen weiter verringert werden würden.

Vorläufig waren sie erst einmal satt, was ihnen schon seit langem nicht mehr vergönnt war. Nachdem sie ein bißchen ausgeruht hatten, beschlossen sie, die Kranken zu begutachten. Dawidek brachte sie zum Krankenblock. Alle fünf Blöcke waren gleich gebaut. In jedem auf zwei Seiten Treppen, im Parterre und im ersten Stock zwei größere Räume sowie einige winzige Stübchen. In jedem der größeren Räume befanden sich an die zwanzig Doppelstockpritschen. Im ganzen Block gab es also an die hundertsechzig Krankenplätze. Es waren jedoch mehr Kranke, denn einige Strohsäcke waren doppelt belegt. Der erste Kranke, den er sah, hatte hohes Fieber und war ohne Bewußtsein. Als er das Hemd auf der Brust lüftete, stellten sie mühelos die Diagnose. Das Glück hatte Emil, es war zweifellos Flecktyphus.

Für sich erhielten sie eine der armseligen Kammern, in der außer einer Doppelstockpritsche nur noch ein einziger Hocker Platz hatte. Schnell besichtigten sie alle Räume, die ungeheuer schmutzig und verunreinigt waren. Die Verlausung war hier bedeutend größer als in Hirschberg. Kein Wunder, daß die Epidemie fast das gesamte Lager erfaßt hatte.

Tags darauf erschien im Block ein SS-Mann und kündigte die Einrichtung der Quarantäne an. Die wichtigste Information war, daß für alle Vorkommnisse im Quarantäneblock die Ärzte hafteten. Mit ihrem Kopf natürlich – die Sprache der Mächtigen kannte keine andere Ausdrucksweise. Interessant war, daß den SS-Mann die Epidemie überhaupt nicht interessierte. Emil versuchte, ihm etwas zu diesem Thema zu sagen, aber jener winkte bloß ab, was heißen konnte, daß er alles wußte, was es da zu wissen gab, oder daß ihm alles einerlei war.

Tatsächlich waren beide Auslegungen richtig. Die SS-Männer wußten nur zu gut, daß im Lager eine Flecktyphusepidemie herrschte. Sie zogen es jedoch vor, so zu tun, als sei ihnen der Charakter der Krankheit unbekannt. In der Atmosphäre der Desorganisation, wie sie das Kriegsende mit sich brachte, konnte sich eine solche Taktik bezahlt machen.

Aufgabe der Ärzte sollte selbstverständlich auch sein, Brot und Suppe zu verteilen. Täglich sollte der Krankenstand angegeben und die Toten nach draußen vor den Block geschafft werden. Es ging darum, daß die Zahl der lebenden Häftlinge stimmte, aber auch darum, daß die Zahl der Lebensmittelrationen, die in die Quarantäne geliefert wurden, genau mit der Zahl der Kranken und dem Ärztepersonal übereinstimmte. Die Deutschen hatten die Arbeit präzise geteilt: Die Ärzte hinter Draht und sich um die Kranken kümmernd. Sie, die Deutschen, die Verpflegung liefernd sowie neue Kranke. Ansonsten keinerlei Kontakt. Ah ja, da war noch etwas. Die Ärzte hatten die Pflicht, und die Sache wurde als wichtig angesehen, den neu Dazugekommenen Blut abzunehmen. Die Blutproben hatten sie den SS-Männern zu übergeben, und diese sollten sie weiterleiten. Auf Emils Frage, wo denn das Blut untersucht würde, antwortete der SS-Mann seelenruhig, daß ein Zentrallabor für alle Lager existiere, und das befinde sich in Auschwitz. Er musterte sie dabei aufmerksam … Sie zuckten nicht mit der Wimper, als sie den Namen Auschwitz hörten.

Wäre eine solche Epidemie ein, zwei Jahre früher ausgebrochen, das ganze Lager wäre mit Sicherheit wenige Stunden später ins Gas geschickt worden. Im Februar fünfundvierzig, seit vier Wochen war Auschwitz befreit, waren die Interessen der Häftlinge mit denen der Lager-SS fast identisch. Den einen wie den anderen lag daran, daß das Lager nicht liquidiert wurde …

Im Laufe der ersten Tage untersuchten sie, so gut es ging, alle Kranken. Es bestand kein Zweifel, daß es sich in allen Fällen um Flecktyphus handelte. Bei mehr als einem Dutzend war der Zustand hoffnungslos, auch bei einem Patienten, dessen Anwesenheit hier und in diesem Zustand ihnen ehrliche Freude bereitete. Es war ein Kapo aus Hirschberg. Sein Name war Chmielnicki, und er stammte aus Paris. Im Hirschberger Lager war er als sadistisches Vieh bekannt, das die Häftlinge grundlos mißhandelte. Selbst die Deutschen verlangten soviel Eifer nicht von ihm …

Unterdessen wurde um das Gebäude, in dem das Krankenhaus untergebracht war, ein Drahtverhau gezogen. So also befand er sich zusammen mit Emil in der stacheldrahtumzäunten Quarantäne, die sie vom stacheldrahtumzäunten Lager trennte … Eine ungewöhnliche Situation. Ungewöhnlich und für sie katastrophal. Normalerweise konnten sie als Lagerärzte noch mit irgendwelchen Gelegenheitsrationen, eine zusätzliche Suppe oder eine zusätzliche Portion Brot, rechnen … In der Quarantäne eingeschlossen, konnten sie jedoch mit gar nichts mehr rechnen … Mit gar nichts mehr?

Ein Mittel gab's letztendlich. Von der Situation erzwungen. Da innerhalb der Quarantäne alles ihnen unterstand und von ihnen abhängig war, mußte man nur die sterblichen Überreste der Verstorbenen etwas zurückhalten, bevor man sie den Deutschen übergab. Auf diese Weise fielen den Ärzten zusätzliche Portionen Brot und Suppe zu. Emil zögerte. Nicht so sehr aus moralischen Gründen, als vielmehr aus ganz normaler Furcht vor dem mit einer solchen Manipulation verbundenen Risiko. Schnell jedoch überzeugte er sich, daß das Risiko gar nicht so groß war, da sich die Deutschen von der Quarantänestation fernhalten würden. Und immerhin war es besser, sich so über Wasser zu halten, als die Lebenden zu bestehlen, wie das Dawidek tat. Blieb noch das Problem mit der Unterbringung der Leichen. Auch hier bot sich eine Lösung an. Am besten geeignet, weil am sichersten, war das Kämmerchen, in dem sie hausten. Unter der Pritsche hatten leicht zwei, drei Körper Platz. Selten starben innerhalb von vierundzwanzig Stunden mehr Kranke. Man mußte bloß aufpassen, daß man die Leichen nicht in einem allzu fortgeschrittenen Verwesungszustand abgab. Es war übrigens Winter.

Die Quarantäne band sie an die kranken Häftlinge. Sie waren den ganzen Tag und die ganze Nacht mit ihnen zusammen. Schon die bloße Anwesenheit von Ärzten stärkte die Kranken psychisch: zu jeder Tages- und Nachtzeit hatten sie die Ärzte zu ihrer Verfügung. Es stellte sich auch heraus, daß es in der Lagerapotheke reichlich herzstärkende Mittel gab, die schließlich das einzige waren, was in Fällen von Flecktyphus etwas helfen konnte, wenn auch mit eher kümmerlichen Resultaten ...

Er schaute auf die Ruhe ausstrahlenden und in der warmen Frühlingssonne schläfrig daliegenden Gebäude, die einst das Lager gebildet hatten. Dieses erste von rechts – das eben war der Quarantäneblock gewesen. Hier – er ging näher an das Haus heran – verliefen die Drähte, die die Quarantäneabteilung vom übrigen Lager trennten. Vor diesem Haus, oder eigentlich zwischen dem Haus und der kleine Pforte im Drahtverhau, legten sie Tag für Tag die Leichen hin, deren Zahl die Deutschen gewissenhaft von der Zahl der in der Quarantäne eingeschlossenen Lebenden abzogen. Dort, in dem Gebäude links, waren die Büros der SS untergebracht, und weiter hinten, geradeaus, befand sich das Lagertor, durch das die Häftlinge alle Tage zur Arbeit gingen.

... Anfänglich funktionierte das von Emil und ihm erdachte System tadellos. Doch schon in der zweiten Woche begannen sich die Dinge zu komplizieren. Eine erste Komplikation bedeutete der Entschluß der Deutschen, das gesamte Krankengebäude zu desinfizieren. Natürlich machte das nicht den geringsten Sinn. Eine Desinfektion wäre in den übrigen Lagergebäuden nötiger gewesen. In Verbindung mit einer Entlausung jedes den Krankenblock verlassenden Rekonvaleszenten hätte das die Epidemie eindämmen können. Aber die Entlausung der Räume ohne gleichzeitige Entlausung der Kranken war zum Mißerfolg verurteilt. Jedenfalls nahm eine Gruppe von SS-Männern – offensichtlich Spezialisten in diesem Fach, nicht ausgeschlossen, daß sie seinerzeit in den Lagern Treblinka, Chełmno oder Auschwitz Dienst taten –, die der Not gehorchend den Gegenstand ihrer Tätigkeit geändert hatten, mit Hilfe desselben Zyklon B den Kampf gegen Läuse auf. Selbstverständlich machte das die Verlegung der Kranken während der Desinfektion von einem Raum in den anderen notwendig.

Das war die erste Komplikation. Die zweite war ernsterer Natur. Eine tückische Laus hatte Zugang zu seinem Körper gefunden, und nun erkrankte er. Kein Zweifel, es war Flecktyphus. Die ganze Last lag jetzt allein auf Emils Schultern.

Die dritte Komplikation erwies sich als die in ihren möglichen Folgen bedrohlichste. Nach Beendigung der Desinfektion, in der schlimmsten Phase seiner Erkrankung, besuchte eine hohe SS-Kommission das Lager Bad Warmbrunn. Dies Ereignis kannte er nur aus Emils Bericht, der es ihm später in den dramatischsten Farben schilderte. Eine düstere Pikanterie dabei war, daß an der Spitze dieser Kommission Doktor Mengele persönlich stand …

Es war Anfang März neunzehnhundertfünfundvierzig. Heute wissen wir: zwei Monate vor Kriegsende, doch auch damals zweifelte niemand mehr daran, wie das Finale aussehen würde. Und da besichtigt eine Kommission der SS irgendwo in Niederschlesien ein winziges Lager, in dem man irgendeine Epidemie beobachtet hat. Besichtigt es vollen Ernstes, als funktionierten alle anderen Angelegenheiten des Dritten Reiches störungsfrei.

Jedenfalls fuhr Mengele, wie ihm Emil berichtete, von einigen SS-Offizieren begleitet und mit großem Troß ins Lager ein, durch eben das Tor, das sich gegenüber dem Platz befand, wo er jetzt stand. Durch's Spital führte ihn natürlich Emil.

Alles verlief gesittet und höflich, wie sich das unter Gentlemen gehört, und da auf einmal beim Betreten eines vor Tagen desinfizierten und jetzt gelüfteten Saals eine Katastrophe! Und was für eine! Hinter der Tür stürzt, im Zustand fortgeschrittener Verwesung, eine Leiche hervor. Sie hatten sie vergessen, als sie zu Beginn seiner Erkrankung sämtliche Verstecke dieser Art beseitigt hatten. Nun, und der Leichnam fiel buchstäblich auf den, der die Tür zum Saal aufmachen wollte …

Wie ihm später Emil lebhaft ausmalte, zog der SS-Mann sofort seine Pistole, um ihn zu erschießen. Schwer zu sagen, ob die Deutschen ahnten, zu welchem Zweck die Leiche hinter der Tür versteckt worden war. Auf jeden Fall sollte der Schuldige mit dem Leben büßen.

Zum Glück hielt irgendjemand den SS-Mann zurück, und Emil gelang es, die ganze Schuld auf den anderen Quarantänearzt, auf ihn also, zu schieben … Das war in Ordnung. Denn erstens hatten sie es so verabredet, und zweitens bestand wenig Aussicht, daß er diesen Typhus überleben würde.

Mengele soll gefragt haben, wo sich der Scheißkerl befinde, der dafür verantwortlich sei. Emil zeigte ihm ihre Unterkunft. Ob seine Wut unterwegs abgekühlt war, oder ob der Anblick des Todkranken genügte, jedenfalls winkte der ehemalige Lagerarzt von Auschwitz nur ab und verließ ihr Kabuff …

Die Kommission besichtigte den Rest der Station, sprach mit den SS-Männern, traf irgendwelche Anordnungen, die niemand auszuführen beabsichtigte, und fuhr davon. Und er überlebte. Mit heiler Haut entkam er der schwierigen Lage, die ihn das Leben hätte kosten können, und der Krankheit, deren Preis nicht geringer hätte sein können.

Nach der Krankheit fühlte er sich ungeheuer erschöpft. Das Schlimmste war, daß er nichts hatte, womit er den Hunger stillen konnte, da eine Fortsetzung der alten Methode zusätzlichen Broterwerbs sich wenigstens vorläufig verbat. Dieses drückende, lähmende Gefühl der Leere im Magen, besonders stark nach überstandenem Flecktyphus, wurde jedoch zur Mutter einer Erfindung, die es mit der anderen, dem Zurückhalten der Leichen, aufnehmen konnte.

Für eine wirkungsvolle Desinfektion war ein Abdichten der Fenster- und Türritzen unerläßlich. Die Deutschen klebten die Ritzen mit Papierstreifen zu, und als Kleister diente ihnen gepulvertes Dextrin, in Wasser aufgelöst. Die Desinfektion war beendet, doch zum Glück waren ganze Säcke Dextrin zurückgeblieben. Er erinnerte sich, daß diese Substanz aus Stärke und Glykogen gewonnen wird. Das Endprodukt ist zwar das Resultat weiterer chemischer Prozesse, doch, soweit er wußte, fügt man dabei keine giftigen oder schädlichen Substanzen hinzu.

Er begann mit kleinen Portionen – anfangs einmal täglich, später zweimal. Nach dieser ersten Erprobung beobachtete er an sich keinerlei Symptome, die auf eine Vergiftung hinwiesen. Größere Dosen schadeten ebenfalls nicht. Noch wichtiger war, daß sie erfolgreich das Hungergefühl abtöteten. Er machte sich außerdem vor, daß sie dem Organismus eine gewisse Anzahl an Kalorien zuführte. Niemals hat er später versucht, das alles wissenschaftlich nachzuprüfen. Emil, der den Hunger um vieles besser ertrug als er, nannte ihn einen Wahnsinnigen, weil es Wahnsinn sei, am Vortag des Kriegsendes Selbstmord zu begehen.

Und es bestand gar kein Zweifel, daß sich dieses Ende rasant näherte. Dawidek, der den Proviant für die Kranken brachte, flüsterte ihnen die neuesten Nachrichten von der Front zu. Die SS-Angehörigen hatten immer panischere Angst vor der Liquidation des Lagers.

Die Epidemie aber begann tatsächlich abzuklingen. Zwar waren von achthundert Häftlingen nicht mehr als etwa vierhundert am Leben geblieben, doch immerhin gingen diese zur Arbeit und halfen beim Abtransport der Maschinen ins Innere Deutschlands. Übrigens schwer zu sagen, wohin, denn wohl nur das Gebiet von Niederschlesien war von den Kriegshandlungen nicht erfaßt.

Die Kranken wurden immer weniger, im Quarantäneblock waren kaum mehr achtzig. Unter ihnen Kapo Chmielnicki, den die Krankheit doch nicht bezwungen hatte. Dem Flecktyphus war er glücklich entronnen, seiner Bestimmung entging er nicht. Nach Kriegsende kehrte Chmielnicki nach Paris zurück. Er wurde vor ein Gericht gestellt und zum Tode verurteilt …

Es wurde wärmer. Hier und da zeigte sich das erste Grün. Anfang April brach die Hiobsbotschaft über sie herein, deren Überbringer natürlich Dawidek war. Man hatte beschlossen, das Lager in Bad Warmbrunn nun doch zu evakuieren … Das war eine sehr schlimme Nachricht. Jedes neue Lager konnte ja zu dem Ort werden, wo die wenigen Häftlinge – jüdische und nichtjüdische, die noch am Leben waren – fertiggemacht würden. Schließlich waren sie äußerst unbequeme und gefährliche Zeugen. Emil war zuversichtlicher. Er glaubte, die Deutschen würden sie verwöhnen. Die Vision der Front mache ihnen mehr Angst als die Vision von Verantwortung wofür auch immer …

Die Evakuierung des Lagers ist schon wieder eine ganz andere Geschichte. Als er damals ins Unbekannte aufbrach, ließ er eine Etappe des Lagerlebens zurück, die in seinem Lebenslauf zwar nicht viel Raum einnimmt, doch tiefe Spuren eingegraben hat. Der Existenz dieser Spuren, oder eher Wunden, war er sich nicht immer bewußt. Er dachte, das Leben würde sie auslöschen, wie das Meer Fußspuren auf dem Ufersand auslöscht. Aber das war ein Trugschluß. In der Erinnerung kehrte er nach Bad Warmbrunn zurück, schlimmer noch, in Alpträumen. Niemals jedoch fuhr er an den Ort selbst, um Erinnerungen oder Träume mit der Realität zu konfrontieren. Oder damit, was von der damaligen Realität übriggeblieben war. Vielleicht war es Trägheit. Vielleicht eine unbegreifliche Voreingenommenheit. Eine Zeitlang war es Furcht. Furcht, allzu tief in die eigene Vergangenheit einzutauchen, was ein Beweis dafür hätte sein können, daß er altern würde. Aus denselben Gründen betrachtet er nur ungern Fotographien, die alte Zeiten heraufbeschworen …

Während er jetzt hier, vor diesen fünf Gebäuden stand, die einst das Lager Bad Warmbrunn bildeten, empfand er etwas wie Bedauern, daß er seine Vergangenheit, nicht nur die Lagervergangenheit, so behandelte, als gehöre sie jemand anderem. Das aber war Selbstbetrug. Man kann keine künstlichen Zäsuren zwischen den verschiedenen Perioden des eigenen Lebens schaffen, wie er das mit dem Lebensabschnitt, der mit der Befreiung endete, und dem, der mit der Befreiung begann, getan hatte. Du bist, der du bist, das Weinen deiner Mutter, das Lachen des Freundes, der Stein, den man wegen deiner Herkunft nach dir geworfen hat, das Lied, mit dem du den Zug, der mit Freiwilligen an die Front in Spanien fuhr, verabschiedetest – der gelbe Stern, den du an die Brust geheftet trugst, das Brot des Toten, das dein Leben rettete. Ist es zu spät, diesen Fehler wiedergutmachen zu wollen?

… Als er damals vor sechsunddreißig Jahren hier an dieser Stelle stand, an Emil gepreßt, verdichteten sich alle Probleme der Welt zu einem einzigen: überleben. Oder eigentlich: überleben und den Hunger stillen. Er hatte überlebt und glaubte, daß sämtliche Rechnungen mit der Vergangenheit nunmehr beglichen waren. Das waren sie nicht …

Er überlebte in dem Block rechts. Damals hatte es hier keine Gardinen gegeben, nur die Vorhänge an den Scheiben, die der

Frost blumig geformt hatte. Jetzt sah man überall adrette Gardinen. Er blickte zum ersten Stock empor. Im Fenster zeigte sich ein Gesicht. Kein Gespenst, sondern ein Gesicht aus Fleisch und Blut … Und das Gebäude selber war kein Exponat in einem Freilichtmuseum, aus Zeiten stammend, an die es schwer war zu glauben. Hier wohnen Leute … wohnen … in Gebäuden, die einst ein deutsches Lager waren, in welchem vom Brandmal der Abstammung gezeichnete Menschen litten, an Hunger und Seuchen starben – leben normale, lebendige Leute, lieben sich, streiten sich, zeugen Kinder, sehen fern, lesen Zeitung, langweilen sich. Und wenn sie dieses Jammertal verlassen, tastet niemand ihre Würde an …

Er bat den Taxifahrer, noch einen Moment zu warten. Der war nicht begeistert, doch das Versprechen, ihm diese Wartezeit extra zu bezahlen, stimmte ihn um.

Er betrat das Gebäude auf der rechten Seite. Der Flur war nicht umgebaut worden. Dieselben Treppen zu beiden Seiten des Eingangs … Er stieg in den ersten Stock hinauf. Hier, rechts, müßte sich die Tür zu dem Kabuff befinden, das er damals mit Emil bewohnt hatte. Die Tür war nicht da. Stattdessen das Weiß einer Wand. Geblieben war hingegen die Tür, die zu dem weitläufigen Krankensaal geführt hatte. An der Tür ein Kärtchen mit einem Namen. Neben der Tür eine Klingel. Er klingelte. Eine ältere Frau öffnete und stellte sich in den Eingang. Es war dieselbe, deren Gesicht er unten bemerkt hatte. Hinter der Frau versteckte sich etwas erschrocken ein kleines Mädchen.

„Sie wünschen?“ Die Frau hatte ein offenes Gesicht, lächelte.

„Wissen Sie … Ich komme in einer Angelegenheit … In einer völlig privaten Angelegenheit. Ich möchte … würden Sie mir erlauben, mir einmal die Wohnung anzuschauen? Wie wohnt es sich hier?“

„Sie kommen vom Wohnungsamt?“

„Nein, nein! Woher denn. Das ist eine rein private Angelegenheit. Sie brauchen keine Angst zu haben.“

Zum Glück wirkte er vertrauenswürdig. Die Frau ließ ihn ein.

Innen war ihm alles fremd. Er konnte nur vermuten, wie man den Saal umgebaut hatte. Man hatte verschiedene Zwischenwände eingezogen.

„Bitte entschuldigen Sie meinen Überfall, aber mich interessiert dieses Haus, das heißt diese Gebäude, die …“, er suchte nach passenden Worten, „... die unter den Deutschen mal ein Lager gewesen sind."

„Wir wissen davon. Unten am Eingang ist schließlich eine Tafel."

„Ich habe sie noch nicht gesehen, aber ... Hier, rechts von der Treppe, war früher ein kleines Zimmer ..."

„Ja, stimmt. Die Tür zu dem Zimmerchen haben sie zugemauert, der Eingang ist jetzt von der Küche aus. Ich zeige es Ihnen."

Zuvorkommend führte sie ihn zu dem Zimmerchen neben dem Korridor. Unterwegs versuchte er einen Blick in die Räumlichkeiten geradeaus vom Eingang zu werfen. Ein Fernsehapparat, wohl ein Farbfernseher, ein Klavier, überhaupt eine Einrichtung, die von Wohlhaben zeugte. Überall war es sehr sauber ... Langsam Fuß vor Fuß setzend, um die Vision von damals nicht zu verscheuchen, betrat er seine – Emils und seine – Zelle. Er betrat sie von der Seite, wo damals die Pritsche stand. Das Zimmerchen erwies sich als völlig leer. Fast leer. In der Mitte war ein kleiner Gasherd installiert. Bei Gott, viel mehr hätte auch nicht Platz gehabt. Auf dem Herd ein Teekessel. Alles ganz banal.

„Sind alle Räume in diesem Gebäude so umgebaut worden?"

Die Frau war sich nicht sicher. „Ich denke schon. Vielleicht ist es im Parterre anders."

Eine Weile schwiegen sie. Er blickte sich gierig um, als wollte er sich das Fragment jener Zeit, das ihm gleich aus den Augen verschwinden würde, schnappen und mit sich fortnehmen. Wieder stellte er die Frage: „Wie wohnt es sich hier?"

„Sehr gut. Die Wohnung hat mein Sohn gekriegt. Er wohnt hier mit Frau und Kind. Na, und ich. Oma, wissen Sie ... Entschuldigen Sie, sind Sie in dem Lager gewesen?"

„Ja."

„Warum haben Sie die Deutschen hierher geschickt?"

Er überlegte einen Moment, wie man das am kürzesten ausdrücken konnte. „In diesem Lager waren nur Juden untergebracht."

„Sind Sie Jude?"

„Ja."

Das Schweigen dauerte einen längeren Augenblick.

„Wissen Sie, wo wir vor dem Krieg gewohnt haben, in Wolynien, hat es viele Juden gegeben. Arm war'n die, arm. Später haben die Deutschen sie weggebracht."

„Die Deutschen haben sie umgebracht."

„Eben. Aber später haben sich welche wiedergefunden."

„Wiedergefunden?"

„Ja, die Zeitungen haben darüber geschrieben."

Er hatte keine Lust zu ergründen, was die Frau im Sinn hatte. Es hatte übrigens keinen Zweck, das Gespräch in die Länge zu ziehen. Die Frau war bestimmt dabei, das Mittagessen vorzubereiten.

„Sagen Sie mir bitte noch, ob es nicht manchmal unangenehm ist, in einem Haus zu wohnen, in dem früher ein Hitlerlager gewesen ist."

„Ach was, ich bitte Sie. Wenn man kein Dach über dem Kopf hat, ist man nicht wählerisch. Doch, hier wohnt es sich gut. Kein Straßenlärm, die Kinder haben Platz zu spielen, und unsereiner braucht sich keine Sorgen zu machen, weil Autos hier nicht herkommen ..."

„Ich danke Ihnen sehr. Und entschuldigen Sie bitte nochmals meinen Überfall."

„Da gibt's nichts zu entschuldigen. Unsereiner ist den ganzen Tag allein. Und so hab ich ein bißchen geplauscht ... Auf Wiedersehen der Herr."

Er stieg die Steinstufen hinab, auf denen er einst ausgerutscht und hinuntergestürzt war. Er stieg langsam hinab. Und erneut befand er sich auf der einstigen Lagerstraße, auf der heute die Kinder der Hausbewohner gefahrlos spielen konnten. Auch die Kinder des zweiten und dritten Gebäudes ... In die übrigen hineinzuschauen, hatte er keine Lust mehr. Auch nicht in das Gebäude, in dem damals die SS ihren Sitz gehabt hatte, und nicht dort, wo Dawidek herrschte.

Als er den kleinen Platz zwischen den Gebäuden verließ, gewahrte er auf einem eher niedrigen Sockel eine Gedenktafel und davor ein Glas mit Blumen ... Die Tafel vermeldete, daß sich hier ein Hitlerlager befunden habe, ein Nebenlager des KZ Groß-Rosen. Damals hieß Cieplice Warmbrunn, Bad Warmbrunn.

Bevor er ins Taxi stieg, drehte er sich noch einmal um. Wieviele Gebäude waren das nun gewesen? Fünf oder sechs? Irgendwie schien eins zu fehlen ... Aber vielleicht waren es ja doch bloß fünf gewesen? Niemand da, den er hätte fragen können. Niemand ...

„Fahren wir ins Hotel?", fragte der Taxifahrer.

„Natürlich, natürlich."

„Sind Sie zufrieden?"

„Ob ich zufrieden bin? Ich weiß nicht …"

„Macht nichts. Gleich fahren wir an dem Milizsanatorium vorbei. Einen Riesenkrach gibt es um dieses Sanatorium …"

Über Polen wälzte sich das denkwürdige Jahr neunzehnhunderteinundachtzig.

Die Evakuierung hatten die Deutschen für die Abendstunden angesetzt. Niemand hatte eine Ahnung, wie diese Evakuierung ablaufen würde. Die SS-Männer verbargen ihre Nervosität nicht. Sie hatten geglaubt, daß das Lager sie bis Kriegsende vor der Front schützen würde. Daß für die übergeordneten Stellen die Evakuierung von Lagern und die Häftlingstransporte ein Vorwand zum Handeln waren, um sich ebenfalls davor zu schützen, damit hatten sie nicht gerechnet.

Wenige Stunden vor Verlassen des Lagers stellte sich heraus, daß die Evakuierung per Bahn erfolgen würde. Darüberhinaus hatte die Lagerleitung entschieden, daß die Kranken aus der Quarantäne weiterhin vom Rest der Häftlinge separiert bleiben und in besonderen Waggons untergebracht werden sollten. Beide Ärzte, das heißt Emil und er, hatten mit den Kranken zu fahren.

Sie hatten genug von anderen Evakuierungen gehört, um Angst vor dem zu haben, was die nächsten Stunden bringen würden. Aus mancherlei Indizien versuchten sie die Absichten der SS-Männer zu deuten. Eins war wenigstens sicher. Es war Anfang April, und es drohte ihnen kein Frost, der vor ein paar Monaten die SS-Eskorte wirkungsvoll unterstützt und die von Osten nach dem Westen Deutschlands evakuierten Häftlingstransporte dezimiert hatte.

Um vier führte man sie auf die Bahnrampe, wo die Waggons bereitstanden. Zum Glück waren die Gleise nicht allzu weit vom Lager entfernt, man brauchte die Schwerkranken also nicht weit zu tragen. Die Waggons, die auf sie warteten, waren – Kohlenwagen. Die Höhe eines solchen Wagens beträgt nicht mehr als einen Meter. In dem einen Kohlenwagen befand er sich mit den Kranken, im anderen Emil. Selbst wenn man sie noch so sehr zusammenquetschte, gelang es nicht, alle in zwei Wagen zu stopfen. Es mußte also noch ein weiterer Kohlenwagen aus Hirschberg herangebracht werden, wo sehr viele unbenutzt standen, seit sich fast ganz Schlesien in russischer Hand befand.

Der Boden der Wagen war mit einer dicken Strohschicht bedeckt worden, was die Hoffnung zuließ, daß sie nicht in den Tod fuhren. Man durfte erwarten, daß selbst die Deutschen keine solche Perfidie an den Tag legten, denjenigen die Bahnfahrt einigermaßen erträglich zu machen, die sie dann ins Gas zu schicken oder denen sie die Kugel zu geben hatten. Letzteres hätten sie an Ort und Stelle erledigen können, ohne dem auch so schon überlasteten Transportwesen des Dritten Reiches zusätzliche Bürden aufzuerlegen. Er hoffte, daß sich die SS-Männer auch weiterhin von dem Hauptgedanken leiten ließen: So lange, wie die Häftlinge lebten, wurden auch sie, die Bewacher, gebraucht. Opfer und Henker verband noch immer eine scheinbare Interessengemeinschaft. Die Frage war nur, wie lange ...

Ihn mitgerechnet, waren in dem Wagen dreißig, vielleicht fünfunddreißig kranke Häftlinge. Einige waren bewußtlos, der Rest sehr geschwächt. Die Epidemie war abgeklungen, doch sie hatte völlig zerrüttete menschliche Organismen hinterlassen.

Nachdem alle Kranken auf dem Boden Platz gefunden hatten, erschienen Arbeiter und bedeckten die Wagen mit Brettern, die sie an den Wagenwänden befestigten. So wurde jeder Kohlenwagen mit einer Art Dach versehen und in einen sargähnlichen flachen Kasten verwandelt, in dessem Inneren man sich nur robbend oder auf allen Vieren kriechend bewegen konnte.

Er lag an der vorläufig noch offenen Tür. Die Sonne über dem Riesengebirge ging langsam unter und hüllte den Ausschnitt des Nebengleises und des nahen Waldes, den er durch die Tür sehen konnte, in fahlrotes Licht. Er grübelte, was die SS-Männer veranlaßt haben mochte, Dächer über die Kohlenwagen zu montieren. Es war wenig wahrscheinlich, daß sie fürchteten, ein Häftling könnte fliehen, obgleich es noch weniger wahrscheinlich war, daß sie die Kranken vor möglichem Regen schützen wollten. Würde jedoch die zweite Annahme zutreffen, hieße das, sie bereiteten sich auf eine weite Reise vor. Das war auch nicht eben tröstlich,weil sie sich von Polen entfernten. Am meisten Angst hatte er jedoch vor dem Schließen der Waggontür. Schon der Gedanke daran brachte Atemnot.

Für dreißig Kranke reichte der Platz nicht aus, sich frei und bequem auf dem Boden des Kohlenwagens hinzulegen. Teilweise lagen sie fast aufeinander. Es herrschte Halbdunkel, und dreißig dicht zusammengedrängte, gekrümmte Leiber bildeten eine in sich bewegte, formlose Masse.

Nach drei, vielleicht vier Stunden hatte sich noch immer nichts geändert. Sie standen nach wie vor auf der Station. Plötzlich wurden bei sämtlichen Waggons die Türen geschlossen. Der Zug fuhr jedoch nicht an. Das Schließen der Türen schirmte das Wageninnere von allem anderen, das außerhalb war, ab. Der Waggon begann seinen eigenen Rhythmus zu leben. Das anfänglich leise Stöhnen der Kranken verwandelte sich in immer schmerzvolleres, lauteres Wehklagen, und sogar in Schreie. Die Strohsäcke auf den Lagerpritschen waren der Gipfel der Bequemlichkeit gewesen im Vergleich zu dem Wagenboden …

Draußen hatten die Rufe der SS-Männer und das Pfeifen der Eisenbahner aufgehört – der Zug setzte sich endlich in Bewegung. Sie hatten wenigstens fünf Stunden gestanden, und die Kranken bekamen in dieser Zeit nichts zu essen und, was schlimmer war, nichts zu trinken. Zum Glück merkte er bald, daß es im Waggon weniger stickig war, als man hätte erwarten können. Wenigstens vorläufig.

Das rhythmische Klopfen der Räder beruhigte allmählich die Kranken. Einige Stunden fuhr der Zug, dann hielt er, fuhr ein Stück zurück, schien die Richtung zu ändern. Schließlich hielt er erneut. Irgendwer machte die Tür auf. Sie befanden sich auf einer beleuchteten Station. Nach einer Weile begannen Hände – wessen Hände, konnte er wegen der Dunkelheit im Wagen nicht erkennen – Brotschnitten ins Wageninnere zu werfen. Niemand sah, wohin sie fielen. In der Finsternis setzte ein verzweifelter Kampf ein, pfeifender Atem und das Rascheln des Strohs zeugten davon. Natürlich rafften die Stärkeren, Gewandteren gleich mehrere Stücke an sich, während für die Schwächsten vermutlich nichts übrig blieb. Zwar fühlte er sich verantwortlich für die Ordnung im Wagen, doch wie sollte er sie aufrechterhalten, wenn er nicht aufstehen konnte? Folglich sah er tatenlos zu … Der Aufenthalt dauerte übrigens nicht lange. Nach einer gewissen Zeit wurden die Türen wieder von anonymen Händen geschlossen, und der Zug setzte die Fahrt fort. Durch den dauernden Richtungswechsel wußte er nicht einmal, ob sie gen Süden oder Westen fuhren …

Stunden vergingen. Im Waggon wurde es immer stickiger. Die eingeschlossenen Häftlinge hatten von den Deutschen keinerlei Kübel mitbekommen. Aber selbst wenn ein Kübel dagewesen wäre, hätte das Herankommen an ihn einer Behendigkeit bedurft, über die keiner der Eingeschlossenen verfügte. Er berührte mit der Hand das Stroh. Es war naß, wie er vermutet hatte. Zugleich stieß er auf ein herrenloses Stück Brot. Er dachte nicht daran, darauf zu verzichten.

Das rhythmische Stampfen und die schwere Luft schläferten ihn ein. Als er erwachte, war es immer noch dunkel. Er hatte jedes Zeitgefühl verloren. Wieder hielt der Zug. Aus dem Dunkel drang das dumpfe Stöhnen der Kranken …

Auf einmal erreichte ihn ein völlig anderer Ton. Er traute den eigenen Ohren nicht. Jemand im Wagen pfiff. Das seltsamste jedoch war, was der Unbekannte pfiff – das Violinkonzert von Beethoven. Er lauschte eine Weile und stellte fest, daß in diesem Pfeifen keine einzige falsche Note war. Der Mann, der da pfiff, mußte verdammt musikalisch sein. Er versuchte sich zu orientieren, woher die Musik kam. Ja, ganz deutlich von der gegenüberliegenden Wagenwand. Er mußte nicht lange überlegen, wer von den Kranken unter diesen Umständen und in dieser Situation den Drang, zu pfeifen, empfinden könnte – und noch dazu das Beethovenkonzert. Nein, das konnte niemand anders sein. Leise, um die anderen nicht zu wecken, fragte er ins Dunkel hinein: „Doktor Joachim?"

Das Pfeifen brach ab. „Ja?"

„Haben Sie gepfiffen?"

„Ja."

Frage und Antwort in deutscher Sprache. Doktor Joachim war Jurist und stammte aus Prag. Er hatte denselben Weg wie Emil hinter sich. Aus Prag war er ins Getto von Łódź umgesiedelt worden. Nach der Liquidierung des Gettos kam er nach Auschwitz. Von Auschwitz wurde er in derselben Gruppe wie Emil und er nach Hirschberg transportiert. Nach Einrichtung des Lagers in Bad Warmbrunn befand er sich dort in der Eigenschaft als Schreiber … Er mochte zwei-, dreiundfünfzig Jahre alt sein. Die Epidemie hatte ihn nicht verschont. Er litt an der Krankheit viel schwerer als andere. Ein Wunder, daß er überhaupt noch lebte, zumal bei ihm noch eine Infektion der Beine hinzugekommen war.

Er faßte Mut. Zwängte sich auf allen Vieren zwischen den Liegenden hindurch, bahnte sich eine Art Gang, auf dem er zu Joachim robbte. Der hatte das Pfeifen wieder aufgenommen.

„So fröhlich ist Ihnen zumute?"

„Durchaus nicht."

„Warum pfeifen Sie dann?"

Eine Weile kam keine Antwort. Dann: „Ich pfeife, weil ich diese Nacht sterben werde."

Er wußte nicht, wie er reagieren sollte. Joachim konnte recht haben. Sein Zustand war hoffnungslos.

„Haben Sie Musik studiert?", fragte er töricht, um das Schweigen zu brechen.

„O ja! Ich habe das Konservatorium besucht. Ich entstamme einer sehr musikalischen Familie."

„Joachim, Joachim ... Josef Joachim ... Gab es nicht in Deutschland einen großen Geiger, der so hieß?"

„Ja, ja. Das ist meine engste Familie."

Die Fahrt gewann an Geschwindigkeit. Rhythmisch gegen die Schienen hämmernd, kämpfte sich der Zug durch das von Finsternis umhüllte Deutschland. Irgendwo kämpfte eine Millionenarmee, irgendwo machte man sich Gedanken darüber, welche Bedingungen man dem in den letzten Zügen liegenden Dritten Reich diktieren sollte, und Doktor Joachim aus Prag machte sich zum Sterben bereit, indem er Beethovens Violinkonzert pfiff.

„Erzählen Sie ein bißchen von sich."

Darauf hatte Joachim nur gewartet. Er begann zu sprechen oder eher zu flüstern, schneller und schneller, als fürchte er, das Ende seiner Erzählung nicht mehr zu schaffen. Hin und wieder unterbrach er seinen Monolog, um Atem zu schöpfen, dann setzte er ihn unverzüglich fort, als ob er nicht wollte, daß man ihm ins Wort fiel. „Meine Familie stammt aus Prag. Mein Vater war der Bruder des großen Joachim. Als ich ein kleiner Junge war, hat uns der Onkel oft besucht. Damals traf er sich in unserem Haus mit Dvořák, mit Fibich, die bei uns ständig Gast waren. Auch Janaček kam zu uns ... Haben Sie von ihm gehört?"

„Habe ich."

„Man musizierte. Joachim spielte Violine, begleitet von meiner Mutter oder von Fibich. Wie sie spielten! Von Kind an unterrichtete man mich im Geigenspiel ... Joachim prophezeite mir eine große Zukunft. Würdig seines Namens und seines Ruhms. Den ersten Unterricht erteilte mir die Mutter. Später schickte man mich aufs Konservatorium. Schon als Zehnjähriger gab ich ein Konzert. Janaček in der ersten Reihe ... Er applaudierte ... Dann kam der Krieg. Der erste Weltkrieg. Ich mußte mein Studium am Konservatorium abbrechen. Ich beendete ein gewöhnliches Gymnasium und begann Jura zu studieren ... Doch mit der Musik habe ich nie gebrochen. Ich spielte in einem Quintett. Wir gaben Konzerte in Frankreich."

Er sprach mit immer größerer Mühe. Ich unterbrach ihn: „Ruhen Sie sich aus. Sie können morgen zu Ende erzählen."

„Morgen? Janaček, mein Onkel ... nein, nein, Joachim ... immer hat er mich ermutigt ..."

Der Zug bremste plötzlich. Erneut wurde die Tür geöffnet, und die frische, kühle Luft der Aprilnacht drang herein. Irgendjemand schob einen großen Topf mit einer heißen, dampfenden Flüssigkeit in den Wagen. Eine Stimme verkündete: „Kaffee!"

Schnell kroch er zurück auf seinen Platz an der Tür. Unter diesen Umständen konnte er den Kaffee unter den Kranken austeilen. Er hob den Deckel. Es war weder Kaffee noch Tee, nur noch eine abscheulich riechende und schmeckende Flüssigkeit.

Der Zug stand zum Glück. Er konnte also diese Brühe in das Wageninnere weiterreichen, ohne befürchten zu müssen, daß er die in der Nähe Liegenden verbrühte. Er war gerade fertig, als sich der Zug wieder in Bewegung setzte. Er nahm auch sich von dem Gebräu. Während er trank, dachte er über Joachim nach. Er hoffte, noch einmal sein Pfeifen zu hören, doch das Schnarchen der Kranken und das Stampfen der Räder wurde durch nichts unterbrochen ... Er schlief ein.

Er erwachte, als durch die Bretterritzen im Dach und in den Wänden fröhliche Sonnenstrahlen ins Innere des Kohlenwagens drangen. Die Strahlen zauberten aus dem Dunkel ein schmales Stück Fußboden mit zertretenem Stroh hervor und ließen den Rest des Wageninneren im Dunkeln. Einige Kranke bewegten sich stöhnend, andere lagen regungslos. Schwer zu sagen, wer die Strapazen der Fahrt nicht ausgehalten und wer sie trotz allem überlebt hatte, wer die weitere Evakuierung des Transportes erleichterte, indem er aufgehört hatte, sich eine Last zu sein, und wer die Gelegenheit ungenutzt hatte verstreichen lassen ...

Schwer schnaufend stand der Zug wieder. Einige Minuten vergingen. Endlich rissen die SS-Männer die Tür weit auf. Sie schrien dabei, wie es ihre Art war, und bellten irgendwelche Befehle. Man war am Ziel. Er wühlte sich aus dem Wagen heraus. Nicht weit weg, neben dem anderen Wagen, stand Emil und half seinen Kranken beim Aussteigen.

Er hatte noch nicht das Stroh abschütteln können, als die SS-Männer einen Appell anordneten. Natürlich, ohne Appell konnten sie nicht auskommen. Diesmal dauerte er ziemlich lange, weil außer den in Fünferreihe Stehenden, am Boden Sitzenden und Liegenden die aus dem Wagen herausgeholten Leichen gezählt werden mußten.

Die Deutschen addierten, subtrahierten, kontrollierten.

Zum Glück stimmte das Ergebnis. Bei ihm im Waggon hatten sieben Kranke nicht überlebt. Unter ihnen – Joachim. Bei Emil waren es neun. Lebende wie Tote waren gleichmäßig mit nassem, stinkendem, mit Exkrementen vermischten Stroh beklebt. Lachend hielten sich die SS-Männer die Nase zu und befahlen, die schwächeren Kranken auf Fuhrwerke zu laden. Die Leichen blieben am Zug zurück. Die übrigen Häftlinge machten sich zu Fuß zum nahe gelegenen Lager auf.

Er schleppte sich neben Emil dahin. Unterwegs erzählte er ihm von Joachim und wiederholte das Gespräch, das er mit ihm dort im Waggon geführt hatte. Emil schwieg zunächst. Später sagte er: „Jaaa … Nur daß sein Familienname nicht Joachim war. Das war sein Vorname. Er hieß Joachim Hirsch. Als er im Getto gemeldet wurde, muß sich jemand geirrt und aus Joachim Hirsch Hirsz Joachim gemacht haben … Ich habe seine Familie in Prag gekannt. Die Eltern waren Besitzer einer sehr guten Kneipe nicht weit vom Altmarkt … mit jüdischer Küche … Sie waren sehr erfolgreich. Er ist auf kein Konservatorium gegangen und hat in keinem Quintett gespielt. Er war bloß Jurist … Vielleicht ein musikalischer. Ah, noch eins. Der große Josef Joachim stammte nicht aus Böhmen, sondern aus Ungarn, und ich weiß gar nicht, ob aus einer jüdischen Familie …“

Nach einer Weile standen sie vor dem Drahtzaun, der ein großes Fabrikgebäude umgab. In der Fabrik das neue Lager.

Die Erde roch nach Frühling. Nein. Der Frühling roch nach Erde, feuchter, fauliger, zersetzender Erde. Erde, die knietief im Morast watende Häftlinge aus einem langen Graben holten, an seinem Rand entlang aufhäuften und mit von Lehm schweren Schaufeln festklopften. Das Ganze bildete eine Art Schanze, die an die in Filmen gezeigten Schützengräben des vorigen Krieges erinnerte.

Er lehnte mit dem Rücken an einen Baumstamm, atmete tief die Aprilluft ein, die eine Zeit ankündigte, die nicht kam, und sah den unförmigen, wie im Zeitlupentempo ausgeführten Hand- und Schaufelbewegungen zu. Er war zwar Häftling wie die anderen, von dieser Arbeit jedoch befreit. Er trug eine Umhängetasche mit irgendwelchen Medikamenten, so etwas wie eine Handapotheke. Sanitäterfunktion. Hin und wieder gab ihm dieser oder jener SS-Mann seinen Brotbeutel mit Thermosflasche und belegten Broten zum Tragen. Seitens der Deutschen stellte dies eine gönnerhafte Geste dar, ja zeugte sogar von einer eigentümlichen Vertrautheit, die bei anderen Häftlingen Neid hervorrief.

Als Sanitäter war er also vom Grabenausheben befreit. Nicht befreit hingegen war er vom Laufen. Zehn Stunden mußte er an der Grube entlang hin und her laufen. Vielleicht hob diese verordnete Anwesenheit eines Sanitäters gegen Ende des Krieges das Selbstgefühl der Deutschen, obschon die Hilfe, die er den Mithäftlingen leisten konnte, ebenso illusorisch war wie die Sorge der SS-Männer um die Gesundheit der Juden. Zum Glück existierte zwischen dem Am-Graben-Entlanggehen und Im-Sitzen-auf-der-Erde-Ausruhen eine dritte Möglichkeit, die er weidlich ausnutzte. So wie jetzt gerade, da er mit dem Rücken an einer einsamen Eiche lehnte. Die SS-Männer schenkten gottlob diesen Verstößen gegen ihre Befehle keine Beachtung.

Arbeit hatte er nicht viel. Hingegen viel Zeit zum Nachdenken. Selbstverständlich schimmerten ihm irgendwelche Zukunftsvisionen, die im April fünfundvierzig schon nicht mehr so unmöglich schienen wie noch vor ein paar Monaten, und er gab sich Erinnerungen an Banalitäten der fernen und nicht so fernen Vergangenheit hin. Das war eine notwendige Übung, die ihn mit einem Panzer der Intimität davor schützte, sich dem lagerüblichen

Dahinvegetieren zu ergeben. So wie vielen Häftlingen drohte ihm, von Dingen aufgezehrt zu werden, die nicht über den Kampf ums Überleben hinausgingen. Und das ließ, wie Treibsand, dem Opfer keine Chance. Er war mit vielen Symptomen eines solchen Verfalls in Berührung gekommen. Vornehmlich unter denen, die in den Hitlerlagern länger am Leben geblieben waren, als der von der SS kalkulierte Durchschnitt.

Das Lager in Erlenbusch war genauso eine absurde Fiktion wie fast alles, was seit der Evakuierung aus Bad Warmbrunn vorgefallen war. Am absurdesten freilich war dieser Graben, den die jüdischen Sklaven in drei Wochen ausgehoben hatten. Das Städtchen oder Dorf Erlenbusch befand sich unweit von Schweidnitz. Das Lager selber war auf offenem Feld eingerichtet. An die dreihundert Häftlinge gingen von dort zur Arbeit, die darin bestand, zehn Stunden täglich einen zwei Meter tiefen Graben auszuheben ... Der Graben ging beidseitig von einer Asphaltchaussee aus und endete nach ein paar hundert Metern in freier Natur. An der Chaussee standen zwei Betonbunker. Aufgabe dieser Befestigungen sollte es wahrscheinlich sein, die sowjetische Armee aufzuhalten, falls sie die Lust überkam, ausgerechnet hier ins Innere Deutschlands vorzurücken. Man mußte kein Fachmann sein, um zu dem Schluß zu kommen, daß dies eine lächerliche Hürde war; weder Graben noch Bunker konnten den Panzern ernsthafte Schwierigkeiten machen.

Jedesmal, wenn er beim Grabenausheben zusah, mußte er an das Jahr neununddreißig in Warschau denken. Damals waren auch Gräben ausgehoben worden. Es war unklar, ob sie den deutschen Truppen den Einmarsch in Warschau erschweren oder die Zivilbevölkerung vor den Bomben der Luftwaffe schützen sollten. Auf jeden Fall erfüllten sie keine dieser Hoffnungen, sondern dienten einem Zweck, der anfänglich eher nebensächlich gewesen war. Das Gräbenausheben hatte den Zehntausenden von Zivilisten die Illusion geschenkt, an der Verteidigung der Hauptstadt teilzuhaben, ein Gefühl von Solidarität und Eintracht entstehen lassen, das bedeutend stärker war als die Durchhalteparolen der flüchtenden Regierung.

In Erlenbusch hatte das Gräbenausheben nicht einmal diesen Sinn, und das schon deshalb nicht, weil es jüdische Häftlinge besorgten, die von Wachen zu dieser Arbeit getrieben wurden. Und die deutschen Zivilisten? Die bekam man fast überhaupt nicht zu

Gesicht. Nach der Evakuierung aus Bad Warmbrunn durchquerten die Häftlinge einen Landstrich, der sich offenbar jenseits von Leben, Zeit und Kriegsgeschehen befand. In unversehrten Städtchen und unversehrten Dörfern sah man unversehrte, adrette Häuschen mit Blumen und Gardinen an den Fenstern. Wie Puppenstuben: leer, entvölkert. In den blitzsauberen Straßen tauchten nur ab und an einmal ältere Frauen auf, die den Männern im Sträflingsanzug nicht die geringste Aufmerksamkeit schenkten. Ein von einer Fee verzaubertes Land! Das einzige Element, das diesen idyllischen Anblick störte, waren die Lager und deren SS-Wachpersonal. Natürlich sah das nur von außen so aus, in den Augen der Juden, die hier endlich auch über den Deutschen das Grauen des Krieges, Zerstörung und Tod sehen wollten. Von innen sah das mit Sicherheit anders aus, als es die scheinbare Ruhe und die flatternden Hakenkreuzfahnen vermittelten. Das sich nähernde Kriegsende mußte schließlich im Getriebe einer Gesellschaft, die aus den Höhen des Triumpfes und der Überheblichkeit in den Abgrund der Niederlage stürzte, irgendetwas beschädigt haben …

Absurd war auch, selbstredend vom deutschen Standpunkt aus gesehen, schon die Evakuierung aus Bad Warmbrunn. Eine Evakuierung von fünfhundert oder sechshundert Häftlingen von denen Dreiviertel nach überstandenem Flecktyphus erschöpft und ausgezehrt und ein Viertel Kranke waren. Bisher hatte man, mit Hilfe mehr oder weniger rentabler Methoden, jüdische und nichtjüdische Häftlinge liquidiert, die physisch bedeutend leistungsfähiger gewesen waren und für das Tausendjährige Reich, dem es an Arbeitskräften mangelte, bedeutend nützlicher hätten sein können als die Elendsgestalten aus Bad Warmbrunn, die nun ins Lager Dörnhau befördert wurden.

In Dörnhau aber war eigentlich alles ohne Sinn und Verstand. Zunächst hatte man sie untergebracht, als wenn sie hier bleiben sollten, dann raffte man sie zusammen zu weiterer Schinderei. Sie gingen durchs Bad, erhielten neue Häftlingskleidung und machten sich zu Fuß auf den Weg nach Schweidnitz. Abends trafen sie im Judenlager Schottenwerk ein. Hier wiederholte sich das ganze Zeremoniell. Erneut Baden und wieder sauberes Streifenzeug. Das war unverständlich, doch mit Sicherheit tröstlich. Einen, den man zur Liquidierung bestimmt hat, schickt man nicht zweimal zum Baden und stattet ihn mit neuer Häftlingskleidung aus. Natürlich gab es auch diesmal wieder SS-Männer, die das

Tun und Treiben im Bad nutzten, um mit den erschöpften und siechen Häftlingen Schindluder zu treiben. Doch das war Alltag.

Am frühen Morgen zogen sie weiter, und nach ein paar Stunden trafen sie in Erlenbusch ein. Zu Gunsten der SS-Bewacher muß gesagt werden, daß sie unterwegs auf ein anderes Ritual verzichtet hatten: sie erschlugen oder erschossen keinen einzigen der sich nur mühsam auf den Beinen haltenden Häftlinge. Allenfalls blickten sie voller Ekel auf die zusammenbrechenden Reihen dieser jüdischen Sklaven, was zum Glück keine Empfindung war, die Mordlust hervorrief.

Die Situation war klar. Die Juden wie die sie eskortierenden SS-Männer wußten, daß sich der Krieg seinem Finale näherte. Nur daß beide Seiten Ungewißheit plagte. Die Häftlinge waren sich nicht sicher, bis zu welchem Grad sie für die SS-Männer entbehrlich waren. Die SS-Männer wußten nicht genau, bis wie weit hinauf in der Hierarchie der SS die Angst vor der Front ihre Wirkung tat, und wie lange man die Fiktion, daß die Juden zur Arbeit herangezogen würden und folglich eskortiert werden müßten, aufrechtzuerhalten war. Beide Seiten wußten hingegen, daß sie einander brauchten. Daß diese ganze Strategie in einem Meer von Absurdität versank und ihre Umsetzung in die Tat von einer surrealistischen Pantomime des SS-Lagerstaates begleitet wurde, war schon eine andere Sache. Nichtsdestotrotz war jede für die Juden ausgedachte, noch so unnütze Arbeit eine Art Rettungsring, sowohl für die Häftlinge wie ihre Bewacher, die aneinander gekettet, gemeinsam versuchten, sich möglichst lange an der Oberfläche des Flusses zu halten, der sie in einen tödlichen Strudel hineinzuziehen drohte.

Das Lager in Dörnhau, wohin man sie aus Bad Warmbrunn brachte, war randvoll mit Lebewesen, die sich wie durch ein Wunder unter den Lebenden befanden und die man sogar zur Arbeit in den nahegelegenen Steinbrüchen brachte. Man sagte, daß irgendwo hier in den nahen Bergen ein Hauptquartier für Hitler errichtet würde, falls Berlin fiel. Wahrscheinlich war auch dieser Bau ein Einfall der Männer aus der höchsten SS-Hierarchie, die sich auf diese Weise davor schützten, an die Front geschickt zu werden.

Wie sich herausstellte, befanden sich in Dörnhau viele Juden aus dem Getto Łódź. Sie waren unmittelbar von Auschwitz hierher geschickt worden. Diejenigen, die sich seiner erinnerten und ihn als Gettoarzt kannten, bestürmten ihn mit Fragen über die Frontsituation, als ob die Tatsache, daß er aus dem Inneren Niederschlesiens evakuiert worden war, ihm eine genauere Kenntnis der aktuellen Kriegslage garantierte.

Nach der Ankunft in Dörnhau mußten sich alle Häftlinge aus Bad Warmbrunn ausziehen, und nackt wurden sie im ersten und zweiten Stock einer früheren Fabrik einquartiert. Irgendein Stubenältester wies ihm auf einer oberen Pritsche einen Platz zu, wobei er die beiden dort liegenden Häftlinge mit dem Knüppel schlug, damit sie beiseite rückten. Als er auf die Pritsche gekrochen war und sich hinzulegen versuchte, begann der links von ihm Liegende ihn mit Fäusten zu bearbeiten, als wollte er Rache nehmen für die Schläge des Stubenältesten. Er blieb ihm natürlich nichts schuldig. Auf der Pritsche sitzend, prügelten, würgten, kratzten, bissen sie sich – wortlos, begleitet vom monotonen Keuchen und Schnarchen der Häftlinge. Die wütende Keilerei, bei der sie sich gegenseitig keinen großen Schaden zufügten – zwei Jammergestalten, ausgemergelt und geschwächt und füreinander nicht gefährlich –, dauerte minutenlang. Endlich ließen sie sich kraftlos auf den Strohsack fallen. Er hatte so viel Platz, daß er sich auf die Seite, den Arm über dem Kopf, legen konnte.

Am dritten Tag ließ man die aus Bad Warmbrunn evakuierten und nicht kranken Häftlinge auf dem Lagerplatz antreten und verkündete, daß sie weitertransportiert würden.

Das Lager in Erlenbusch setzte sich aus fünf nagelneuen, grellgrün gestrichenen Baracken zusammen. Sie waren hier die erste größere Gruppe von Häftlingen. Vorgefunden hatten sie eine kleinere Gruppe, alles Juden, die die Baracken aufgebaut hatten. Dieses gegen Kriegsende eingerichtete Lager war schon eine sonderbare Erscheinung. Die Häftlinge hatten schon längst begriffen, daß neue Lager keine Anzeichen dafür waren, daß sich der Krieg noch lange hinzog; sie sollten vielmehr die SS-Männer vor den russischen Katjuschas schützen. Ein für alle durchschaubares Spiel, das wiederum den am Leben gebliebenen Juden ein Gefühl zumindest momentaner Sicherheit gab und ihnen erlaubte, Pläne für die nahe Zukunft zu schmieden.

Zum erstenmal hielt er sich in solch neuen, noch nach Kiefernwald duftenden Baracken auf. Es war auch angenehm, sich auf die Strohsäcke zu legen, die zwar wie in Dörnhau mit Hobelspänen gefüllt, doch ohne Flöhe und Läuse waren.

Unter den Häftlingen, die die Baracken aufgestellt hatten, traf er S., seinen Nachbarn aus dem Łódźer Getto, wieder. Zusammen hatten sie in der Wohnung Jakubstraße gewohnt. S. war im Getto ein ziemlich hohes Tier gewesen – so etwas wie der Finanzminister. Als Mitbewohner hatte er sich anständig verhalten. Als einer, der ein hohes Amt innehatte, wohl auch – er gehörte, wie man sagte, zu den wenigen, die saubere Hände hatten. Beide freuten sich über die Begegnung. Sie gab ihnen Gelegenheit, über das Leben und über die Zeiten zu plaudern, an die man sich mit Wehmut erinnerte. Für die, die sich in Birkenau und später in anderen Lagern befanden, war die Erinnerung an das Dahinvegetieren in dem an Krankheiten, Schmutz und Hunger sterbenden Getto eine geradezu nostalgische Erinnerung, so wie das Leben im Vorkriegs-Łódź für die hinter dem Gettodraht eingeschlossenen Juden.

An diesen kleinen rothaarigen Mann erinnerte er sich besonders gut, jedoch aus anderen Gründen als wegen der gemeinsamen Gettowohnung. Nicht aus der Zeit, da S. über den Gettofinanzen waltete, sondern aus der, als er genau wie alle geworden war, ein für die Schlachtbank bestimmter Jude …

„Heh! Sanitäter!“ Er schrak zusammen. Der SS-Mann neben ihm zeigte auf einen Häftling, der unten im Graben lag. Der Häftling lag auf dem Rücken. Die halb herabgelassene Hose enthüllte den Unterleib und Schenkel, die so dünn wie der daneben liegende Schippenstiel waren. Er sprang in den Graben und goß dem Liegenden direkt aus der Flasche eine aus verschiedenen gewöhnlichen Herzmitteln zusammengebraute Flüssigkeit in den Mund. Es wäre naiv gewesen, irgendein positives Ergebnis zu erwarten. Wahrscheinlich litt er an heftigem Durchfall – infolge der fatalen Ernährung und einer Atrophie der Darmschleimhaut. Er hatte nicht geschafft, die Hosen ganz herunterzuziehen und lag jetzt im Dreck und Kot, was die Wachen ganz furchtbar amüsierte.

Er half dem Kranken aus dem Graben heraus. Es war ein ungarischer Jude namens Kohn. Sein Zwillingsbruder war in Hirschberg verunglückt. Verunglückt? Genauer gesagt, er war unter ungewöhnlichen Umständen ermordet worden. In Hirschberg lagen auf dem Kohlenplatz, wo die Häftlinge arbeiteten, mächtige Kohlenhalden, die von unten, wahrscheinlich durch den Druck, ständig glommen. Weil strenger Frost herrschte – manchmal bis zu fünfundzwanzig Grad –, suchten die erbärmlich gekleideten, eigentlich durch nichts vor Kälte geschützten Häftlinge Wärme, indem sie sich darauf legten. Kehrte man danach in den Frost zurück, machte sich die eisige Kälte natürlich noch stärker bemerkbar. Einer der Häftlinge, eben der Bruder des Mannes, der jetzt neben dem Graben lag, hatte sich in der Halde ein Nest gegraben, sich hineingelegt und war auf der Stelle eingeschlafen. Wäre er nicht eingeschlafen, hätte er vielleicht bemerkt, daß der Kohlenberg auf ihn herunterrutschte. In wenigen Sekunden war er zugeschüttet, und die SS-Männer erlaubten nicht, ihn zu retten, da sie der Ansicht waren, daß dies für faules Herumliegen die gerechte Strafe sei. Der Bruder, der in einer anderen Schicht arbeitete, war nicht dabei …

Und jetzt ging dieser Bruder hier zugrunde. Es gab natürlich keine Chance, ihn zu heilen … Er half ihm, die Hose herabzulassen und sich in einem nahen Tümpel zu waschen. Nachdem er seiner Sanitäterpflicht genügt hatte, kehrte er zu dem Baum zurück.

… Dieser S. hatte mehr als andere an jedes Wort des Vorstehers Rumkowski geglaubt. Geglaubt und ihm vertraut. Grenzenlos. Übrigens hatte er Gründe dafür. Er wußte, daß das Getto in Łódź das letzte Getto war, das die Deutschen noch hielten. Alle übrigen waren längst liquidiert worden, ihre Bewohner ausgesiedelt und ermordet.

Als die Deutschen beschlossen, auch das letzte Getto zu liquidieren, fuhr Rumkowski von Ressort zu Ressort und versicherte allen, daß keinem etwas Böses geschehen würde und diejenigen, die sich freiwillig zur Aussiedlung meldeten, Vorteile zu erwarten hätten. Und S. glaubte auch diesmal …

Diese Szene würde er niemals vergessen. Am ersten Tag des Abtransports aus dem Getto liefen nach Einbruch der Dämmerung eine Menge Menschen auf der Straße zusammen, in Panik die einen, mit Gepäck zur Reise gerüstet die anderen. In dem lauten Getümmel, im Halbdunkel, das angefüllt war mit ohnmächtiger Verzweiflung und Angst, erblickte er seinen Nachbarn. S. schleppte einen riesigen Rucksack und zog seine weinenden Kinder hinter sich her. Hinter ihnen lief seine Frau, ebenfalls mit einem Rucksack und mit einem mächtigen Koffer beladen. S. vergötterte seine Sprößlinge. Der zehnjährige Junge war ungewöhnlich begabt, und die einige Jahre ältere Tochter fiel durch ihre Schönheit auf. Der Anblick dieses Menschen, der die sich sträubenden Kinder hinter sich herzog und sich durch die Menge Richtung Straßenbahn zwängte, die die Ausgesiedelten zur Station in Marysin bringen sollte, machte einen schaurigen Eindruck. Selbst in so einem Augenblick, da alles zu Ende ging, führte S. gehorsam die Empfehlungen des Vorstehers aus …

Drei Wochen später wurde fast die gesamte Gettobevölkerung ausgesiedelt und nach Auschwitz transportiert. Folglich auch das Schneidereiressort, wo er als Betriebsarzt tätig gewesen war. Die zuletzt Ausgesiedelten wußten bereits, wohin die Transporte gingen. Sie wußten von der Hölle Auschwitz, wenn auch nichts von Selektionen oder Gaskammern …

Da er dank der wohlwollenden Handbewegung Doktor Mengeles die Schwelle zum Zyklontod nicht zu überschreiten brauchte und sich auf dem Gelände des ehemaligen Zigeunerlagers in Birkenau wiederfand, begegnete er in einer Gruppe Juden aus Łódź, auf die er schon am ersten Tag seines Lagerlebens traf, seinem Nachbarn S.. Er trug einen wunderlichen Anzug aus Knikkerbockern und einem zu kurzen Jackett. Er saß, den Blick starr auf einen Punkt im Sand gerichtet, gleichgültig gegen alles, was ringsherum geschah. Er befand sich in einem Zustand völliger Entkräftung. Man kann sich vorstellen, wie er sich gefühlt hat, als er plötzlich auf der Rampe, von brüllenden SS-Männern umringt, auf den die Selektion durchführenden Mengele zugestoßen wurde, als er, von seinen Nächsten getrennt, den sich entfernenden Reihen von Juden nachblickte, die seine Kinder und seine Frau mit sich fortnahmen. Kann sich seine Reaktion vorstellen, als er wie die übrigen Häftlinge hörte, daß dieser schwarze Rauch aus dem Schornstein der Trauerflor war, der die brennenden Leichen seiner Liebsten umhüllte … Begreiflich, daß er sich die Schuld gab für das, was geschehen war, dafür, daß er Rumkowskis Beteuerungen geglaubt hatte. Dafür, daß er die, die für ihn alles gewesen waren, zur Eile gedrängt hatte, damit sie die ersten aus dem Getto waren, die ins Gas gingen …

Und wären sie die letzten gewesen, was hätte das geändert? Das Urteil über seine Familie war gefällt worden, als Hitler samt seiner Ideologie an die Macht kam. Damals, als sie sich in Birkenau begegneten, hatte S. nicht den Mut, den Kopf zu heben. Er tat so, als ob er ihn nicht sähe. Schämte er sich? Wollte er den verfluchten schwarzen Rauch nicht sehen? Er war die personifizierte Niederlage. Hiob, auf der Erde zwischen den Baracken Birkenaus sitzend. Er bewegte murmelnd die Lippen, wie in einem Selbstgespräch. Was für Worte kamen ihm in den Sinn? Isch chaja be'erez Hus … Es lebte einst ein Mann im Land Hus … Hiob …

Und jetzt diese Begegnung in Erlenbusch. Nur, daß diesmal ein völlig anderer Mensch vor ihm stand. Ehrlich gesagt, hatte er damals in Birkenau nicht geglaubt, daß S. in dem Zustand, in dem er sich befand, den Lagerterror würde überleben können. Er hatte überlebt! Hatte durchgehalten und wirkte wie ein neuer Mensch. Heiter, ja geradezu fröhlich, bei jeder Gelegenheit bereit zu einem Scherz. Er war nicht abgezehrt, hatte vielleicht sogar ein wenig zugenommen … Von Entkräftung oder Depression konnte, wenigstens auf den ersten Blick, keine Rede sein. Ganz im Gegenteil. Er schien innerlich gewappnet gegen die Widerwärtigkeiten und Entbehrungen des Lagerlebens. Er arbeitete in der Küche. Interessierte sich für alles, wußte über alles Bescheid. Er war es, der den Neuankömmlingen die ersten Informationen gab, wo sie arbeiten würden, wie sich die hiesigen SS-Männer verhielten und wie sie über das nahende Kriegsende dachten … Es sah so aus, aber das konnte auch eine Täuschung sein, daß S. in der neuen Umgebung die Last der Erfahrungen von vor ein paar Monaten abgeworfen hatte. Er hatte vergessen oder tat alles, damit die anderen glaubten, daß er vergessen hatte …

Durch den Augenwinkel gewahrte er, daß Kohn wieder zurück in den Graben kletterte. Er war halbnackt – die Hose hatte er oben am Rand zurückgelassen – und umso mehr den Boshaftigkeiten der SS-Männer und der Kühle des Aprilnachmittags ausgesetzt.

Der wird wohl das erste sein, der hier sterben wird, dachte er ohne besondere Rührung. Empfindsamkeit gehörte zu den Gefühlen, die im Lager einen kaum zu fassenden Luxus darstellten. Obwohl es andererseits schade war zu sterben, wo der Krieg zu Ende ging. Wenn er schon jemand bemitleidete, dann vor allem sich selbst. Er wurde immer schwächer. Nie verließ ihn das abendliche Fieber. Er wußte, was das bedeutete. Und darüber hinaus machte ihm ein schmerzhafter Abszeß im After zu schaffen.

Dieser S. war es gewesen, der vor drei Tagen angekündigt hatte, daß die Häftlinge aus Erlenbusch zurück nach Dörnhau geschickt würden. Es sah also ganz danach aus, daß sie sich um den vierten, fünften Mai erneut auf den Weg machen sollten. Was zu dieser Entscheidung geführt hatte, wußte nicht einmal die SS-Wachmannschaft. Angesichts der heraufziehenden Apokalypse lösten sich Zucht und Disziplin der deutschen Organisation langsam auf. Ja, das Stück ging zu Ende – leider drang in die Lager nicht die Begleitmusik des Finales: das Donnern der Geschütze der naherückenden Front.

S. irrte sich im allgemeinen nicht. Er wußte wirklich alles, was die Angelegenheiten des Lagers betraf. Irgendwann in der zweiten Aprilhälfte hatte er das Eintreffen einer hohen SS-Kommission angesagt. Tatsächlich gingen sie zwei Tage später nicht zur Arbeit. Man befahl ihnen, die Baracken zu reinigen, die Fußböden blitzblank zu scheuern. Die Küche hätte so auszusehen, daß sich das Hotel „Adlon" ihrer nicht zu schämen bräuchte. Zur angesetzten Stunde traten sie in Fünferreihen auf dem Platz zwischen den Baracken an. Die hohe Kommission fuhr mit drei Autos vor. Sie bestand aus sechs SS-Offizieren. Die Gestalt eines von ihnen, der vornewegging, kam ihm bekannt vor. „Das ist Doktor Thilo", flüsterte S. neben ihm, als habe er in seinen Gedanken gelesen. Ja, das war Doktor Thilo aus Auschwitz und Birkenau persönlich. Der, der Mengele bei der Selektion auf der Rampe begleitete. Eine unheimliche Erscheinung, an die sich wohl am besten die Häftlinge des Frauenlagers, wo er Lagerarzt war, erinnerten. Wozu, um Gottes willen, war Obersturmführer Thilo in Erlenbusch erschienen?

Gleich darauf sollte sich die Sache aufklären. Der Oberscharführer ging langsam an den strammstehenden Fünfergruppen von Menschenresten vorbei, zeigte mit dem Finger oder mit der ganzen Hand auf diejenigen Häftlinge, die besonders schlecht aussahen, und gab zu verstehen, daß man sie von den übrigen abzusondern habe.

Die Gesten waren dieselben wie auf der Rampe von Birkenau und die Intention genauso eindeutig: Doktor Thilo setzte ein paar Wochen, Tage oder gar Stunden vor Beendigung des Krieges in Erlenbusch das Auschwitzer Ritual fort!

Nachdem Thilo die Selektion durchgeführt, das heißt ein paar Dutzend Elendsgestalten ausgesondert hatte, gab er der Lager-SS noch Instruktionen, stieg in seinen Wagen, und die ganze Kavalkade verschwand auf der Straße nach Schweidnitz.

Flink holte S. Auskunft ein. Dabei ergab sich, daß Thilo tatsächlich der Ansicht gewesen war, die von ihm bestimmten Häftlinge könnten dem Dritten Reich nicht mehr von Nutzen sein. Bei der nächsten Gelegenheit sollte man sich ihrer entledigen. Der SS-Mann, von dem S. die Information bekommen hatte, soll sich an die Stirn geschlagen und damit zu verstehen gegeben haben, daß die da oben offensichtlich nicht mehr alle beieinander hätten … „In solch einem Moment", soll er gesagt haben.

Im Lager ging nach dieser Inspektion alles seinen gewohnten Gang. Die von Thilo zur Liquidierung Vorgesehenen schleppten sich weiterhin jeden Morgen zur Arbeit.

Noch einmal gab es eine Sensation: Einer von der Wachmannschaft desertierte. Dieser SS-Mann war Ungar. Als er erfuhr, daß die Ortschaft, aus der er stammte, von russischen Truppen eingenommen war, kam er zu dem Schluß, daß ihn das von allen Verpflichtungen gegenüber Deutschland entbinden würde. Während der folgenden Woche wurde der Deserteur nicht gefunden, und S. behauptete mit Überzeugung, daß die übrigen SS-Männer dem Flüchtigen Erfolg wünschten.

Das alles passierte vor zwei Wochen bzw. vor einer Woche. Morgen würden sie wohl zum letztenmal den nutzlosen Graben, der die Deutschen vor der sowjetischen Armee retten sollte, ausheben gehen … Er blickte zum Himmel. Der Tag neigte sich glücklicherweise dem Ende zu. Obwohl er nicht arbeitete, war er erschöpft. Der Baum, an dem er lehnte, gewährte ihm freundschaftlich Schutz und nahm seine Müdigkeit in sich auf.

Nach Rückkehr ins Lager ließ er sich kraftlos auf die Pritsche fallen. Wieder hohes Fieber. Kaum hatte er sich hingelegt, als wie ein Sturmwind der aufgeregte S. in die Baracke fegte. Man konnte sehen, daß ihm eine Nachricht schier die Brust zerriß und er sie unbedingt loswerden mußte. S. ließ sich bei ihm auf der Pritsche nieder und versuchte, verschwörerisch zu flüstern, doch die Freude verwandelte seine Stimme in ein kreischendes Stakkato. „Lesen Sie das! Aufmerksam! Laut! Ich muß das noch einmal hören!"

Er zog unter der Jacke ein an den Rändern verkohltes Stück Zeitung hervor.

„Hier. Schwarz auf weiß! Und in was für Buchstaben!"

Das Stück stammte von der ersten Seite eines Blattes, dessen Name mit „…zeitung" endete. Der Inhalt der wichtigsten Meldung war in der Schlagzeile zusammengefaßt: „Führer im Kampf um Berlin gefallen“. Darunter ein Text, der, soweit lesbar, dasselbe aussagte. Als Datum gab die Zeitung den 30. April an. Er las noch einmal. Und noch einmal. Schluß? Ja, das war es wohl …

S. gebärdete sich wie toll. Er versuchte nicht einmal mehr, sich zu beherrschen. Er hüpfte auf die Pritsche, kicherte, schüttelte sich vor Lachen. Alle Augenblicke schlug er sich mit den Handflächen auf die Schenkel. Er war außer sich vor Freude.

„Ich hab's gewußt! Ich hab' gewußt, daß ich mit ihm fertig werde! Daß ich ihn überstehe. Er ist nicht mehr, aber ich bin! Ich bin! Endlich was Gutes aus Gottes Hand!“

„Ich versteh' nicht. Wovon reden Sie?“

„Ich weiß genau, wovon ich rede. Sie kennen bestimmt das Buch Hiob nicht. Dort wird gesagt: ‚Wenn ihr das Gut aus Gottes Hand angenommen habt, warum solltet ihr das Schlechte nicht annehmen?‘ Meiner Meinung nach müßte der in diesem demütigen Vers enthaltene Gedanke umgekehrt werden: ‚Wenn ihr das Schlechte aus Gottes Hand angenommen habt, warum solltet ihr nicht das Gute annehmen?‘ Das wäre hundertmal zutreffender.“

„Sie sind gläubig, Herr Józef?“ Zum erstenmal sprach ich ihn mit dem Vornamen an.

S. wurde sofort ernst. Seine vorherige Stimmung war verflogen, so als verlangte die Antwort eine andere Atmosphäre. Bevor man sich am Sabbat in die Synagoge begibt, tauscht man ja auch das Alltagskleid in ein Feiertagsgewand um.

„Ob ich gläubig bin? Selbstverständlich bin ich gläubig. Ich glaube an Gott. Kann überhaupt ein Jude nicht an Gott glauben? Wie stellen Sie sich das vor? Nach den jahrtausendelangen Erfahrungen? Sehen Sie, wenn Gutes und Schlechtes, Glück und Unglück, Freude und Trauer, fette und magere Jahre gleichmäßig unter allen Völkern verteilt würden, könnten wir sagen, daß das alles vom Zufall abhängt. Verstehen Sie? Vielleicht drücke ich mich unklar aus … Ich will sagen, wenn uns Juden von all den Unglücken und Niederlagen, die im Laufe von drei Jahrtausenden über die Menschheit gekommen sind, genau dasselbe Teilchen zugefallen wäre – nun, vielleicht ein bißchen mehr oder auch ein bißchen weniger als den anderen Völkern –, wäre das etwas Normales. Ganz einfach Statistik – keine höhere Macht, Wahrscheinlichkeit und keine Vorsehung. Doch haben wir Juden das Recht, von Zufall zu reden? Dürfen wir uns nur über das Pech, das fatale

Los beschweren, das wir ständig ziehen aus dieser … dieser …“, er suchte das passende Wort.

„Aus dieser Schicksalstrommel, wollten Sie sagen?“

„Ja, genau. Sie haben das gut ausgedrückt. Aus dieser Schicksalstrommel der Geschichte. Tausend Jahre unserer Geschichte, das sind tausend Jahre Tränen, Erniedrigungen und Plagen. Die Ägypter haben uns in Gefangenschaft gehalten. Von unserem Heimatboden vertrieben haben uns Assyrer und Babylonier. Die Römer haben uns niedergemetzelt, die Kreuzritter haben gemordet und unsere Frauen und Töchter vergewaltigt. Die hohe Geistlichkeit hat uns verflucht. Die weltlichen Machthaber haben jüdische Habe geraubt. Unsere Vorfahren hat die Inquisition auf Scheiterhaufen verbrannt. Getötet haben die Kosaken, haben uns Angst vor Pogromen gelehrt, bei denen ganze Dörfer und Städtchen zu Grunde gingen. Mit jüdischem Blut getränkt ist sowohl der Boden Osteuropas wie Westeuropas. Nun sind die Hitlers gekommen und haben die Mittel der Gewalt perfektioniert. So perfekt, daß unser Volk fast aufgehört hat zu existieren. Und ich soll glauben, daß das bloß eine Laune der Geschichte und nicht die Hand Gottes ist? Nein, es ist nicht möglich, daß Gott sich nicht einmischt in die Geschichte unseres Volkes. Sie ist sein Werk! Er hat beschlossen, daß andere Völker verschiedene Schicksale erfahren, aber das Los nur eines, eines einzigen Volkes wird eine Kette von Unglücken sein. Darum glaube ich an die Existenz Gottes und mit Freuden nehme ich jetzt das bißchen Gute aus Seiner Hand – denn was ist Hitlers Tod anderes im Meer Seiner, Gottes, Möglichkeiten? –, da ich, wie meine Vorfahren, ständig Schlechtes, Böses aus Seiner Hand habe entgegennehmen müssen. Hitler ist tot! Dank sei Dir, o Herr! Dank sei Dir, daß Du mir erlaubt hast, diesen Augenblick zu erleben, so streng bestrafend meine Ungeduld und falsche Hoffnung, daß es mir gelingen würde, dem mir bestimmten Los zu entgehen …“

Er verstummte. Einen Moment lang konnte es scheinen, als brannten seine roten, von einer „Läusepromenade“ in der Mitte geteilten Haare. Gleich darauf war er wieder ganz beherrscht, als schämte er sich seines Ausbruchs, und er lächelte.

„Sagen Sie, Herr Józef, woher kennen Sie so gut das Buch Hiob?“

„Ich habe es auswendig gelernt. In Auschwitz habe ich von einem aus dem Kanada eine ganze Bibel gekauft. Für zwei Portionen Brot. Billig. In Dörnhau haben sie sie mir dann weggenommen …“ Er überlegte. „Na, ich muß zurück in die Küche.“ Und beim Hinausgehen fügte er hinzu: „Ich bringe Ihnen später irgendeine Suppe.“

Er freute sich natürlich, daß Hitler zum Teufel war, doch irgend etwas fehlte. Er fühlte sich nicht imstande zu einer Freude, wie sie dem Ereignis angemessen gewesen wäre. Der Abszeß machte ihm immer mehr zu schaffen. Das Fieber quälte ihn … Die nächste Zukunft, vor allem den angekündigten Marsch nach Dörnhau sah er in den schwärzesten Farben … Er mußte wieder an das Gespräch mit S. denken. Hiob. Wie viele solcher Hiobs gab es noch in den deutschen Lagern? Ihre Erfahrung hatten sie wie ihr Urbild bezahlt, ein Recht auf Ablaß hatte keiner …

FINALE GIOCOSO

Kurz vor Mittag fuhr durch das Lagertor ein kleines sowjetisches Militärauto. Außer dem Fahrer saß darin ein junger, sehr junger und sehr stattlicher Offizier. Es war der neunte Mai 1945; die ganze Welt wußte bereits seit vierundzwanzig Stunden, daß der Krieg zu Ende war. Die Häftlinge des Lagers vergewisserten sich dessen erst durch das Erscheinen des sowjetischen Autos.

Es stimmte, die SS-Wachmannschaft war am Tag zuvor in den frühen Morgenstunden verschwunden. Sie waren verschwunden, aber heckten sie nicht irgendetwas aus? Dessen war sich keiner sicher, und keiner hatte gewagt, das Lager zu verlassen. Es fanden sich sogar solche, die erzählten, sie hätten mit eigenen Augen ganz in der Nähe SS-Männer gesehen. Ein Radio gab's im Lager natürlich nicht. Auch aus dem nahegelegenen Städtchen drangen keine Nachrichten bis hierher. Heute hatten sich einige Mutigere bereitgefunden, die nähere Umgebung zu erkunden, vor allem wollten sie Lebensmittel auftreiben – die Lagervorräte waren längst verbraucht. Der Rest der Häftlinge blieb auf dem Hof. Selbstverständlich alle bis auf die, die es noch geschafft hatten, unter deutschem Regime im Lager zu sterben, und diejenigen, die die ersten vierundzwanzig Stunden Freiheit dazu genutzt hatten, als wenn sich ein Tod in Abwesenheit von Deutschen von einem Tod unterm SS-Stiefel unterschied.

Die Ankunft des kleinen Autos mit den ersten Soldaten der Sowjetarmee, auf die man wartete, deren Erfolge man, so weit als möglich, verfolgte, und deren Siege man segnete, wurde von einem Freuden- und Glücksgeschrei begleitet. Erst dieses Auto ließ den Krieg wirklich zu Ende sein. Den jungen Offizier, rotbackig wie ein Äpfelchen, mit Augen blau wie der Maienhimmel und einer verwegen in die Stirn gedrückten Mütze, ließ man nicht aus dem Auto steigen. Jeder wollte ihm die Hand drücken. Jeder wollte ihn wenigstens berühren – prüfen, ob es nicht ein Traum war. Man musterte seine Uniform, zählte voller Bewunderung die Orden, die seine Brust schmückten und davon Zeugnis gaben, daß ihr Besitzer den Feind tüchtig gejagt hatte. Es dauerte ziemlich lange, ehe es dem gerührten Offizier gelang, die vor Freude überwältigten Häftlinge zu beruhigen. Inzwischen war ein sowjetischer Lastwagen mit offener Ladefläche auf den Lagerhof gefahren. Der junge Offizier sprang hinauf und begrüßte mit klarer, weittragender Stimme die befreiten Häftlinge im Namen der sowjetischen Armee. Er redete russisch, aber selbst wenn nicht alle seine Worte verstanden, den Inhalt der Ansprache verstand jeder.

Dann sprach der junge Offizier von der Anstrengung und der Unbeugsamkeit des sowjetischen Volkes, von den Opfern, die es für den endgültigen Sieg gebracht hat. Er sprach von den einzelnen Etappen der siegreichen Offensive der sowjetischen Truppen, davon, wie man der Hitlerbestie ein für allemal den Garaus gemacht hat, und das eben in Berlin. Er sprach vom Genius Stalin, dem Vater dieser Siege. Schließlich sprach er noch von der unbesiegbaren Idee des Kommunismus, die, auf die Arbeiterfahnen geschrieben, überall in Europa triumphierte …

Die Häftlinge lauschten dem jungen Offizier, verschlangen jedes Wort. Als er zum Schluß an sie appellierte, daß jetzt jeder in seinem befreiten Vaterland am Aufbau eines neuen Lebens mithelfen möge, brachten die Häftlinge Hochrufe auf die Sowjetunion, Stalin und die Rote Armee aus.

Der junge Offizier hatte Tränen in den Augen. Er sprang von dem Lastwagen und fiel erneut den Häftlingen in die Arme, die ihn gar nicht loslassen wollten. Endlich, nach einer kleinen Pause, fragte der junge Offizier, wo sich denn hier eigentlich das Hitlerlager befände.

„Wo? Na hier …“

Es war ein zweistöckiges Gebäude aus roten Ziegeln, in dem zuvor eine Weberei gewesen war. Die Deutschen hatten alle Maschinen entfernt und irgendwann im vierten Kriegsjahr die einstige Fabrik in ein Lager umgewandelt. Die Häftlinge, hauptsächlich Juden aus Polen, aber auch aus Ungarn und Griechenland, arbeiteten in nahegelegenen Fabriken und Steinbrüchen, vor allem aber bei verschiedenerlei Erdarbeiten. In dem zweistöckigen Gebäude hatte man den ersten und zweiten Stock für Häftlinge bestimmt, im Parterre befand sich die Verwaltung, die Schreibstube und die Lageküche. In jedem der Säle, die sich im ersten und zweiten Stock über das ganze Gebäude erstreckten, hatte man sechs Reihen zweistöckiger Pritschen aufgestellt, so eng aneinander, daß sie in ihrem oberen Teil eine einzige große, mit einem unbeschreiblich verlausten und verflohten Strohsack bedeckte Lagerstatt bildeten. Auf dieser Lagerstatt konnte man beliebig viele Häftlinge unterbringen. Schwer zu sagen übrigens, wieviele hier waren, Kann sein, rund tausend, doch diese Zahl änderte sich ständig, besonders in den letzten Kriegsmonaten. Denn dieses Lager wurde so etwas wie eine Zwischenstation für die nach Westen gehenden Häftlingstransporte.

Die Lebensbedingungen waren hier um vieles schlimmer als in anderen Lagern. Es gab kein Wasser. Die Latrinen befanden sich weit weg vom Hauptgebäude. Die Lebensmittelrationen wurden ständig verringert. Die SS-Männer waren auf die Idee verfallen, diese Rationen zu staffeln, Die größeren erhielten die Häftlinge, die genügend Kräfte hatten, um zur Arbeit zu gehen. Die kleineren die, die sich nicht mehr von ihren Pritschen rühren konnten. Auf diese Weise war der Ausgang der einmal begonnenen Selektion vorprogrammiert. Um sich die Aufgabe zu erleichtern und um zu verhindern, daß die Schwerkranken und Ausgepumpten sich über die für die noch einigermaßen Gesunden bestimmten Rationen hermachten, hatten die Deutschen angeordnet, daß die Arbeitsfähigen den ersten Stock einnehmen sollten und diejenigen, die im Lager blieben, den zweiten Stock. Diese Einteilung wurde noch vervollständigt: die Häftlinge aus dem zweiten Stock wurden selbst des kleinsten Kleidungsstückes beraubt. Außer den Holzpantinen besaßen sie nichts. Sie waren völlig nackt und konnten sich also nicht unter die Arbeitenden mischen, um illegal eine etwas größere Brotration für sich zu erobern …

Die Häftlinge schafften es nicht, dem jungen Offizier das alles zu berichten, als er mit dem Rundgang durch das Lagergebäude begann. Im ersten Stock herrschte völlige Leere. Sie hielten sich hier nicht weiter auf, sondern die Häftlinge führten den Gast gleich in den zweiten Stock, wobei sie ihm unterwegs erklärten, daß dieser für die Kranken bestimmt sei. Das war eine euphemistische Umschreibung, auf jeden Fall keine, die den jungen Offizier auf den Anblick hätte vorbereiten können, der sich seinen Augen darbot, als er die Saaltür im zweiten Stock energisch aufriß.

Der Fußboden war zentimeterhoch mit Urin bedeckt. Holzpantinen schwammen darin herum und mehr oder weniger aufgelöste Kotklumpen. Dicht bei den Pritschen und auch zwischen Pritschen und Tür lagen nackte Leichen in den unwahrscheinlichsten Posen, meistens auf dem Bauch, die Beine gespreizt, das Gesicht in den Urin getaucht. Tote lagen auch auf den Pritschen, zwischen Leibern, die noch irgendwelche Lebenszeichen von sich gaben. Die noch lebten, starrten auf die Gruppe in der Tür mit stumpfem, ausdruckslosem Blick. Lebende wie Tote waren völlig abgezehrt und schwarz … Alle hatten geschwollene, aufgeplatzte Füße.

Einige Augenblicke lang stierte der junge Offizier auf die Szenerie, die sich ihm darbot. Seine Lippen umspielte noch immer ein Lächeln, als er kreideweiß wurde, wankte und, im letzten Moment von den Häftlingen in seiner Begleitung festgehalten und buchstäblich aus dem Saal gezerrt, sich erbrach. Zum Glück beschmutzte er weder Uniform noch Orden, die von seiner Tapferkeit kündeten. Auf dem Hof erst kam er wieder zu sich.

Von einer nahegelegenen Kirche ertönte Glockengeläut zum Ave-Maria. Weithin schallte der fröhliche Klang und verkündete das Heraufziehen einer Ära des Friedens. In Europa schwiegen die Geschütze. Überall läuteten Glocken zum Ruhme des Sieges. Man frohlockte in London und Moskau, in Paris und Warschau.

Hosianna! Nie wie…

ARNOLD MOSTOWICZ, geboren 1914 in Łódź, stammt aus einer jüdischen Familie. Sein Vater war ein bekannter Schauspieler und Theaterregisseur. In den dreißiger Jahren studierte er Medizin in Frankreich. August 1939, zwei Wochen vor Kriegsausbruch, kehrte er nach Polen zurück. Während der Belagerung Warschaus durch die Deutschen war er als Krankenhausarzt tätig. 1940 kam er in das Getto Łódź, wo er ebenfalls als Arzt arbeitete, dann nach Auschwitz und von dort in verschiedene Arbeitslager, bis er 1945 befreit wurde. Auch seine Frau Jadzia, mit der er seit 1941 verheiratet ist, überlebte.

Nach dem Krieg war er Journalist, Schriftsteller und schließlich Chefredakteur der bedeutendsten Satirezeitschrift „Szpilki" (Stecknadel). 1968 wurde er entlassen; dafür war die damals ausgebrochene Hetz- und Verfolgungskampagne gegen noch in Polen lebende Juden ausschlaggebend. Er arbeitete von nun an als Übersetzer (u.a. Klassiker der französischen Satire) und Autor zahlreicher medizinischer und biologischer Sachbücher. Seit 1990 ist er Gründungsvorsitzender der Vereinigung jüdischer Kämpfer und Verfolgter des Zweiten Weltkriegs. Zur Zeit ist er Berater der polnischen Regierung für die Entschädigung von in Polen lebenden jüdischen Opfern des Nationalsozialismus.